Peter Schallberger, Bettina Wyer
Praxis der Aktivierung

Peter Schallberger, Bettina Wyer

Praxis der Aktivierung

Eine Untersuchung von Programmen zur vorübergehenden Beschäftigung

UVK Verlagsgesellschaft mbH

Bibliografische Information der Deutschen Nationalbibliothek
Die Deutsche Nationalbibliothek verzeichnet diese Publikation in der
Deutschen Nationalbibliografie; detaillierte bibliografische Daten
sind im Internet über http://dnb.d-nb.de abrufbar.

ISBN 978-3-86764-237-8

Das Werk einschließlich aller seiner Teile ist urheberrechtlich geschützt. Jede Verwertung außerhalb der engen Grenzen des Urheberrechtsgesetzes ist ohne Zustimmung des Verlages unzulässig und strafbar. Das gilt insbesondere für Vervielfältigungen, Übersetzungen, Mikroverfilmungen und die Einspeicherung und Verarbeitung in elektronischen Systemen.

© UVK Verlagsgesellschaft mbH, Konstanz 2010

Einband: Susanne Fuellhaas, Konstanz
Druck: Bookstation GmbH, Sipplingen

UVK Verlagsgesellschaft mbH
Schützenstr. 24 · D-78462 Konstanz
Tel.: 07531-9053-0 · Fax: 07531-9053-98
www.uvk.de

Inhalt

EINLEITUNG 7

1. POLITIK DER AKTIVIERUNG. FORSCHUNGSSTAND 17
   1.1 GRUNDLAGEN: NATIONALE REGELUNGEN
       IM ZUSAMMENHANG MIT ARBEITSLOSIGKEIT 18
       1.1.1 Die Arbeitsmarktbehörde 19
       1.1.2 Die Sozialhilfe 20
       1.1.3 Die Invalidenversicherung 22
       1.1.4 Interinstitutionelle Zusammenarbeit IIZ 22
   1.2 EVALUATIONSSTUDIEN AUS DER SCHWEIZ 23
   1.3 INTERNATIONAL VERGLEICHENDE WIRKSAMKEITSSTUDIEN 27
   1.4 IDEOLOGIE- UND DISKURSKRITISCHE DEBATTE 30

2. FRAGESTELLUNG UND METHODE 35
   2.1 DISKUSSION DES FORSCHUNGSSTANDS 35
   2.2 FRAGESTELLUNG DER UNTERSUCHUNG 38
   2.3 FORSCHUNGSDESIGN UND METHODE 45

3. PRAXIS DER AKTIVIERUNG. LEITPARADIGMEN
   DES HANDELNS IN BESCHÄFTIGUNGSPROGRAMMEN 53
   3.1 LEITPARADIGMA RETTUNG 55
       3.1.1 Habitus und fachliche Referenzen 57
       3.1.2 Praxisausgestaltung und Arbeitsbündnis 59
       3.1.3 Mandatsverständnis 65
       3.1.4 Gefahren und Entgleisungen 67
   3.2 LEITPARADIGMA DISZIPLINIERUNG 69
       3.2.1 Habitus und Ausgestaltung des Arbeitsbündnisses 77
       3.2.2 Programmpraxis 83
       3.2.3 Entgleisungen und Gefahren 85
   3.3 LEITPARADIGMA QUALIFIZIERUNG 86
       3.3.1 Schlüsselqualifizierung 89
       3.3.2 Fachliche und handwerkliche Qualifizierung 90
       3.3.3 Übungsfirmen 92

3.4 LEITPARADIGMA VERWERTUNG 94
   3.4.1 Bürgerarbeitsagentur 96
   3.4.2 Intensivstellenvermittler 97
   3.4.3 Sozialfirma 99
3.5 LEITPARADIGMA REHABILITATION 103
   3.5.1 Gewichtung der Arbeitsinhalte 104
   3.5.2 Charakter und Einbettung der Unterstützungsangebote 105
   3.5.3 Wahrnehmung eines Abklärungsauftrags 106
   3.5.4 Schwierigkeiten und Entgleisungen 108
3.6 ZUSAMMENFASSUNG UND DISKUSSION DER BEFUNDE 109

4. DIE ZU AKTIVIERENDEN. TEILNEHMENDE
   IN BESCHÄFTIGUNGSPROGRAMMEN 123

   4.1 DIE REALISTEN.
      TRANSITORISCHE ARBEITSLOSIGKEIT 123
   4.2 DIE ZUKUNFTSORIENTIERTEN.
      ZWISCHEN AUTONOMIE UND ANPASSUNG 131
   4.3 DIE ÄMTERKARRIERISTEN.
      LEBEN IM DAUERPROVISORIUM 139
   4.4 DIE ARBEITSMARKTGESCHÄDIGTEN.
      DIE ANGSTBESETZTE ARBEIT 146
   4.5 DIE SCHUTZBEDÜRFTIGEN.
      GESUNDHEITLICH BEDINGTER AUSSCHLUSS 152
   4.6 ZUSAMMENFASSUNG UND DISKUSSION DER BEFUNDE 157
      4.6.1 Die Auswirkungen des Reintegrationszieles 159
      4.6.2 Arbeit und gesellschaftliche Teilhabe 161
      4.6.3 Arbeit und Identität 162
      4.6.4 Beschäftigung versus Qualifizierung 164

5. EFFEKTE UND ERFOLGSFAKTOREN
   VON ARBEITSINTEGRATIONSPROGRAMMEN 167

   5.1 ANBIETERSEITIG BEEINFLUSSBARE ERFOLGSFAKTOREN 168
      5.1.1 Klientenzentriertes Mandatsverständnis 168
      5.1.2 Professionshabitus und falldiagnostische Kompetenzen 169
      5.1.3 Potentiell sinnstiftende Tätigkeiten 171
   5.2 ERSCHWERENDE RECHTLICHE UND INSTITUTIONELLE
      RAHMENBEDINGUNGEN 172
      5.2.1 Das Unfreiwilligkeitsproblem 174
      5.2.2 Das Passungsproblem 175
   5.3 EXKURS: SOZIALFIRMEN ALS ALTERNATIVE? 179
   5.4 MÖGLICHE POSITIVE EFFEKTE DER PROGRAMMTEILNAHME 187

LITERATUR 191

Einleitung

Wie mittlerweile in fast allen westeuropäischen Staaten orientiert sich das sozial- und beschäftigungspolitische Handeln in der Schweiz seit etwa Mitte der 1990er am Leitparadigma der Aktivierung. Das Heft 10/2006 der Zeitschrift *Die Volkswirtschaft*, eines monatlich erscheinenden, vom Staatssekretariat für Wirtschaft (SECO) des Schweizerischen Volkswirtschaftsdepartements (EVD) herausgegebenen Informationsmagazins, befasst sich schwerpunktthematisch mit der Frage, welche Effekte auf das Beschäftigungssystem von den verschiedenen Instrumenten des neuen Arbeitsmarktregimes ausgehen. In Einzelbeiträgen werden die zentralen Befunde von sechs großangelegten, im Auftrag des SECO durchgeführten Evaluationsstudien erörtert, die sich mit den Wirkungen dieser Instrumente einerseits in einer Mikro- und andererseits in einer Makroperspektive auseinandersetzen. So wurde beispielsweise untersucht, ob sich mit der Teilnahme an einem Programm zur vorübergehenden Beschäftigung (PvB) die Chancen des einzelnen Stellensuchenden, eine Neuanstellung zu finden, statistisch verbessern; oder es wurde – in einer Makroperspektive – gefragt, ob unter Berücksichtigung von Substitutions- und Mitnahmeeffekten die Zuweisung von Arbeitslosen und Sozialhilfeabhängigen in solche Programme tatsächlich die gewünschte Reduktion der Arbeitslosenquote zur Folge hat (zu den Befunden der einzelnen Studien vgl. Kapitel 1.2).

Aufschlussreich hinsichtlich der Frage, was Aktivierung bedeutet, und auf welchen Annahmen dieses Paradigma sozialstaatlichen Handelns gründet, sind in dem genannten Heft weniger die zusammenfassenden Beiträge zu den einzelnen Evaluationsstudien, als vielmehr die Ausführungen im themenbezogenen Leitartikel. Er stammt aus der Feder des Leiters sowie eines Mitarbeiters der Abteilung „Arbeitsmarktanalyse und Sozialpolitik" des SECO und beginnt mit den folgenden Sätzen:

> „Die Tatsache, ob jemand Arbeit hat oder nicht, ist menschlich, sozial und wirtschaftlich sehr bedeutend. Phasen unfreiwilliger Inaktivität im erwerbsfähigen Alter sind in der Regel mit großer Frustration und einem wirtschaftlichen Verlust für die Betroffenen verbunden. Aus diesem Grunde engagiert sich der Staat stark in der Arbeitsvermittlung und verpflichtet die Stellensuchenden, an Maßnahmen teilzunehmen, die einen Wiedereinstieg in die Erwerbstätigkeit beschleunigen sollen."
> (Aeberhard/Ragni 2006, 4)

In einem ersten Schritt stellen die Autoren fest, dass es sich bei der Arbeit nebst der zentralen Quelle von Einkommen auch um eine sehr bedeutsame Quelle von Sinnstiftung, Identität, sozialer Wertschätzung und persönlichem

Wohlbefinden handelt. Arbeitslosigkeit ist, so die Autoren, nicht nur mit „einem wirtschaftlichen Verlust", sondern zugleich „mit großer Frustration" verbunden. Diese Einschätzung lässt sich nur schwer anzweifeln. Gleichwohl haftet dem festschreibenden Stil, in dem sie ausformuliert wird, etwas Irritierendes an. Zum einen fällt auf, dass ihr eine historische Kontextuierung fehlt. Die angesprochenen Zusammenhänge – etwa zwischen Erwerbsarbeit und Einkommen, zwischen beruflicher Aktivität und Wohlbefinden oder zwischen der Teilhabe am wirtschaftlichen Geschehen und sozialer Anerkennung – werden als historisch zeitlose und universell gültige Tatsachen hingestellt. Hierdurch wird der Raum des hypothetisch Denkmöglichen massiv eingeengt. Nicht mehr denkmöglich erscheint beispielsweise, dass Gesellschaften aufgrund der Schrumpfung des Arbeitsvolumens durch technologischen Fortschritt künftig vor der Herausforderung stehen könnten, Erwerbsarbeit und Einkommen – etwa in der Form eines bedingungslosen Grundeinkommens – systematisch voneinander zu entkoppeln. Dies würde zugleich bedingen, dass die bereits heute parallel zur Berufsarbeit existierenden Quellen von Identität, Sinnstiftung, Bewährung und Anerkennung einer gesellschaftlichen Aufwertung bedürften (vgl. Oevermann 2001a, 2009a; Franzmann 2009). Bewährung durch Elternschaft, Bewährung durch Freundschaft und Geselligkeit, Bewährung durch Anteilnahme, Bewährung durch Muße, Bewährung durch brotloses künstlerisches Schaffen, Bewährung durch soziales und politisches Engagement, Bewährung durch Bildung in der Form einer zweckfreien Stillung von Neugierde, Bewährung durch Hingabe an das Schöne, Gute und Wahre – für all diese Alternativen zur Bewährungsquelle der Berufsarbeit fänden sich nicht nur unzählige Vorlagen in der historische Vergangenheit, auch die Gegenwart zehrt von ihnen. Freilich haftet ihnen, auch wenn sich ihnen ein Gemeinwohlbezug nur schwer absprechen lässt, aktuell noch der zweifelhafte Ruf des bloß Reproduktiven oder gar des Untätigen an.

Für das staatliche Handeln, das durch das Aktivierungsparadigma begründet wird, ist die Orientierung am Vollbeschäftigungsziel also weiterhin sakrosankt. Aktivierende staatliche Maßnahmen zielen spezifisch und eindimensional auf die Reintegration von Erwerbslosen in den Arbeitsmarkt und nicht beispielsweise darauf, Personen mit geringen Arbeitsmarktreintegrationschancen gezielt darin zu unterstützen, sich alternative Quellen individueller Bewährung und sozialer Wertschätzung zu erschließen. Diese Fixierung auf das Ziel der Arbeitsmarktreintegration hat sowohl in einer Mikro- also auch in einer Makrobetrachtung weitreichende Folgen: Indem Arbeitslose beispielsweise auch dann als „untätig" gelten, wenn sie alleinerziehend Kinder großziehen oder sich regelmäßig mit Freunden treffen, sind sie einer permanenten gesellschaftlichen Stigmatisierung ausgesetzt. Diese kann demoralisierend wirken, und potentielle Bestrebungen, sich Bewährungs- und Sinnstiftungsquellen jenseits der Berufsarbeit zu erschließen (und sich möglicherweise gerade hierdurch ihre Arbeitsmarktfähigkeit zu bewahren) systematisch durchkreuzen. Makroperspektivisch ausformuliert bedeutet dies dann, dass potentiell gemeinwohlförderlich einsetzbare individuelle Ressourcen gesellschaftlich ungenutzt bleiben.

Irritierend ist nebst der fehlenden historischen Kontextuierung an den vorgenommenen Festschreibungen *zum andern*, dass die Autoren nicht weiter erörtern, weshalb gemäß ihrer Auffassung Arbeitslosigkeit „in der Regel mit großen Frustrationen" verbunden ist. So wäre beispielsweise zu überlegen, ob diese Frustrationen, wie dies die Autoren suggerieren, allein von da herrühren, dass Arbeitslosigkeit Einkommenseinbußen, den Verlust einer geregelten Tagesstruktur oder das Versiegen einer zentralen Sinnstiftungsquelle zur Folge hat. Hypothetisch denkmöglich sind auch alternative Erklärungspfade. Arbeitslosigkeit bedeutet unter dem gegenwärtigen sozialpolitischen Regime nicht nur, aus dem Berufs- und Erwerbsleben herauszufallen. Sie hat unweigerlich auch zur Folge, dass der Einzelne, ob er dies wünscht oder nicht, zum Objekt staatlicher Zuwendung und staatlicher Kontrolle wird. Dieses automatische Aktivwerden des Staates kann vom Einzelnen nicht nur als unterstützend, es kann von ihm auch als ihn missachtend, diffamierend oder bevormundend erlebt werden. Als missachtend können die staatlichen Kontroll- und Hilfeleistungen beispielsweise dann erfahren werden, wenn der Einzelne in den ihm vorgeschlagenen oder verordneten Maßnahmen die Ressourcen und Potentiale, die in seiner bisherigen Berufsbiographie angelegt sind oder die gesundheitlichen Beeinträchtigungen, mit denen er aktuell zu kämpfen hat, nicht angemessen berücksichtigt und gewürdigt sieht. Als diffamierend kann die Praxis der Ämter erlebt werden, wenn der Einzelne sich dem Generalverdacht ausgesetzt sieht, sozialstaatliche Leistungen missbräuchlich in Anspruch nehmen zu wollen oder sich aufgrund fehlender ökonomischer Anreize – Stichwort „soziale Hängematte" – zu wenig intensiv um eine neue Arbeit zu bemühen – sich also zusätzlich zur Krise des beispielsweise rezessionsbedingten Stellenverlustes, dem Generalverdacht der Faulheit ausgesetzt sieht. Als bevormundend können die staatlichen Interventionen erlebt werden, wenn diese gründend auf Misstrauen oder vermeintlich besserem Wissen die eigenen Requalifizierungs- und Repositionierungsbemühungen nicht etwa unterstützen, sondern anzweifeln oder gar torpedieren. Als zusätzlich entmutigend können sie erlebt werden, wenn eine pädagogisierende oder infantilisierende Zuwendung seitens der Ämter einen „bürgerlichen Tod" (Goffman 1961/1995, 26) in dem Sinne zur Folge hat, dass man den ganzen Stolz, den man mit seiner bisherigen Biographie und Lebensführung verbindet, dahinschwinden sieht. Weil es Hilfe systematisch an Kontrolle respektive „Fördern" systematisch an „Fordern" koppelt, birgt ein sich am Aktivierungsparadigma orientierendes staatliches Handeln also strukturell die Gefahr, statt aktivierend passivierend, statt autonomisierend deautonomisierend, statt ermächtigend entmutigend zu wirken.

Das zentrale Charakteristikum einer sich dominant am Aktivierungsparadigma orientierenden Beschäftigungspolitik besteht darin, dass sie nicht via Beeinflussung der Arbeitsnachfrage durch die Wirtschaft eine Senkung der Arbeitslosenquote zu erreichen versucht, sondern dass sie bei den von Arbeitslosigkeit Betroffenen selbst ansetzt (Kocyba 2004). Auf die Feststellung, Arbeit sei für den Einzelnen „menschlich, sozial und wirtschaftlich sehr bedeutend" folgt in den obigen Ausführungen entsprechend nicht die Skizzierung einer auf die Schaffung von Arbeitsplätzen ausgerichteten standort-, industrie-, konjunktur- oder bildungspolitischen Offensive. Vielmehr folgt auf sie wörtlich: „Aus diesem Grund engagiert sich der Staat stark in der Arbeitsvermittlung". Dass der Staat überhaupt im Bereich der Arbeitsvermittlung aktiv ist, ist keineswegs zwingend. Entsprechende Dienstleistungen werden seit Längerem auch von Privaten angeboten. Stellenmärkte in Zeitungen und Zeitschriften, Internetplattformen oder private Stellenvermittlungsagenturen ermöglichen es Stellensuchenden, sich über offene Stellen zu informieren und im Krisenfall gezielt um professionelle Hilfe oder Unterstützung zu ersuchen. Die staatliche Offensive im Bereich der Stellenvermittlung hat zum einen sicherlich damit zu tun, dass mit der Umsetzung der *New Public Management*-Doktrin sich der Staat als ein Dienstleistungsunternehmen gewissermaßen neu erfunden hat (vgl. Liebermann 2008). Sie verweist aber zugleich auf ein strukturell vormodernes Vorschussmisstrauen von Politik und Verwaltung gegenüber den Bürgerinnen und Bürgern. Dieses äußert sich darin, dass die Inanspruchnahme professioneller Hilfe nicht der Autonomie des Einzelnen anheimgestellt bleibt, sondern staatlich verordnet wird: „Der Staat „verpflichtet die Stellensuchenden, an Maßnahmen teilzunehmen, die einen Wiedereinstieg in die Erwerbstätigkeit beschleunigen sollen." Der Staat erfindet sich also nicht nur als Dienstleistungsunternehmen neu, sondern zugleich als ein Obrigkeitsstaat. Wer während längerer Zeit erwerbslos ist, sieht sich unweigerlich dem Verdacht ausgesetzt, die Leistungen der Arbeitslosenversicherung oder der Sozialhilfe nicht ordnungsgemäß, sondern missbräuchlich in Anspruch zu nehmen. Die Institutionalisierung dieses Verdachts in der Form ausgebauter Mechanismen der Bewerbungsaktivitätskontrolle sowie der verfügten Aktivierung im Rahmen arbeitsmarktlicher Maßnahmen (AMM) erscheint paradox. Mit ihr wird implizit dementiert, dass es auf Seiten der Betroffenen intrinsische Antriebe gibt, die darauf ausgerichtet sind, die Krise der Arbeitslosigkeit – gegebenenfalls unter Inanspruchnahme professioneller Hilfe – eigenaktiv zu überwinden. Paradoxerweise wird mit ihr also dementiert, dass es sich für den Einzelnen in der Gegenwartsgesellschaft bei der Erwerbsarbeit nicht nur um die zentrale Quelle von Einkommen, sondern zugleich um eine sehr bedeutsame Quelle von Sinnstiftung, Identität, sozialer Wertschätzung und persönlichem Wohlbefinden handelt. Es ist nicht auszuschließen, dass dieses Dementi nach der Logik „Wenn wir Dich nicht zwingen würden, würdest Du Dich um Arbeit gar nicht bemühen" als derart missachtend wahrgenommen wird, dass es sich eher lähmend als förderlich auf die intrinsischen Kräfte, die Krise der Arbeitslosigkeit zu überwinden, auswirkt. Wäre dem so, befänden sich durch amtliches Handeln zusätzlich Demoralisierte auf der Suche nach Arbeitsstellen, die es aktuell gar nicht mehr gibt.

Können mit einem Hilfe-Setting, das – strukturanalytisch betrachtet – aus potentiell um Hilfe ersuchenden Subjekten Objekte einer staatlichen Maßnahme macht, positive Effekte in dem Sinne verbunden sein, dass sich mit der Einbindung in dieses Setting die Arbeitsmarktchancen des Einzelnen verbessern? Auf diese Frage versucht die vorliegende Untersuchung mittels vergleichender Fallanalysen eine Antwort zu geben. Systematisch wird dabei berücksichtigt, dass im Rahmen der aktivierenden Sozial- und Beschäftigungspolitik nicht das Abstraktum des Staates aktivierend aktiv wird. Die eigentlichen Leistungen in der auf Aktivierung ausgerichteten Praxis werden vielmehr durch staatlich bestellte Professionelle, also beispielsweise durch Professionelle der Stellenvermittlung, der Sozialberatung, der Sozialarbeit, der Sozialpädagogik oder der Arbeitsagogik erbracht. Entsprechend ist – vorerst hypothetisch – davon auszugehen, dass bei der konkreten Umsetzung des Aktivierungsparadigmas dem politischen Willen mittels Praktiken Geltung verschafft wird, die sich nicht an politisch oder verwaltungstechnisch ausformulierten Kodizes, sondern an professionsintern etablierten Standards einer „guten Praxis" orientieren. Professionssoziologisch betrachtet stellen diese das Ergebnis eines wissensbasierten und erfahrungsgesättigten fachlichen Daueraustauschs unter Professionellen dar, die im Rahmen der geltenden gesetzlichen Ordnung ihr Handeln nicht über den Hinweis auf politische oder bürokratische Opportunitäten, sondern über die Bezugnahme auf Befunde wissenschaftlicher Forschung begründen. Das Verhältnis zwischen staatlicher Regulierung und professioneller Krisenintervention lässt sich idealtypisch auf dem Gebiet der professionell unterstützten Stärkung der Arbeitsmarktfähigkeit ähnlich konzipieren wie im Feld der Medizin. Bei allen *politisch* geführten Debatten um die Kostenexplosion im Gesundheitswesen erscheint es Ärztinnen und Ärzten (und nicht nur diesen) weiterhin selbstverständlich, dass sie sich in ihrer konkreten professionellen Praxis, die sich als eine Praxis der Aktivierung und Unterstützung von Selbstheilungskräften auffassen lässt (vgl. Rychner 2006; Oevermann 1996), nicht auf gesundheitsbehördliche Kalkulationen oder die Proklamationen politischer Parteien, sondern auf professionsintern etablierte Regeln der medizinischen Kunst abstützen. Allerdings ist zu fragen, welche Erfolgschancen einem auf Ermächtigung ausgerichteten Handeln gegeben sein können, wenn – anderes als normalerweise in der Medizin – die Inanspruchnahme professioneller Hilfe nicht freiwillig, sondern staatlich verordnet erfolgt, respektive wenn mit dem professionellen Hilfemandat zugleich ein amtliches Kontrollmandat verbunden ist. Lässt sich auf der Grundlage eines institutionalisierten Misstrauens gegenüber dem Klienten ein vertrauensbasiertes professionelles Arbeitsbündnis überhaupt aufbauen oder befördert die permanent im Raum stehende Sanktionsandrohung nicht zwangsläufig strategische Manöver – beispielsweise eines bloß zum Schein inszenierten Engagements auf Seiten des Klienten oder der rituellen Inszenierung von Macht auf Seiten der Professionellen? Mit dieser Problematik sehen sich insbesondere diejenigen Akteure der aktivierenden Beschäftigungspolitik konfrontiert, die als Professionelle in einem Regionalen Arbeitsvermittlungszentrum (RAV) tätig sind; derjenigen Anlaufstelle für Stellensuchende also, die in der Schweiz nicht nur für Aktivitäten im Bereich der Beratung und der Stellenvermittlung, sondern zugleich für die Auszahlung der Leistungen der Arbeitslosenversicherung sowie für die Kontrolle der Bewerbungsaktivität der Stellensuchenden zuständig ist (vgl. Magnin 2005). Des Weiteren besitzen die RAV die Kompetenz, fallbezogen „arbeitsmarktliche Maßnahmen" (AMM) zu verfügen. Zu den arbeitsmarktlichen Maßnahmen zählen (vgl. detaillierter Kapitel 1.1) Weiterbildungs- und Umschulungskurse etwa in den Bereichen Bewerbungsschulung, Fremdsprachen, EDV oder Gastronomie; Ausbildungspraktika, Ausbildungszuschüsse, Berufspraktika und Einarbeitungszuschüsse zugunsten des neuen Arbeitgebers; Pendlerkosten und Wochenaufenthalterbeiträge; Maßnahmen zur Förderung der beruflichen Selbständigkeit; die Beschäftigung in einer Übungsfirma; „Motivationssemester" für Schulabgänger ohne Lehrstelle (vgl. Heinimann 2006) sowie – nicht zuletzt – die Programme zur vorübergehenden Beschäftigung (PvB), die im Zentrum der vorliegenden Untersuchung stehen. Die Zielsetzung dieser Programme wird auf der Homepage der RAV wie folgt ausformuliert :

> „Ein Programm zur vorübergehenden Beschäftigung erlaubt Ihnen eine berufsnahe Tätigkeit auszuüben, welche zum Ziel hat, Ihre beruflichen Schlüsselqualifikationen einzusetzen und zu vertiefen. Das Ziel dieser Programme ist die Erhaltung bzw. die Verbesserung Ihrer Arbeitsfähigkeit." (www.treffpunkt-arbeit.ch)

Die Teilnahme an einem Programm zur vorübergehenden Beschäftigung ist normalerweise auf sechs Monate befristet. Wird sie durch das RAV verfügt, ist sie für die jeweilige Person verbindlich. Eine formelle Möglichkeit, die Teilnahme zu kündigen – dies beispielsweise dann, wenn sich das Versprechen einer „berufsnahen Tätigkeit", das Versprechen der Schlüsselqualifizierung oder das Versprechen der Verbesserung der „Arbeitsfähigkeit" in der subjektiven Wahrnehmung als leer erweist – besteht für die Teilnehmenden nicht. Im Rahmen von Beschäftigungsprogrammen werden hauptsächlich Tätigkeiten in den Bereichen des Recycling, der Textilbearbeitung, der Wald- und Landschaftspflege, der Verpackung, der einfachen Montage oder der Fertigung von Geschenk- und Bastelartikeln ausgeübt. Einzelne Programme betreiben auch Brockenhäuser, Mittagstische und Einkaufsläden für Bedürftige oder Geschenkartikelboutiquen mit Erzeugnissen vorab aus der eigenen Produktion, oder sie führen im Auftrag von Gemeinden Wohnungsräumungen, Abbrucharbeiten, Reinigungs- und Unterhaltsarbeiten sowie vereinzelt auch Einsätze im Pflegebereich aus. Dabei gilt das Gebot, dass die Programme die reguläre Wirtschaft nicht konkurrenzieren respektive keinen Abbau regulärer Arbeitsstellen im öffentlichen Sektor zur Folge haben dürfen. Entsprechend werden die Beschäftigungsprogramme nur zu einem geringen Anteil durch eigene Erträge finanziert. Die finanzielle Hauptlast tragen die jeweiligen Zuweiser: die RAV über Gelder der Arbeitslosenversicherung sowie des Bundes; die Invalidenversicherung IV, sofern diese eine Maßnahme zur beruflichen Reintegration verfügte oder die Wohngemeinde des Teilnehmers, sofern die Zuweisung über ein Sozialamt erfolgte, was typischerweise bei Langzeitarbeitslosen der Fall ist (vgl. ausführlicher Kapitel 1.1) Die Anbieter von RAV-finanzierten „Programmen zur vorübergehenden Beschäftigung" bieten ihre Infrastruktur und ihre personellen und fachlichen Ressourcen also in den meisten Fällen nicht nur den RAV, sondern auch anderen Einrichtungen des Sozialstaats an. Bei den Programmanbietern handelt es sich entweder um Hilfswerke oder um (private oder öffentliche) Stiftungen, die für die Durchführung der Programme über eine eigens aufgebaute Infrastruktur verfügen. Einzelne Anbieter von PvB führen parallel auch eine sogenannte Übungsfirma oder eine sogenannte Sozialfirma. Da sie strukturähnlich zu den PvB aufgebaut sind, beziehen wir diese zwei zusätzlichen Formen einer staatlich verfügten vorübergehenden Beschäftigung in unsere Untersuchung mit ein.

Professionelle in Beschäftigungsprogrammen haben ihr Handeln an einer Zielvorgabe auszurichten, die relativ allgemein ausformuliert ist. Das Ziel der Programme besteht in der Bewahrung oder Verbesserung der Arbeitsmarktreintegrationschancen der Teilnehmenden. Bei der Wahl der Mittel, die ihnen zur Erreichung dieses Ziels geeignet erscheinen, sind die Programmanbieter relativ autonom. Hierdurch befinden sich Professionelle in Beschäftigungsprogrammen gegenüber Professionellen, die in einem RAV tätig sind, in einer privilegierten Situation: Da sie keine formelle Sanktionierungsmacht besitzen respektive diese bei den Zuweisern verbleibt, sind sie gegenüber ihren Klienten nicht mit einem doppelten Mandat der Hilfe und der Kontrolle, sondern ausschließlich mit einem professionellen Hilfemandat ausgestattet – es sei denn, sie maßen sich zusätzlich zu diesem ein Kontrollmandat willkürlich an (vgl. Becker-Lenz/Müller 2009). Dies bietet ihnen – strukturell betrachtet – die Chance, Klientinnen und Klienten, die unfreiwillig am Programm teilnehmen, durch die Qualität ihrer professionellen Hilfeleistungen *sekundär* davon zu überzeugen, dass sie sich nicht in einem Zwangs-, sondern in einem Hilfesetting befinden. Unsere Untersuchung geht der Frage nach, ob Professionelle, die in Programmen zur vorübergehenden Beschäftigung arbeiten, dieses Privileg nutzen oder ob sie es beispielsweise qua Übernahme einer Grundhaltung des Misstrauens und des Verdachts gegenüber den Klientinnen und Klienten verspielen.

Um diese Frage beantworten zu können, erscheint es unausweichlich, in einem ersten Schritt präzise zu rekonstruieren, welche Formen der Ausgestaltung einer aktivierenden Praxis sich in Programmen zur vorübergehenden Beschäftigung empirisch auffinden lassen und auf welche (impliziten oder expliziten) fachlichen oder weltanschaulichen Referenzen sich die jeweiligen Professionellen in ihrem Handeln beziehen. Unsere diesbezüglichen Befunde, die wir in *Kapitel 3* in der Form einer Typologie von *Leitparadigmen des Handelns in PvB* zur Darstellung bringen, stützen sich auf die Analyse von 23 nicht-standardisierten Einzelinterviews mit Professionellen in 15 verschiedenen PvB in der deutschsprachigen Schweiz. Nebst den Interviews, bei deren Analyse ein hermeneutisches mit einem kodierenden Verfahren kombiniert wurde, flossen Feldbeobachtungen vor Ort sowie weitere Dokumente (Broschüren, Leitbilder, Homepages usw.) in die Fallrekonstruktionen respektive die Typenbildung mit ein. Wir unterscheiden zwischen den Leitparadigmen *Rettung, Disziplinierung, Rehabilitation, Qualifizierung* und *Verwertung*. Mit diesen Leitparadigmen sind je unterschiedliche professionelle und organisationale Selbstverständnisse sowie unterschiedliche Formen der Ausgestaltung des Arbeitsbündnisses mit den Teilnehmenden verbunden.

Die Befunde der Analyse der 18 Interviews, die wir mit Programmteilnehmenden führten, werden in *Kapitel 4* in der Form einer Typologie von Fallkonstellationen und Teilnehmendenprofilen zur Darstellung gebracht. Wir unterscheiden zwischen fünf Typen von Programmteilnehmenden, bei denen ein je spezifisches Ressourcen- und Beeinträchtigungsprofil sowie je spezifische Strategien vorliegen, sich das in den Programmen Gebotene anzueignen und sich mit den Programmrealitäten zu arrangieren: *die Realisten, die Zukunftsorientierten, die Ämterkarrieristen, die Arbeitsmarktgeschädigten* und *die Schutzbedürftigen*.

Die gesonderte Rekonstruktion einerseits von Teilnehmendenprofilen und andererseits von Leitparadigmen „aktivierenden" Handelns ermöglicht es, in einem weiteren Schritt Einschätzungen zur Angemessenheit der Praxis in Programmen zur vorübergehenden Beschäftigung vorzunehmen. *Kapitel 5* befasst sich mit der Frage, unter welchen Voraussetzungen von der Programmteilnahme der intendierte Effekt einer für die Chancen auf dem Arbeitsmarkt relevanten Ermächtigung der Teilnehmenden ausgeht und unter welchen Bedingungen die Teilnahme als zusätzlich frustrierend oder entmutigend erlebt wird. Als zentraler Faktor für den Erfolg von Beschäftigungsprogrammen erscheint, dass diese optimal auf die jeweiligen Teilnehmendenprofile zugeschnitten sind. Die krassesten Formen einer Nicht-Passung zwischen der Programmpraxis und dem Teilnehmendenprofil liegen dann vor, wenn es sich bei der Zuweisung in ein Beschäftigungsprogramm um eine für den jeweiligen Fall per se schon ungeeignete Maßnahme handelt oder wenn die Programmpraxis per se in einer Weise ausgestaltet ist, von der ein Effekt der Ermächtigung faktisch nicht ausgehen kann. Außerdem wird in *Kapitel 5* allgemein erörtert, welche positiven und negativen Effekte es im Einzelnen sind, die von der Teilnahme an einem Programm zur vorübergehenden Beschäftigung ausgehen können.

Den hier kurz angerissenen Kapiteln, in denen die empirischen Befunde der Untersuchung dargestellt werden, sind zwei Kapitel vorangestellt, in denen die konzeptionellen, theoretischen und methodischen Grundlagen der Untersuchung skizziert werden. *Kapitel 1* umreißt die politischen und rechtlichen Rahmenbedingungen der aktivierenden Praxis in Beschäftigungsprogrammen und bietet streiflichtartige Einblicke in bereits vorliegende Forschungen. In *Kapitel 2* erörtern wir ausführlich die Fragestellung und das Forschungsdesign der Untersuchung. Außerdem erläutern wir die wissens- und professionstheoretischen Konzepte, auf die wir uns bei der Rekonstruktion von Leitparadigmen professionellen Handelns respektive in unseren Einschätzungen zur Professionalität des Handelns in den von uns untersuchten Programmen beziehen.

Die vorliegende Untersuchung bringt die Ergebnisse eines Forschungsprojekts zur Darstellung, das im Rahmen des DORE-Programms des Schweizerischen Nationalfonds gefördert wurde. Mit einem namhaften Sockelbetrag beteiligte sich das Amt für Wirtschaft und Arbeit des Kantons Thurgau an der Finanzierung des Forschungsprojekts und öffnete uns wichtige Feldzugänge. Bei der Durchführung der Forschungsarbeit besaßen wir jene Unabhängigkeit und Autonomie, die wissenschaftliche Forschung für sich in Anspruch nehmen muss, wenn sie ihrem gesellschaftlichen Auftrag Folge leisten will: nämlich entlastet von den Handlungszwängen der Praxis auch diejenigen Handlungsroutinen einer Problematisierung und kritischen Hinterfragung zu unterziehen, die sich den Praktikerinnen und Praktikern selbst, um handlungsfähig zu sein, mitunter als selbstverständlich, bestens bewährt und unproblematisch darstellen müssen. Die hier skizzierten Forschungsbefunde können die Anbieter von Beschäftigungsprogrammen sowie die politischen Verantwortungsträger darin unterstützen, die eigene Praxis und Routine im Raum alternativer Möglichkeiten zu verorten und selbstkritisch zu reflektieren. Nebst den Befunden aus dem genannten DORE-Projekt sind in die vorliegende Untersuchung auch diverse Erkenntnisse aus Fallanalysen eingeflossen, die der Koautor gemeinsam mit Alfred Schwendener im Rahmen einer Evaluationsstudie im Auftrag des Amts für Arbeit des Kantons St. Gallen durchführte. Bei den Verantwortlichen der verschiedenen Stellen, die durch ihre finanziellen Beiträge sowie durch ihr Interesse an einer unabhängigen Analyse etablierter Praktiken unsere Forschungsarbeit ermöglichen, bedanken wir uns herzlich. Auch bedanken wir uns bei den Professionellen und Teilnehmenden in den untersuchten Programmen, die bereit waren, uns ein Interview zu geben. Lukas Neuhaus, Alfred Schwendener und Dominik Stolz haben das Manuskript in all seinen Teilen durchgesehen und kommentiert und uns für die Fertigstellung wichtige Hinweise gegeben. Höchst unangemessen gewürdigt ist mit einem schlichten Dank der immense Beitrag, den Alfred Schwendener über die Durchsicht des Manuskripts hinaus zum Zustandekommen des Buches leistete.

Das vorliegende Buch ist das Ergebnis einer intensiven gemeinsamen Forschungsarbeit. Bei der schriftlichen Ausformulierung unserer Befunde sind wir indes arbeitsteilig verfahren. Für das Kapitel 4 und den Abschnitt 1.1 zeichnet Bettina Wyer verantwortlich, für die übrigen Teile Peter Schallberger.

1. Politik der Aktivierung. Forschungsstand

Einen Überblick über den Stand der Forschung spezifisch zu Programmen zur vorübergehenden Beschäftigung (PvB) zu geben, ist nicht ganz einfach. Denn erstens handelt es sich bei Beschäftigungsprogrammen um eines von mehreren Instrumenten der aktivierenden Beschäftigungs- und Sozialpolitik der Schweiz, die in empirischen Wirkungsanalysen oftmals integral oder vergleichend untersucht werden. Zweitens ist zu bedenken, dass eine Neuausrichtung der Beschäftigungs- und Sozialpolitik am Paradigma der Aktivierung ab Mitte der 1990er Jahre in fast allen westeuropäischen Staaten parallel erfolgte. Entsprechend umfangreich sind die Forschungsbestände, die sich mit den Wirkungen der national unterschiedlich ausgestalteten Umsetzungsinstrumente befassen. Und drittens verbirgt sich hinter dem Aktivierungsparadigma eine grundlegende Neubestimmung dessen, was Sozialstaatlichkeit, ja Staatlichkeit überhaupt, bedeutet. Auch hierzu liegt mittlerweile eine kaum mehr überschaubare Fülle von Diskussions- und Forschungsbeiträgen vor, die im Rahmen einer empirischen Arbeit zu einem spezifischen Aktivierungsinstrument, den PvB in der Schweiz, systematisch aufarbeiten zu wollen vermessen wäre.

All dies bedingt, dass die folgenden Ausführungen einen kursorischen, über weite Strecken auch indexikalischen Charakter besitzen. Sie befassen sich in einem ersten Abschnitt (1.2) mit den Ergebnissen von Evaluationsstudien aus der Schweiz, in denen mittels ökonometrischer Methoden die Wirksamkeit der Arbeitsmarktlichen Maßnahmen (AMM), insbesondere der PvB, untersucht wurde. In diesen Studien wird nach den Effekten entweder auf der Mikroebene einzelner Akteure oder auf der Makroebene des gesamten Beschäftigungssystems gefragt. Der Erfolg von Beschäftigungsprogrammen wird also entweder daran bemessen, ob Programmteilnehmende bessere Wiederbeschäftigungschancen auf dem ersten Arbeitsmarkt haben als Personen mit einem vergleichbaren Ressourcen- und Beeinträchtigungsprofil, die nie einem Programm zugewiesen wurden, oder der Erfolg wird daran bemessen, ob unter Berücksichtigung beispielsweise von Substitutionseffekten Beschäftigungsprogramme einen Beitrag zur Reduzierung der Arbeitslosenquote leisten. Es sei vorweggenommen, dass die meisten der bisher durchgeführten ökonometrischen Evaluationen Beschäftigungsprogrammen sowohl auf der Mikro- als auch auf der Makroebene eine eher geringe Wirksamkeit attestieren.

In einem zweiten Abschnitt (1.3) werden einige Streiflichter auf internationale Vergleichsstudien geworfen, in denen ebenfalls mittels statistischer Methoden die Wirksamkeit der verschiedenen Instrumente der aktivierenden Sozialpolitik untersucht wurde. Und der dritte Abschnitt (1.4) befasst sich mit Untersuchungen und Analysen, die sich ideologie- und diskurskritisch mit den Implikationen des sozialpolitischen Paradigmenwechsels in Richtung Aktivierung auseinandersetzen. Sie zielen insbesondere auf die Rekonstruktion und Kritik der ideellen und weltanschaulichen Prämissen, auf denen das Aktivierungsparadigma aufruht. Kritisiert wird beispielsweise, dass im Rahmen der *Workfare*-Doktrin das Versagen von Wirtschaft und Politik, allen Erwerbsfähigen die Teilhabe am wirtschaftlichen Geschehen zu ermöglichen, in ein individuelles Versagen umgedeutet werde. Allgemein wird in dieser Perspektive gefragt, inwieweit das neue sozial- und beschäftigungspolitische Regime mit klassischen Postulaten des Liberalismus sowie mit den Errungenschaften wohlfahrtsstaatlicher Modernisierung noch vereinbar ist.

Um den Zugang zu den Befunden zu erleichtern, die sich spezifisch auf die Schweiz beziehen, werden den Ausführungen zum Forschungsstand einige exkursorische Ausführungen zum Schweizer Sozialversicherungssystem vorangestellt.

1.1 Grundlagen: Nationale Regelungen in Zusammenhang mit Arbeitslosigkeit

In der Schweiz sind drei Institutionen maßgebend, um im Falle von Arbeitslosigkeit Unterstützung zu leisten: die regionalen Arbeitsvermittlungszentren (RAV) als ausführende Organe der Arbeitsmarktbehörde, die Sozialhilfe sowie die Invalidenversicherung (IV). Die aufgeführten Institutionen sind zugleich die zentralen zuweisenden Stellen für die Beschäftigungsprogramme. Gewisse Beschäftigungsprogramme werden nur für eine bestimmte Gruppe von Teilnehmenden (Arbeitslose, Sozialhilfebezüger oder IV-Bezüger) angeboten. In den meisten Programmen mischen sich jedoch die Teilnehmenden. Die Anzahl Personen, welche gesamtschweizerisch Beschäftigungsprogramme besuchen, ist nur ungefähr zu ermitteln. Gemäß Arbeitslosenstatistik befanden sich im Februar 2010 14 % der registrierten nichtarbeitslosen Stellensuchenden (total 62'668 Personen) in Beschäftigungsprogrammen (vgl. SECO 2010; Wer an einem Beschäftigungsprogramm teilnimmt, gilt offiziell als nicht arbeitslos.) In der aktuellen Sozialhilfestatistik (vgl. BFS 2010) sind die an Beschäftigungsprogrammen Teilnehmenden zwar gesondert aufgeführt: da die Teilnahme in der Regel jedoch bloß sechs Monate dauert, muss davon ausgegangen werden, dass die Erfassung der Quote zu einem bestimmten Zeitpunkt des Jahres von der realen Zahl abweicht und deutlich mehr Personen ein Beschäftigungsprogramm durchlaufen (haben). Die IV hat die Teilnehmenden in ihrer Statistik nicht gesondert aufgeführt (vgl. BSV 2009). Sie lassen sich nur aus der Anzahl Personen schätzen, welche sich in Integrationsmaßnahmen befinden. Unter Berücksichtigung aller zur Verfügung stehenden Zahlen kann davon ausgegangen werden, dass durchschnittlich etwa 10 % aller Personen, die bei der Arbeitslosenvermittlung, der Sozialhilfe oder der IV gemeldet sind, an einem Beschäftigungsprogramm teilnehmen.

Die arbeitslosen Personen werden den jeweiligen Institutionen gemäß Kausalitätsprinzip zugewiesen. Da die zuweisenden Stellen ein relativ großes Gewicht in der falladäquaten Unterstützung haben, werden diese drei Institutionen im Folgenden kurz beschrieben und die mit der Einführung der Aktivierungspolitik verbundenen Schwierigkeiten skizziert.

1.1.1 Die Arbeitsmarktbehörde

In der Schweiz ist die Arbeitsmarktbehörde verantwortlich für die Arbeitsvermittlung und das Arbeitslosenversicherungsgesetz. Dabei beteiligen sich die Kantone und die regionalen Arbeitsvermittlungszentren (RAV), die Logistikstellen für arbeitsmarktliche Maßnahmen (u. a. PvB) und die Arbeitslosenkassen an deren Umsetzung. Eine einheitliche und für die ganze Schweiz obligatorische Versicherung wurde erst nach dem Beschäftigungseinbruch von 1975 (Ölkrise 1974) umgesetzt. Die im Bericht einer Expertenkommission angeregte Verfassungsänderung 1975 markiert den eigentlichen Beginn der obligatorischen Arbeitslosenversicherung. Seit der tatsächlichen Einführung der obligatorischen Arbeitslosenversicherung am 1. Januar 1984 sind die Arbeitslosenkassen verantwortlich für alle finanziellen Belange bezüglich Arbeitslosigkeit. Die Arbeitslosenkassen prüfen im Rahmen des Arbeitslosenversicherungsgesetzes (AVIG) die Anspruchsvoraussetzungen der Versicherten für Arbeitslosenentschädigung und andere Leistungen und sind für die monatlichen Auszahlungen verantwortlich. Heute führen in der Schweiz insgesamt 39 Trägerorganisationen eine Arbeitslosenkasse. Nebst den öffentlichen Kassen der Kantone haben Arbeitnehmer- und Arbeitgeberorganisationen von gesamtschweizerischer, regionaler oder kantonaler Bedeutung private Kassen eingerichtet. Die versicherten Personen und Arbeitgeber können ihre Arbeitslosenkasse frei wählen. Die öffentlichen Arbeitsvermittlungszentren sind die erste Anlaufstelle für Menschen, welche von Arbeitslosigkeit betroffen sind. Sie sind Dienststellen, die in den Bereichen Arbeitsmarkt, Stellenvermittlung und Arbeitslosigkeit spezialisiert sind. Zurzeit gibt es in der Schweiz ungefähr 130 RAV.

Im Februar 2010 betrug die Arbeitslosigkeit in der Schweiz 4.4 %. Damit ist sie im Vergleich zum EU-Durchschnitt von 9.5 % (November 2009) sehr tief. Die Zahl der Stellensuchenden ist seit 2008 jedoch sprunghaft angestiegen und erreichte zu Beginn des Jahres 2010 den höchsten Stand seit 1998 (vgl. SECO 2010). Stellensuchende, die sich in einem Beschäftigungsprogramm, einer Umschulung oder einem Zwischenverdienst befinden, werden indes nicht in die Arbeitslosenquote mit einberechnet, obwohl sie de facto arbeitslos sind.

Seit der immer konsequenter umgesetzten Forderung nach einer Verknüpfung des Leistungsanspruches der Versicherten mit einer Verpflichtung zu Teilnahme an aktivierenden Maßnahmen werden auch die Missbrauchsfälle häufiger öffentlich thematisiert. Im Falle der Nicht-Kooperation auf Seiten der Arbeitslosen operieren die RAV vor allem mit Einstelltagen für die Versicherten. Diese finanzielle Sanktion trifft die Arbeitslosen an der wundesten Stelle. Obwohl die OECD in ihrer Studie „Arbeitsmarktpolitik in der Schweiz" von 1996 feststellte, dass wenig Anreize zum Missbrauch vorlägen, da die RAV und Arbeitsämter strengen Regelungen unterliegen (vgl. Magnin 2005, 94), wurde der Ruf nach „Fordern und Fördern" in den letzten Jahren immer lauter.

Die 4. Revision des Arbeitslosenversicherungsgesetzes (mit Umsetzungsziel 2011), welche sich noch in der Vernehmlassung befindet, soll das Versicherungsprinzip der Arbeitslosenversicherung stärken. Um die Arbeitslosenversicherung finanziell zu sanieren sollen die Beitragssätze erhöht sowie die Bezugsdauer des Arbeitslosengeldes, besonders für Arbeitslose unter 30 Jahren, gekürzt werden. Des Weiteren soll die Effizienz der Wiedereingliederungsmaßnahmen gestärkt werden. Die arbeitslosen Personen werden gesetzlich verpflichtet, jede zumutbare Arbeit anzunehmen. In der laufenden Revision werden somit die der Aktivierungspolitik zugrundeliegenden Leistungsanforderungen an die Bezüger verschärft.

1.1.2 Die Sozialhilfe

Die Sozialhilfe ist in der Schweiz kantonal geregelt. Bis heute gibt es kein Bundesrahmengesetz für die Sozialhilfe, wie es in den Bereichen IV und Arbeitslosenversicherung der Fall ist. Auf Bundesebene existiert nur das Zuständigkeitsgesetz ZUG (in Kraft seit 1977), welches sich mit dem Sozialhilferecht befasst. Das ZUG regelt ausschließlich, welcher Kanton in einem Sozialhilfefall zuständig ist und klärt die Entschädigungsverpflichtung unter verschiedenen Kantonen, falls etwa ein Sozialhilfebezüger seinen Wohnort in einen anderen Kanton verlegt. Ausgerichtet wird die Sozialhilfe von der Wohngemeinde des Empfängers. Problematisch an der auf Gemeindeebene organisierten Sozialhilfe ist, dass diese gerade in kleinen Gemeinden nicht von Fachleuten begleitet und organisiert wird. Stattdessen entscheiden demokratisch gewählte Volksvertreter mit einer bestimmten parteipolitischen Haltung über die Hilfeleistungen.

Der private Verein SKOS (Schweizerische Konferenz für Sozialhilfe) übernimmt als Fachverband wichtige Koordinationsfunktionen und erarbeitet finanzielle und fachliche Richtlinien für die Sozialhilfe in der Schweiz. Die SKOS entwickelte sich aus der ersten Konferenz der kantonalen Armenpfleger, die 1905 in Brugg zusammentrat. Schon damals wurde die Forderung nach einer weiterreichenden Verpflichtung des Bundes in der Armenfürsorge laut: Ein Anliegen, welches bis heute nicht wirklich Gehör fand. Die SKOS-Richtlinien sind ein zentrales Arbeitsinstrument für die kantonalen Sozialdienste und Sozialbehörden. Sie werden in den meisten Sozialhilfeverordnungen berücksichtigt. Im Jahr 2005 nahmen die Richtlinien die leistungsbezogenen Elemente Eigenverantwortung und Motivation auf. Sie schufen damit ein finanzielles Anreizsystem für Personen, die sich verstärkt um ihre berufliche und soziale Integration bemühen (vgl. Caduff 2007, 51) und nahmen die Zielsetzung des „Forderns und Förderns" in ihre Politik auf.

Seit dem Jahr 2004 liegen erstmals aus allen Kantonen statistische Informationen zu den Sozialhilfeempfängerinnen und -empfängern vor. 2008 wurden 221'262 Personen mit Sozialhilfeleistungen unterstützt. Das entspricht einer Sozialhilfequote von 2.9 % (vgl. BFS 2010). Fachleute sind der Überzeugung, dass in der Schweiz bis zu 50 % der anspruchsberechtigten Personen keine Sozialhilfe beantragen, da die Abhängigkeit von Sozialhilfe vielerorts als stigmatisierend empfunden wird.

Gemäß Kutzner (2009, 25) unterscheidet sich die Sozialhilfe von den anderen Sozialversicherungen dadurch, dass sie eine umfassende Hilfeleistung anbieten möchte, welche Klienten davor bewahren sollte, „soziale Außenseiter" zu werden. Für problematisch erachtet er dabei, dass der beratende Sozialarbeiter über die Höhe der gewährten Leistungen mitentscheidet. Das betrifft materielle Leistungen, die über den Grundbedarf hinausgehen, sowie Beratungsleistungen (vgl. Kutzner 2009, 39). Dies erschwert eine unabhängige Fallbegleitung. Diese Ambivalenz zwischen einem Beratungs- und einem finanziellen Mandat wird durch die revidierten SKOS-Richtlinien 2005 und die darin festgelegten variablen Zusatzleistungen noch verstärkt. Finanzielle Kürzungen bedeuten für die Bezüger eine einschneidende Sanktion.

1.1.3 Die Invalidenversicherung

Die Invalidenversicherung (IV) ist wie die Alters- und Hinterbliebenenversicherung (AHV) eine gesamtschweizerisch obligatorische Versicherung. Ihr Ziel ist es, den Versicherten mit Eingliederungsmaßnahmen oder Geldleistungen die Existenzgrundlage zu sichern, wenn sie invalid werden. Die IV wurde 1960 eingeführt. Die verfassungsrechtliche Grundlage besteht jedoch schon seit 1925, als die Stimmbevölkerung einem Verfassungsartikel zur Schaffung einer Alters- und Invalidenversicherung zustimmte. Die IV definiert Invalidität als eine durch körperlichen, psychischen oder geistigen Gesundheitsschaden verursachte Erwerbsunfähigkeit bzw. als Unfähigkeit, sich im bisherigen Aufgabenbereich (z. B. im Haushalt) zu betätigen. Diese Unfähigkeit muss bleibend sein oder längere Zeit (mindestens ein Jahr) andauern. Es spielt jedoch keine Rolle, ob der Gesundheitsschaden schon bei der Geburt bestanden hat oder Folge einer Krankheit oder eines Unfalls ist.

In jedem Kanton gibt es eine IV-Stelle. Sie entscheidet darüber, auf welche Leistungen der IV die Versicherten Anspruch haben. Für die Berechnung und Auszahlung der Taggelder und IV-Renten sind die Ausgleichskassen zuständig. Die versicherten Personen haben aus eigenem Antrieb (Pflicht zur Selbsteingliederung) alles vorzukehren, um die entsprechenden Kosten möglichst gering zu halten. Die IV-Stellen können die Versicherten auch zu einer beruflichen Abklärung oder zu einer medizinischen Untersuchung durch den regionalen ärztlichen Dienst (RAD) aufbieten. Im Jahre 2009 bezogen 7.1 % der Schweizer Bevölkerung eine ganze oder teilweise Invalidenrente.

In der 6. IV-Revision mit Umsetzungsziel 2012 bis 2015 soll der Grundsatz „Eingliederung vor Rente", dem die IV seit der 5. Revision folgt, verstärkt werden. Dabei sollen die Bezüger und Bezügerinnen verpflichtet werden, in jeder zumutbaren Maßnahme mitzuwirken sowie jede zumutbare Stelle anzunehmen, auch wenn dies nur zu einer kurzfristigen Ablösung von der IV führen sollte.

1.1.4 Interinstitutionelle Zusammenarbeit IIZ

Die interinstitutionelle Zusammenarbeit, kurz IIZ, ist eine gemeinsame Strategie zur verbesserten, zielgerichteten Zusammenarbeit der Organisationen aus den Bereichen Arbeitslosenversicherung, Invalidenversicherung und Sozialhilfe. Gesamtschweizerisch wird IIZ seit 2004 gefördert. In einzelnen Kantonen begann die interinstitutionelle Zusammenarbeit schon einiges früher. Die Institutionen in den genannten Bereichen haben alle die berufliche und soziale Integration ihrer Klienten zum Ziel. Mit IIZ wird angestrebt, die mit diesem Ziel verbundenen Verfahren der Institutionen aufeinander abzustimmen, zu vereinfachen und zu verkürzen. Insbesondere wird versucht, durch koordiniertes Vorgehen Doppelspurigkeiten und krank machendes Weiterreichen zwischen den Institutionen zu unterbinden. Die ALV, die IV, unterschiedliche Beschäftigungsprogramme und arbeitsmarktliche Maßnahmen stellen ihre Falldaten den jeweils anderen Institutionen zur Verfügung. Gleichzeitig stehen die verschiedenen Institutionen, die für einen Fall verantwortlich sind, in direktem Austausch.

Das Nebeneinander von drei verschiedenen gewichtigen Institutionen, welche dem gleichen Ziel verpflichtet sind, ist eine direkte Folge des der Sozialversicherung zugrundeliegenden Kausalitätsprinzips (vgl. Widmer 2001, 63). Die Aktivierungspolitik und die damit verbundenen finanziellen Sanierungspläne der 4. ALV-Revision und der 6. IV-Revision verschärfen die Gefahr des Weiterreichens von Fällen zwischen den Institutionen. Dabei wird vor allem die Sozialhilfe stärker belastet. Sie wird zum Auffangbecken für Fälle, die aufgrund struktureller Risiken dauerhafte Unterstützung benötigen. Ihre eigentlich komplementäre Funktion wird dadurch um eine substitutive ergänzt (vgl. Caduff 2007, 70), was dem Nothilfegedanken der Sozialhilfe widerspricht. Auch die interinstitutionelle Zusammenarbeit kann das Weiterreichen unter den Sozialversicherungen und der Sozialhilfe nicht verhindern, da jede einzelne Institution ihre eigenen, finanziell immer restriktiveren Ziele erfüllen muss. Damit besteht die Gefahr, dass das fallorientierte Interesse der interinstitutionellen Zusammenarbeit durch die strukturellen Vorgaben der einzelnen Institutionen ausgehöhlt wird.

1.2 Evaluationsstudien aus der Schweiz

Eine erste Gesamtevaluation der aktivierenden Beschäftigungspolitik, die offiziell etwas missverständlich als „aktive Arbeitsmarktpolitik" bezeichnet wird, erfolgte in der Schweiz in den Jahren 1998 bis 2000 (vgl. zusammenfassend Curti/Zürcher 2000). Mittels ökonometrischer Verfahren wurden dabei nebst den Regionalen Arbeitsvermittlungszentren RAV (Sheldon 2000) und der Zwischenverdienstregelung[1] (Bauer et al. 1999) auch die Arbeitsmarktlichen Maßnahmen (AMM), insbesondere die Umschulungs- und Weiterbildungsmaßnahmen (Prey 1999) und die hier interessierenden Programme zur vorübergehenden Beschäftigung untersucht. Während gemäß der Studie von Gerfin und Lechner (2000) Programmteilnehmende im Durchschnitt eher *geringere* Wiederbeschäftigungschancen besitzen als Personen, die an keinem Programm teilnahmen (Kontrollgruppe mit ähnlichem Profil),

---

[1] Mit der Zwischenverdienstregelung gemäß AVIG Art. 24 werden finanzielle Anreize geschaffen, während der Periode der Arbeitslosigkeit unselbständigen oder selbständigen Erwerbstätigkeiten nachzugehen, die für die jeweilige Person offiziell als nicht zumutbar eingestuft wurden.

gelangen Zweimüller und Lalive D'Epinay (2000) zu dem Befund, dass Beschäftigungsprogramme die Gesamtdauer der Arbeitslosigkeit verkürzen. Die Autoren erklären dies damit, dass mit der Existenz von Beschäftigungsprogrammen ein „disziplinierender Effekt" verbunden sei: „Personen, die nicht unfreiwillig in eine Maßnahme gedrängt werden wollen, (erhöhen) ihre Suchanstrengung." (ebd. 14) Unklar bleibt in dieser Studie freilich, ob sich diese Erklärung tatsächlich aus den analysierten Daten herleitet, oder ob sie nicht einfach repliziert, was Ökonominnen und Ökonomen bei der Untersuchung gesellschaftlicher Phänomene üblicherweise per Annahme immer schon unterstellen: Soziale Erscheinungen stellen das Ergebnis eines individuellen Nutzenmaximierungs- respektive Sanktionsvermeidungskalküls dar. Die für das statistisch Festgestellte von den Autoren gelieferte Erklärung ist also möglicherweise tautologisch (vgl. Schallberger 2004).

Martinovits-Wiesendanger und Ganzaroli (2000) wiederum versuchen, zusätzlich zu veränderten Wiederbeschäftigungschancen auch Effekte von Beschäftigungsprogrammen zu messen, die auf der Ebene des individuellen Wohlbefindens angesiedelt sind. Auf der Grundlage von Daten aus telefonischen Mehrfachbefragungen, die durch ein Marktforschungsinstitut durchgeführt wurden, gelangen sie zu dem Befund, dass sich die Programmteilnahme zumindest kurzfristig mindernd auf das Angstempfinden sowie förderlich auf das Gesundheitsempfinden auswirkt. „Bewirkt wurde dies wahrscheinlich durch die wichtige Erfahrung einer geordneten Tagesstruktur und von Teamarbeit." (ebd. 23) Ähnlich wie die Unterstellung eines „disziplinierenden Effekts" in der Studie von Zweimüller und Lalive D'Epinay (2000) scheint auch diese Interpretation eher spekulativ als direkt aus den erhobenen Daten hergeleitet zu sein.

Es fällt auf, dass bereits in dieser ersten Runde der Evaluation der „aktiven Arbeitsmarktpolitik" für die sogenannte Zwischenverdienstregelung ein eindeutig stärkerer Effekt auf die Wiederbeschäftigungschancen nachgewiesen werden konnte als für die Programme zur vorübergehenden Beschäftigung. Dieser Befund wird durch die einige Zeit später durchgeführte Untersuchung von Lechner, Frölich und Steiger (2004) bestätigt. Zusätzlich zeigen die Autoren, dass die Wirksamkeit der verschiedenen Maßnahmen in erster Linie davon abhängt, ob eine optimale Passung zwischen einerseits der ergriffenen Maßnahme und andererseits dem berufsbiographischen Hintergrund der administrierten Fälle vorliegt. Die Zuweisung in ein PvB kann am ehesten bei Personen sinnvoll sein, die seit längerer Zeit arbeitslos sind. Bei gut Qualifizierten und Kurzzeitarbeitslosen wirkt sich eine PvB-Teilnahme hingegen eher negativ auf die Wiederbeschäftigungschancen aus. Eine Evaluation von Beschäftigungsprogrammen spezifisch für Langzeitarbeitslose legen Aeppli et al. (2004) vor. Ihre Befunde stützen sich einerseits auf eine Expertenbefragung, andererseits auf die standardisierte Erhebung von Erfolgs- und Zufriedenheitsdaten bei Programmteilnehmenden aus den Kantonen Basel-Stadt, Zürich und Genf. Die Autoren gelangen unter anderem zu dem Befund, dass sich Beschäftigungsprogramme für Langzeitarbeitslose positiv nicht nur auf die berufliche, sondern auch auf die soziale Integration auswirken können.

Eine zweite vom Staatssekretariat für Wirtschaft (SECO) des Eidgenössischen Volkswirtschaftsdepartements (EVD) in Auftrag gegebene Runde der Evaluation der „aktiven Arbeitsmarktpolitik" wurde in den Jahren 2004 bis 2006 durchgeführt (vgl. zusammenfassend Aeberhardt/Ragni 2006). Zwei der durchgeführten Teilstudien zielten auf die Bestimmung der *makroökonomischen* Effekte arbeitsmarktlicher Maßnahmen. Marti und Osterwald (2006a, 18f.) umreißen die Differenz zwischen einer Mikro- und einer Makroperspektive anschaulich wie folgt: „Arbeitsmarktliche Maßnahmen wirken auf individueller Ebene. Dank eines Sprachkurses findet zum Beispiel die arbeitslose ehemalige Angestellte eines Reisebüros, Frau Müller, wieder eine neue Stelle. Dies ist eine beabsichtigte Wirkung der Maßnahme ‚Sprachkurs'. Auf aggregierter, makroökonomischer Ebene kann die Wirkung in diesem Beispiel anders beurteilt werden: Hätte Frau Müller keinen Sprachkurs absolviert, dann hätte das Reisebüro Herrn Meier eingestellt, welcher die geforderten sprachlichen Fähigkeiten auch ohne Kurs mitbringt. Dank der AMM ‚Sprachkurs' ist anstelle von Frau Müller nun Herr Meier arbeitslos. Der Sprachkurs wäre aus makroökonomischer Sicht letztlich wirkungslos. (...) Die individuell festgestellten Wirkungen dürfen nicht aggregiert werden, da nicht sicher ist, dass ein Stellensuchender weniger auch die Gesamtzahl der Stellensuchenden reduziert."

Die wichtigsten Effekte, die es beim Micro-to-Macro-Link (vgl. Coleman 1991) zu berücksichtigen gilt, sind gemäß den Autoren der im obigen Beispiel skizzierte Substitutionseffekt sowie der Mitnahmeeffekt. Dieser kommt dann zum Tragen, wenn eine Stellensuchende auch ohne Maßnahme eine Stelle gefunden hätte. Unter Berücksichtigung dieser beiden Effekte gelangen die Autoren auf der Grundlage von SECO-Daten zu dem Befund, dass von den untersuchten Maßnahmen (Basiskurse, Sprachkurse, EDV-Kurse und PvB) einzig die Programme zur vorübergehenden Beschäftigung (PvB) „einen leicht reduzierenden Effekt auf die Quote der Stellensuchenden hat" (Marti und Osterwald 2006b, 60).

Während Marti und Osterwald in den nicht-technischen Ausführungen ihrer empirischen Studie auf eine genaue Quantifizierung dieses Effekts verzichten, legen sich Lalive D'Epinay, Zehnder und Zweimüller (2006a) in ihrer makroökonomischen Simulationsstudie darauf fest, dass die Zwischenverdienstregelung die Arbeitslosenquote von 4.4 auf 3.5 %, also um 0.9 Prozentpunkte reduziert. Bei Bewerbungskursen liegt dieser Wert bei 0.1 %, bei

Weiterbildungskursen bei 0.7 % und bei Programmen zur vorübergehenden Beschäftigung bei 0.4 %. Beschäftigungsprogramme reduzierten außerdem die Stellensuchendenquote um 0.1 %. Zum verwendeten Simulationsmodell („Kalibrierung") schreiben die Autoren: „Dieses Modell basiert auf Annahmen über die Wirkungen der AMM auf die Suchanreize für Stellensuchende sowie auf die Anreize von Firmen, offene Stellen auszuschreiben. Die spezifischen Annahmen basieren auf Plausibilitätsüberlegungen; sie können aber auch durch empirische Evidenz für ähnliche Programme aus anderen Ländern gestützt werden." (ebd. 22)

Aus den folgenden Ausführungen wird deutlich, dass es sich bei dem von den Autoren bereits in einer früheren Studie stark gemachten Droheffekt, der von Beschäftigungsprogrammen ausgeht, nicht um ein Ergebnis der Modellsimulation handelt, sondern um eine a priori getroffene Annahme: „Die Reduktion der Anzahl Stellensuchender und Arbeitsloser durch die Existenz von Beschäftigungsprogrammen wird in der Kalibrierung durch den Droheffekt dieser Maßnahme erzeugt. Weil arbeitslose Individuen vermeiden wollen, einem Beschäftigungsprogramm zugewiesen zu werden, werden sie intensiver nach einer regulären Stelle suchen. Studien über vergleichbare Programme für die USA sowie für Australien zeigen, dass ein solcher Droheffekt quantitativ von Bedeutung ist." (ebd. 24)

Es liegt hier der zynische Schluss nicht fern, Beschäftigungsprogramme wären idealerweise durch noch effektivere Maßnahmen der Abschreckung zu ersetzen oder sie seien möglichst repressiv und entwürdigend auszugestalten, um einen größtmöglichen Effekt zu erzielen. Diese naheliegende Folgerung wird von den Autoren allerdings nicht ausformuliert. Unter Bezugnahme auf die in Ökonomenkreisen breit rezipierte Studie von Gerfin und Lechner (2000), die insgesamt einen eher negativen Zusammenhang zwischen Programmteilnahme und individuellen Reintegrationschancen feststellt, ziehen die Autoren über ihre Befunde stattdessen das folgende Fazit: „Mikro-Studien weisen für solche Programme eine Verschlechterung der Arbeitsmarktaussichten von Teilnehmenden aus. Berücksichtigt man allerdings, dass solche Programme auch die Suchanreize der Nichtteilnehmenden steigern, ergeben sich gesamtwirtschaftlich positive Beschäftigungseffekte." (ebd. 25)

Zusätzlich zu den verschiedenen Arbeitsmarktlichen Maßnahmen befassten sich auch im Rahmen der zweiten Evaluationsrunde mehrere der durchgeführten Studien mit der Arbeitsweise der Regionalen Arbeitsvermittlungszentren (RAV). Auf diese soll hier im Einzelnen nicht eingegangen werden (vgl. Bieri/Bachmann/Bodenmüller 2006; Behncke/Frölich/Lechner 2008; Egger/Lenz 2006; Peter 2009). Gleichwohl sei bemerkt, dass sich diese Studien mit den Problemstellungen einer professionellen beraterischen Praxis eher oberflächlich, professionssoziologisch kaum informiert sowie mittels Forschungsmethoden auseinandersetzen, die dem untersuchten Gegenstand wenig angemessen erscheinen. Da in ihnen weder der Frage nachgegangen wird, welchen Einfluss das institutionelle Setting eines doppelten Mandats von Hilfe und Kontrolle auf die Qualität beraterischen Handelns hat, noch präzise zu rekonstruieren versucht wird, auf welche Arten von „Wissen", auf welche Deutungsmuster und auf welche Deutungsroutinen sich RAV-Beratende in ihren beraterischen und vermittelnden Tätigkeiten abstützen, erreicht keine der vom SECO in Auftrag gegebenen Studien analytische Tiefenschärfe, die bezogen auf die RAV-Beratungspraxis in der Schweiz die Studie von Magnin (2005) oder bezogen auf die ARGEn-Beratungspraxis in Deutschland die Studie von Ludwig-Mayerhofer, Behrend und Sondermann (2009) besitzt. Dass vom SECO ausschließlich Forschungen gefördert und rezipiert werden, die sich auf ein quantitativ-empirisches respektive ökonometrisches Forschungsdesign stützen, erscheint bedauerlich.

Unlängst haben Aeppli und Ragni (2009) eine Studie zur Wirkung von Arbeitsintegrationsmaßnahmen für Sozialhilfebezüger vorgelegt. Die im Auftrag der Aufsichtskommission für den Ausgleichsfonds der Arbeitslosenversicherung durchgeführte Studie zieht über die Wirksamkeit der aktivierenden Sozialhilfe eine ähnlich ernüchternde Bilanz wie die Studie von Gerfin und Lechner aus dem Jahr 2000. Die Teilnahme an einer Beschäftigungsmaßnahme wirke sich eher negativ auf die individuellen Reintegrationschancen auf dem Arbeitsmarkt aus. Aktivierende Sozialhilfe berge die Gefahr, „dass insbesondere länger andauernde Integrationsmaßnahmen zu einem Verharren in der Sozialhilfe führen (sog. Einschließ- oder ‚Lock in'-Effekt), weil sowohl die Betreuer als auch die Stellensuchenden in dieser Zeit unwillkürlich die Intensität der Jobsuche reduzieren. Eine wichtige Lektion auch schon aus früheren Evaluationsstudien ist daher, dass ‚keine Maßnahme' zu verfügen in vielen Fällen die deutlich wirkungsvollste Maßnahme ist." (ebd. 12)

1.3 International vergleichende Wirksamkeitsstudien

Die Neuausrichtung der Beschäftigungs- und Sozialpolitik am Aktivierungsparadigma wurde in den 1990er Jahren in beinahe allen westlichen Ländern in Angriff genommen oder intensiviert. So sind beispielsweise die in Deutschland mit den Hartz-Reformen eingeführten Arbeitsbeschaffungsmaßnahmen (ABM) mit den schweizerischen Programmen zur vorübergehenden Beschäftigung (PvB) vergleichbar (vgl. Behncke/Frölich/Lechner 2006). Das Aktivierungsparadigma gründet unter anderem auf der Unterstellung, dass bedingungslose sozialstaatliche Unterstützungsleistungen zum Nichtstun animieren und den Missbrauch der Systeme sozialer Sicherung erheblich begünstigen. An die Stelle eines „fürsorgenden" Staates soll ein aktivierender Staat treten, der die aus dem Beschäftigungssystem Herausgefallenen einerseits mittels geeigneter Umschulungs-, Weiterbildungs-, Beratungs-, und Förderangebote, andererseits aber auch mittels der Androhung und Durchsetzung von Sanktionen sowie des Einforderns einer „Gegenleistung" dazu bringt, eigeninitiativ im Beschäftigungssystem wieder Tritt zu fassen. In der deutschen Debatte um die Umsetzung der sogenannten Hartz-Reformen (vgl. Ludwig-Mayerhofer 2005; Ludwig-Mayerhofer/Behrend/Sondermann 2009) wurde diese doppelte Ausrichtung der neuen Politik seitens ihrer Verfechter auf die prägnante Formel des „Förderns und Forderns" gebracht (Hombach 1999; kritisch hierzu: Dressler 1999).

Die relative Gewichtung der fördernden und der fordernden Anteile fällt in den einzelnen Staaten, in denen das Aktivierungsparadigma umgesetzt wurde, unterschiedlich aus. Folgt man der Übersichtsdarstellung von Blank (2005) zur Praxis in den USA, sind die dezentral organisierten amerikanischen *welfare-to-work*-Programme radikal darauf ausgerichtet, Erwerbslose mittels eines Mixes aus positiven und negativen finanziellen Anreizen gleichsam um jeden Preis ins Beschäftigungssystem zu reintegrieren; also auch um den Preis, dass Beschäftigungsprogramme praktisch keine qualifizierenden Anteile besitzen oder dass die Umsetzung der *work-first*-Politik eine steigende Zahl von Working Poor insbesondere unter alleinerziehenden Müttern zur Folge hat. Mittels dieser nicht primär auf Qualifizierung, sondern auf Sanktionierung ausgerichteten Politik der arbeitsweltlichen Reintegration wurde gemäß Blank in den USA seit 1996 die Zahl der Sozialhilfe beziehenden Haushalte um mehr als die Hälfte reduziert.

Stärker als die amerikanischen *welfare-to-work*-Programme sind die europäischen Programme zur Reintegration in den Arbeitsmarkt parallel zu ihren unstrittig repressiven Momenten *auch* auf Qualifizierung ausgerichtet. Dies gilt gemäß den vergleichenden Untersuchungen von Lødemel (2004, 2005) insbesondere für die Politiken Dänemarks, der Niederlande, Deutschlands und nicht zuletzt Großbritanniens, von wo in Europa die zentralen Impulse zu einer aktiven im Sinne von aktivierenden Sozial- und Beschäftigungspolitik ursprünglich ausgingen; dies etwa unter dem Schlagwort eines *New Deal* (vgl. Atzmüller 2005). Lødemel (2005) fasst die Ergebnisse verschiedener Studien zu Beschäftigungsprogrammen in Europa dahingehend zusammen, dass am ehesten diejenigen reintegrationswirksam seien, die auf die Bedürfnisse ihrer Klientel optimal zugeschnitten seien und starke qualifizierende Anteile besäßen. Außerdem seien Programme vor allem dann wirksam, wenn sie eine Beschäftigung möglichst unmittelbar *im* oder möglichst *nahe beim* ersten Arbeitsmarkt vorsähen.[2]

Wie in den ökonometrischen Evaluationen der PvB in der Schweiz wird in den Untersuchungen zu Deutschland die Wirkung der Arbeitsbeschaffungsmaßnahmen (ABM) eher skeptisch beurteilt. Caliendo (2006), der eine umfassende Evaluation der ABM vorgelegt hat, fordert außerdem übereinstimmend mit Lechner, Frölich und Steiger (2004), dass die Programme in ihren qualifizierenden Anteilen stärker auf das Profil und die Bedürfnisse der Teilnehmenden abzustimmen seien. Nach der systematischen Sichtung von 256 Evaluationsstudien aus Großbritannien, den Niederlanden, Dänemark und Schweden ziehen Fromm und Spross (2008) das Fazit, dass der Nettoeffekt von „aktivierenden" Beschäftigungsmaßnahmen auf die Reintegrationschancen zwar positiv sei, indes insgesamt eher gering.[3]

Einen neueren Überblick über Ähnlichkeiten und Differenzen in der Ausgestaltung der Förder- und Forderinstrumente in den aktivierenden Politiken Großbritanniens, Deutschlands, der Niederlande, Dänemarks, Schwedens und der USA gibt der Forschungsbericht von Konle-Seidl (2008). Zugleich dokumentiert dieser Forschungsbericht geradezu exemplarisch, dass wissenschaftliche Forschung, die als verlängerter Arm von Verwaltung operiert, dazu tendieren kann, die ideologischen Prämissen des Aktivierungsparadigmas weitgehend unreflektiert zu übernehmen. Arbeitslosigkeit erscheint in dem Bericht schier ausschließlich als eine Funktion der Motivation, des Willens und der durch Sanktionen und Anreize gesteuerten Bewerbungs- und Qualifizierungsaktivität der von Arbeitslosigkeit Betroffenen. Ursachen und Hintergründe von Arbeitslosigkeit, die auf einer strukturellen Ebene angesiedelt sind und gegen die sich mit immer mehr Druck auf die Betroffenen vermutlich recht wenig ausrichten lässt, werden hingegen nicht thematisiert. So macht denn der Bericht in geradezu erschreckender Klarheit *auch* deutlich, dass Aktivierung in letzter Konsequenz bedeuten kann, den Einzelnen einem hochgradig technokratisch und repressiv ausgerichteten staatlichen Regime

---

[2] Spezifische Evaluationen und ökonometrische Wirkungsanalysen von Beschäftigungsprogrammen, die mit denjenigen in der Schweiz vergleichbar sind, liegen u. a. vor für die USA (Blank 2005; Grogger/Karoly 2005), für Deutschland (Koße et al. 2003; Brinkmann et al. 2006; Caliendo 2006; Caliendo/Steiner 2005) oder für Norwegen (Lorentzen/Dahl 2005, Dahl/ Lorentzen 2005).

[3] Ländervergleichende Analysen zu unterschiedlichen Mustern der Umsetzung des Aktivierungsparadigmas in der Sozial- und Arbeitsmarktpolitik, die über die ökonometrische Evaluation einzelner Maßnahmen und Programme hinausgehen, liefern (ohne Anspruch auf Vollständigkeit in der Auflistung) die Einzelarbeiten von Bode (2004), Dingeldey (2005), Grabow (2005), Grell/Sambale/Eick (2002), Handler (2005), Heidenreich (2004), Klammer/Leiber (2004), Koch/Stephan/Walwei (2005), Martin/Grubb (2001) sowie die Sammelbände von Gallie (2004), Lødemel/Trickey (2001), van Berkel/Moller (2002) und Bredgaard/Larsen (2005).

zu unterwerfen, das unter Missachtung zentraler Errungenschaften des politischen Liberalismus nicht davor zurückschreckt, ihn obrigkeitsstaatlich kurzerhand für unmündig zu erklären. Deutlich wird dies beispielsweise an den folgenden Ausführungen der Autorin:

„Im Ländervergleich konnte zwar kein eindeutig optimaler Mix von Maßnahmen ausgemacht werden, aber es zeigt sich, dass verpflichtende Maßnahmen erfolgreicher sind als freiwillige. Internationale Evaluationsstudien kommen zu dem Ergebnis, dass die ‚Abschreckungseffekte' eines intensiveren Monitorings, einer verpflichtenden Maßnahmenteilnahme oder von Sanktionen ausschlaggebender für positive Reintegrationseffekte sind als die eigentlichen ‚Treatment'- Effekte. Ein hoher Verbindlichkeitsgrad scheint aber nicht nur aus Effektivitätsgründen vorteilhaft zu sein, sondern ist immer auch in solchen Fällen angezeigt, wo Hilfebezieher nicht imstande sind, für sich selbst zu entscheiden (z. B. wegen einer psychischen Erkrankung)." (Konle-Seidl 2008, 102)

1.4 Ideologie- und diskurskritische Debatte

Dass Aktivierungsmaßnahmen mit der Bevormundung Arbeitsloser durch den Staat einhergehen können, bildet eines der zentralen Argumente in einer mittlerweile breit geführten sozialwissenschaftlichen Debatte, die auf die Rekonstruktion und Kritik der ideologischen Grundlagen des Aktivierungsparadigmas abzielt. Sie setzt sich außerdem kritisch mit der Frage auseinander, welche Konzeptionen von politischer Vergemeinschaftung und Sozialstaatlichkeit sich hinter dem Aktivierungsparadigma verbergen (vgl. klassisch Esping-Andersen 1990).[4] Kocyba (2004, 21) bringt eine der in dieser Debatte als zentral herausgestrichenen Paradoxien der Aktivierungsprogrammatik wie folgt auf den Punkt: „Aktivierung erweist sich als ein paradoxes Projekt. Sie muss ihren Adressaten zunächst die Passivität unterstellen, die sie dann zu überwinden verspricht."

Mit der Passivitätsunterstellung ist unmittelbar die Deutung von „Arbeitslosigkeit als Individualschuld" (Stelzer-Orthofer 2008, 16) verbunden. Mehr noch: „Arbeitslosigkeit ist – ausgehend vom Menschenbild des ‚homo oeconomicus' und dem Prinzip der Vertragsfreiheit – freiwillig gewählt." Ausgehend von dieser Annahme, die eine Auseinandersetzung mit strukturellen Bedingungen von Arbeitslosigkeit gar nicht erst zulässt, erscheint eine individualisierende Politik der Schaffung von Anreizen sowie der Androhung

---

[4] Übersichtsdarstellungen zur Kontroverse um die Grundlagen und Implikationen einer Politik der Aktivierung finden sich etwa bei Dahme/Wohlfahrt (2003), Dingeldey (2006), Kocyba (2004), Lahusen/Stark (2003), Lessenich (2008, 2009), Behrens et al. (2005), Vogel (2004) oder Stelzer-Orthofer (2008).

von Sanktionen als folgerichtig. Verschiedene Autorinnen und Autoren weisen darauf hin, dass das so begründete neue arbeitsmarktliche Regime einer *blame the victim*-Logik folge (vgl. etwa Trube 2003). Unter Zugriff beispielsweise auf populistische Sozialmissbrauchs-Rhetoriken definiere sie die Opfer der strukturellen Umwälzungen auf dem Arbeitsmarkt zu Tätern um.

Über die theoretischen und weltanschaulichen Provenienzen des Aktivierungsparadigmas herrscht unter den meisten Autorinnen und Autoren, die sich an der ideologiekritischen Debatte beteiligen, Einigkeit. Sie verorten dieses in der Tradition einer neoliberalen Apologetik von Eigenverantwortung und Marktfreiheit. Einerseits über die relative Verknappung der finanziellen Mittel und andererseits über die systematische Diffamierung der Leistungsbezüger sei es den Verfechtern des Neoliberalismus in den vergangenen Jahrzehnten gelungen, Kerneinrichtungen des modernen Wohlfahrtsstaats substanziell auszuhöhlen. In der repressiven *Workfare*-Doktrin erblicken Autoren wie Wyss (2007, 97f.) gar – in alter ideologiekritischer Tradition – „ein Mittel zur allgemeinen Verstärkung des Drucks zu ausbeuterischen Arbeitsverhältnissen": „Zu diesem Zweck werden alle diejenigen Personen zur Arbeit gezwungen, die sich einerseits nicht unabhängig von den sozialstaatlichen Strukturen durchzuschlagen vermögen, denen andererseits unterstellt wird, dass sie dies können müssten. Es geht dann darum, die – gemäß Unterstellung – als ‚erwerbsfähig', aber als ‚nicht-arbeitsbereit' eingestuften Bezügerinnen und Bezüger von Sozialleistungen mittels Arbeitszwang zu sanktionieren, um hierüber der erwerbstätigen Bevölkerung zu demonstrieren, dass diese, will sie nicht ebenfalls sanktioniert werden, alles dazu tun müsse, erwerbstätig zu bleiben. Dadurch kann der Druck zu ausbeuterischer werdenden Arbeitsverhältnissen allgemein verstärkt werden."

Vereinzelt melden sich in der Debatte um die politisch-weltanschauliche Provenienz des Aktivierungsparadigmas indes auch Stimmen zu Wort, die der vorherrschenden These, es sei Bestandteil der neoliberalen Programmatik, entschieden widersprechen. So meint etwa Kutzner (2009a, 18): „Das Aktivierungsprinzip ist mitnichten ein Kind der Ideologie einer schrankenlosen Marktfreiheit bzw. des Neoliberalismus. Etatistische und technokratische Wohlfahrtsvorstellungen, wie sie vor allem in der Sozialdemokratie gepflegt werden, brachten das Aktivierungsprinzip hervor (...). Tatsächlich steckt hinter der Aktivierung ja die Verheißung, mehr Menschen als bisher könne zu finanzieller Autonomie verholfen werden, wenn der Staat nur die richtigen Mittel und Maßnahmen anwendet. Nicht der Glaube an den freien Markt, sondern der Glaube an einen omnipotenten Staat steht hinter dem Aktivierungsparadigma."

Beide Deutungen über den Geist, aus dem heraus der alte umverteilende in einen aktivierenden Sozialstaat transformiert wurde, besitzen ihre je eigene

Plausibilität. Denn auf der einen Seite lässt sich kaum bestreiten, dass mit dem neuen arbeitsmarktlichen Regime unmittelbar das Bestreben verknüpft ist, den Sozialstaat zu verschlanken; konkret also die Ausgaben der Arbeitslosenversicherung, der Invalidenversicherung und der Sozialhilfe dadurch zu minimieren, dass einerseits die Berechtigung zur Inanspruchnahme entsprechender Leistungen zuerst einmal systematisch angezweifelt und zugleich alles unternommen wird, um Anspruchsberechtigte in die Erwerbstätigkeit – koste sie dies, was es wolle – zurückzudrängen. Es fällt außerdem ausgesprochen schwer, zwischen der neoliberalen Forderung nach einer möglichst weitreichenden Deregulierung des Arbeitsmarktes und einer Aktivierungspolitik, die sich am *Work first*-Prinzip orientiert und hierdurch die Ausweitung prekärer Beschäftigungsformen begünstigt (vgl. Pelizzari 2009), keinen inneren Zusammenhang zu erblicken. Des Weiteren ist nur schwer vorstellbar, dass die an das Aktivierungsparadigma angedockte Rhetorik der Anreize sowie die Konzipierung des Verhältnisses zwischen Bürgern und Staat als ein Leistungs-Gegenleistungs-Verhältnis irgendeinem anderen Denkuniversum entstammen könnte als demjenigen, das gegenwärtig gemeinhin als Neoliberalismus bezeichnet wird. Dass politische Vergemeinschaftung – im Gegensatz zur Vergesellschaftung von Wirtschaftssubjekten (vgl. Oevermann 1993) – auf anderen Solidaritäten und wechselseitigen Verpflichtungen aufruhen könnte als denjenigen, die aus dem Abschluss beispielsweise eines Kaufvertrags erwachsen, lag in utilitaristischen Gesellschaftskonzeptionen, von denen der Neoliberalismus eine zeitgenössische Variante darstellt, schon immer außerhalb des Denkmöglichen (vgl. Durkheim 1902/2004).

Auf der anderen Seite erscheint es, nunmehr Kutzners Argumentation folgend, durchaus bemerkenswert, dass es vielerorts (wenn auch längst nicht überall) sozialdemokratische Regierungen waren, die die rechtlichen und institutionellen Grundlagen für die systematische Umsetzung einer Politik des Förderns und Forderns erst schufen. Hieraus zu folgern, dass Momente eines wohlmeinenden Paternalismus, der in Bevormundung mündet und obrigkeitlicher Kontrolle, die die Autonomie der Bürgerinnen und Bürger in Frage stellt, spezifisch an die sozialdemokratische Tradition politischen Denken angedockt sei, erscheint indes problematisch. Gerade das Beispiel der Schweiz zeigt, dass die Sozialdemokratie und die Gewerkschaften zwar während Jahrzehnten forderten, dass die Gelder der Arbeitslosenversicherung auch für die Finanzierung individueller Umschulungen und Weiterbildungen zu verwenden seien (vgl. Magnin 2005, 87ff.). Der bei der AVIG-Gesetzesrevision Mitte der 1990er Jahre von den bürgerlichen Parteien und den Wirtschaftsverbänden ins Spiel gebrachten Forderung, die Teilnahme an arbeitsmarktlichen Maßnahmen sei als eine „gegenseitige Verpflichtung" auszugestalten, standen sie anfänglich indes höchst skeptisch gegenüber. „Die Arbeitgebenden ihrerseits waren nur bereit, der Intensivierung der Weiterbildung zuzustimmen, wenn die Gewerkschaften im Gegenzug akzeptierten, dass die Versicherten zur Teilnahme an Weiterbildungsmaßnahme gezwungen werden konnten." (ebd. 94) Die neue, sich am Aktivierungsparadigma ausrichtende Gesetzgebung habe also, so Magnin, ein von den Gewerkschaften „einst gefordertes Recht auf Weiterbildung in Form einer Pflicht rechtlich verankert" (ebd. 95).

Es sind insbesondere diese kontrollierenden, verpflichtenden und fordernden Bestandteile der aktivierenden Beschäftigungs- und Sozialpolitik, die im Rahmen der diskurs- und ideologiekritischen Debatte einer radikalen Problematisierung unterzogen werden. Galuske (2005) erblickt in den Instrumenten der Hartz-Reformen eine Struktur „autoritärer Fürsorglichkeit"; Grell et. al. (2002) erblicken in ihnen starke Momente der „Lebensstilregulierung"; Günther (2002) streicht hervor, dass sich hinter der Ermächtigungsrhetorik bisweilen entmündigende Praktiken der Disziplinierung verbergen; Walther (2003) macht in der Aktivierungsforderung eine Ambivalenz zwischen „Erpressung" und „Empowerment" aus; für Trube (2003) folgen die Praktiken der Aktivierung der Logik eines „Umerziehungsprogramms" und Opielka (2003) spricht im Zusammenhang mit dem „aktivierenden" Staat von einem „Sozialpädagogikstaat".[5]

Nadai (2005) legt dar, dass die Programme zur vorübergehenden Beschäftigung in der Schweiz *auch* den Charakter eines „Konformitätstests" besitzen. Die Zuweisung in Beschäftigungsprogramme vergleicht sie dabei mit historisch älteren Praktiken der Sozialdisziplinierung, etwa der Versorgung „Arbeitsscheuer" und „Liederlicher" in Arbeitshäuser und Arbeitserziehungsanstalten (vgl. exemplarisch Lippuner 2005), die in der Schweiz bis weit ins 20. Jahrhundert hinein Bestand hatte. Bei aller Kritik, die sie am neuen sozialpolitischen Regime übt, betont Nadai (2009, 14) allerdings auch: „Aktivierung verstanden als individuelle Förderung mittels einer breiten Palette von Integrationsmaßnahmen kann sinnvoll und hilfreich sein. Als flächendeckender Imperativ unter Sanktionsdrohungen bedeutet diese Programmatik eine Missachtung der Autonomie der Klientel und des praktischen Wissens der Professionellen".

In dieser Einschätzung stützt sich die Autorin unter anderem auf Befunde aus einem von ihr gemeinsam mit Christoph Maeder durchgeführten qualitativ-empirischen Forschungsprojekt zur Qualifizierungspraxis in Schweizer

---

[5] Ähnliche Argumentationsmuster finden sich bei Ullrich (2004), Dahme/Wohlfahrt (2003), Lessenich (2005, 2009), Spindler (2003) und Wolf (2005) sowie bei Autorinnen und Autoren, die in der Einführung eines allgemeinen und bedingungslosen Grundeinkommens eine zeitgemäße Alternative zur bisherigen Sozial- und Beschäftigungspolitik sehen (vgl. etwa die Beiträge in Franzmann 2009).

Programmen zur vorübergehenden Beschäftigung. Bei der Diskussion unserer eigenen Forschungsbefunde in Kapitel 3.6 werden wir ausführlich auf die Befunde von Nadai und Maeder zurückkommen.

2. Fragestellung und Methode

Ausgehend von der Diskussion des Forschungsstands zur Neuausrichtung der Sozial- und Beschäftigungspolitik am Paradigma der Aktivierung (2.1) werden im Folgenden die Leitfragen der Untersuchung systematisch ausformuliert (2.2). Hierbei wird auch kurz auf das idealtypische Modell von Professionalität in den Handlungsfeldern der Sozialen Arbeit eingegangen, das in der Untersuchung wiederkehrend als Referenzfolie für die Einschätzung der rekonstruierten Praktiken beigezogen wird. Die Ausführungen zum Forschungsdesign und zur Forschungsmethode sind eher knapp gehalten (2.3). Aus pragmatischen Gründen wird insbesondere darauf verzichtet, die umfangreiche Literatur, die zu dem von uns gewählten hermeneutisch-sequenzanalytischen Verfahren der Textinterpretation vorliegt, einer abermaligen Zusammenfassung zu unterziehen. An den entsprechenden Stellen wird stattdessen auf relevante Referenzliteratur verwiesen.

2.1 Diskussion des Forschungsstands

Sowohl ökonometrische Evaluationen einzelner Instrumente der aktivierenden Sozial- und Beschäftigungspolitik als auch die diversen und bisweilen redundanten Beiträge, die sich im Rahmen der diskurs- und ideologiekritischen Debatte mit den Implikationen und Konsequenzen des Aktivierungsparadigmas auseinandersetzen, lassen verschiedene Fragen, die sich hinsichtlich der konkreten Ausgestaltung aktivierender Beschäftigungsmaßnahmen stellen, unbeantwortet. Wer sich beispielsweise neugierig dafür interessiert, was in Programmen zur vorübergehenden Beschäftigung konkret geschieht, erhält von den Repräsentanten sowohl der einen als auch der anderen Forschungsrichtung Antworten, die empirisch wenig gehaltvoll sind.

Ökonometrische Evaluationen von Beschäftigungsprogrammen liefern, sofern sie eine Mikroperspektive auf die Programme einnehmen, eine Antwort auf eine sehr spezifische Frage: Handelt es sich bei Beschäftigungsprogrammen um ein wirksames Aktivierungsinstrument in dem Sinne, dass sich mit der Programmteilnahme die statistischen Chancen auf eine Wiederbeschäftigung verbessern? Die Klärung dieser Frage ist aus einer verwaltungstechnischen Perspektive zweifellos sinnvoll, wenn nicht gar notwendig. Denn die Durchführung der Programme kostet sehr viel Geld. Wenig weiterführend sind die entsprechenden Befunde allerdings, wenn man sich nicht für statistische Wahrscheinlichkeiten, sondern für Fragen der *Professionalität* des Handelns interessiert; so etwa für die Frage, wie die Praxis innerhalb der Programme sowohl auf der Ebene der zu verrichtenden Tätigkeiten als auch auf der Ebene der Begleitung, Betreuung, Führung und Instruktion idealerweise auszugestalten wäre, damit sich die Arbeitsmarktfähigkeit der Teilnehmenden tatsächlich verbessern kann. Ökonometrische Evaluationen liefern also kaum Anhaltspunkte für die Optimierung und Weiterentwicklung der Programmausgestaltung.

Dies hängt damit zusammen, dass ökonometrische Untersuchungen die Wirksamkeit von Beschäftigungsprogrammen ausschließlich am faktischen Reintegrationserfolg messen. Sie gelangen in der Regel weder zu Aussagen darüber, was genau diesen Erfolg, sofern er denn eintritt, bewirkt hat, noch bestimmen sie die möglicherweise vielfältigen Wirkungen, die die Teilnahme an einem Beschäftigungsprogramm unabhängig davon zeitigen kann, ob sie unmittelbar eine Wiederbeschäftigung zur Folge hat oder nicht. Einzelne Forschende äußern sich zwar sehr wohl zu der Frage, welche reintegrationsrelevanten Effekte mit der Teilnahme an Beschäftigungsprogrammen verbunden sein können. Sie weisen dann beispielsweise auf einen disziplinierenden Effekt, auf *Lock In*-Effekte, den Effekt einer geregelten Tagesstruktur, auf Effekte der Schlüsselqualifizierung oder den Effekt der Verhinderung von Chronifizierungen hin. Allerdings geben sie dabei eher der – insbesondere unter quantitativ verfahrenden Sozialforschern verbreiteten – Neigung zu ökonomisch-philosophischen Spekulationen nach, als dass sie entsprechende Aussagen unmittelbar mit eigenen Daten belegen könnten.

Des Weiteren fällt auf, dass in den bisher durchgeführten ökonometrischen Evaluation zwar verschiedene arbeitsmarktliche Maßnahmen, nicht aber verschiedene Arten oder Typen von Beschäftigungsprogrammen vergleichend auf ihre Wirkungen und ihre Wirksamkeit hin untersucht wurden. Dies ist insofern wenig überraschend, als die Durchführung entsprechender Vergleichsstudien ein fallrekonstruktiv erschlossenes Wissen über potentiell wirkungs- und wirksamkeitsrelevante Differenzen in der Programmausgestaltung zwingend voraussetzen würde. Ein solches Wissen liegt bisher kaum vor und lässt sich mittels ökonometrischer Verfahren auch nicht generieren.

In einer etwas anderen Weise eingeschränkt ist der Blick, der aus der Perspektive der Diskurs- und Ideologiekritik auf die verschiedenen Instrumente der aktivierenden Sozial- und Beschäftigungspolitik geworfen wird. Die auf einer sehr allgemeinen Ebene ausformulierte Kritik, dass mit dem Aktivierungsparadigma erhebliche Gefahren der Bevormundung und Deautonomisierung verbunden sind, und dass es, statt bei den strukturellen Ursachen von Arbeitslosigkeit anzusetzen, dazu anhält, Druck auf die Opfer struktureller

Umwälzungen auszuüben, ist zwar nachvollziehbar. Gleichwohl fehlt vielen der Thesen, die an diesen allgemein gefassten Befund angedockt werden, eine solide empirische Fundierung. So erscheint es zwar naheliegend, Beschäftigungsprogramme in eine Traditionslinie mit früheren Einrichtungen der Sozialdisziplinierung oder der Normalisierung zu stellen. Detaillierte Analysen und Rekonstruktionen disziplinierender (oder möglicherweise auch *nicht* disziplinierender) Praktiken in Beschäftigungsprogrammen, auf deren Grundlage sich diese These belegen oder überprüfen ließe, liegen bisher indes kaum vor. Ähnliches gilt für die These, dass es sich bei Beschäftigungsprogrammen um ein Instrument der öffentlichen Anprangerung von Nonkonformität handelt, von dem eine abschreckende Wirkung ausgehen soll oder für die These, dass mit der Zuweisung in ein Beschäftigungsprogramm Effekte der öffentlichen Stigmatisierung verbunden sind.

Gerade was den letzten Punkt betrifft, erscheint es überraschend, dass bisher der Frage, wie die Adressatinnen und Adressaten der aktivierenden Sozialpolitik sich aneignen, was ihnen im Rahmen der verschiedenen Aktivierungsmaßnahmen geboten oder allenfalls zugemutet wird, empirisch bisher kaum nachgegangen wurde. Untersuchen ließe sich beispielsweise, wie Programmteilnehmende auf Praktiken reagieren, die sie subjektiv als infantilisierend, pädagogisierend, stigmatisierend oder ihre je besondere Krisensituation missachtend erleben, oder welchen Sinn sie Tätigkeiten abzugewinnen vermögen, denen gemeinhin ein eher geringes Qualifizierungs- oder Sinnstiftungspotential zugeschrieben wird. Für eine vertiefte Auseinandersetzung mit dieser Frage sind die standardisierten Daten aus Zufriedenheitsbefragungen, die in vielen Programmen beim Programmaustritt durchgeführt werden, kaum aufschlussreich. Auszuschließen ist sicherlich nicht, dass sich mittels eines geeigneten Forschungsdesigns in Beschäftigungsprogrammen ähnlich wie in den von Goffman (1961/1995) beforschten Kliniken Formen sowohl einer primären als auch einer sekundären Anpassung an die mit den Programmen verbundenen Regulierungen auffinden ließen. Mit der Bezugnahme auf Goffman soll wiederum nicht behauptet werden, dass Beschäftigungsprogramme den Charakter „totaler Institutionen" besitzen. Ob in einzelnen Punkten strukturelle Affinitäten bestehen, gälte es empirisch gerade zu klären. Und *empirisch* zu klären wäre selbstverständlich auch, wie eine aktivierende Praxis aussehen könnte, die das Potential besitzt, von der jeweils spezifisch adressierten Gruppe von Teilnehmenden „subjektiv" als ermächtigend erlebt zu werden, und mit der unter Berücksichtigung von Konjunkturen auf dem Arbeitsmarkt zugleich „objektiv" eine Verbesserung von Arbeitsmarktchancen einhergeht.

Zusätzlich zu den Defiziten auf der Ebene der empirischen Herleitung und Begründung der vertretenen Thesen ist in diverse Analysen, die sich diskurs-

und ideologiekritisch mit dem Aktivierungsparadigma auseinandersetzen, auch ein Konstruktionsfehler auf der grundlagentheoretischen Ebene eingebaut. Implizit wird in ihnen davon ausgegangen, dass der Staat seine sozialintegrativen Funktionen durchgängig direkt ausübt. Dabei wird übersehen, dass der Staat – zumindest in denjenigen Bereichen, in denen es um die Bereitstellung von Hilfe- und Unterstützungsangeboten bei der Bewältigung individuell lebenspraktischer Krisen geht – es üblicherweise der fachlichen Kompetenz mandatierter Professionsgruppen überlässt, wie sie ihre Praxis konkret ausgestalten. Wenn von staatlicher Seite in den Bereichen Gesundheitsversorgung, Rechtspflege, Bildung, Strafvollzug oder Opferhilfe bestimmte finanzielle und inhaltliche Rahmensetzungen vorgenommen werden, bedeutet dies nicht, dass die Professionellen bei der konkreten Ausgestaltung ihrer Praxis keine Handlungsspielräume mehr besäßen. Auch auf dem Gebiet der Arbeitsmarktreintegration tritt zwischen die herrschaftlichen Funktionen des Staates und den sich in einer lebenspraktischen Krise befindenden Bürger das Wirken von Professionellen. Zwar haben Professionelle in Beschäftigungsprogrammen klar den gesetzlichen Auftrag zu erfüllen, die Programmteilnehmenden insbesondere durch Schlüsselqualifizierung bei ihren Bemühungen um die Reintegration in den ersten Arbeitsmarkt zu unterstützen. Das bedeutet allerdings nicht, dass sie bei der Wahl der aus fachlich-professioneller Sicht hierfür als geeignet, effektiv und effizient erscheinenden Mittel sich vollends auf staatliche Vorgaben verlassen könnten. Aus guten Gründen regeln diese nicht alles.

2.2 Fragestellung der Untersuchung

Die vorliegende Untersuchung strebt keine statistischen Aussagen über die Reintegrationswirksamkeit von Programmen zur vorübergehenden Beschäftigung an. Auch handelt es sich bei ihr nicht um eine der verbreiteten Experten- oder Betroffenenbefragungen, in denen die Meinungen und Ansichten von Expertinnen und Experten zu bestimmten Sachverhalten zusammengetragen, gebündelt und mittels inhaltsanalytischer Verfahren zu Kernstatements verdichtet werden oder latent moralisierend subjektive Sichtweisen von Betroffenen den vermeintlichen Offizialdiskursen entgegengestemmt werden. Sie zielt vielmehr darauf, in einer objektivierenden Perspektive (1) divergierende Formen und Muster der Ausgestaltung der professionellen Praxis in Programmen zur vorübergehenden Beschäftigung einer Rekonstruktion und Typisierung zu unterziehen, (2) Faktoren zu benennen, die für die festgestellten Differenzen in der Programmausgestaltung verantwortlich sind, (3) zu erörtern, inwieweit in den rekonstruierten Programmtypen professionell in dem Sinne gearbeitet wird, dass von der Programmteilnahme eine ermächtigende Wirkung ausgeht, (4) eine Charakterisierung unterschiedlicher Profile von Programmteilnehmenden vorzunehmen und dabei zumindest ansatzweise zu klären, wie diese sich das in den Programmen Gebotene aneignen, (5) explorativ und ohne Anspruch auf Quantifizierung Effekte zu benennen, die von der Programmteilnahme ausgehen können und im Sinne einer abschließend erfolgenden Syntheseleistung Erfolgs- und Misserfolgsfaktoren bei der Durchführung von Beschäftigungsprogrammen zu benennen. Die Untersuchung hat also zum Ziel, Antworten auf Fragen zu liefern, die in den oben diskutierten Forschungs- und Analyseansätzen nicht oder eher am Rande zum Gegenstand empirischer Forschung werden. Etwas ausführlicher lassen sich die Leitfragen der Untersuchung wie folgt ausformulieren:

(1) Die Untersuchung zielt *erstens* auf eine fallrekonstruktiv und fallvergleichend erschlossene Typisierung divergierender Ausgestaltungsformen der aktivierenden Praxis in Programmen zur vorübergehenden Beschäftigung. Die Suche nach Differenzen setzt die Annahme voraus, dass die politischen und gesetzlichen Rahmenbedingungen, unter denen Professionelle der Arbeitsmarktintegration aktiv werden, von sich aus noch nicht vorgeben, wie es die Praxis im Einzelnen auszugestalten gilt. Die Wahl der geeigneten Mittel zur Erreichung des gesetzlich vorgegebenen Aktivierungs- und Reintegrationsziels obliegt dem fachlichen Urteil der jeweiligen Professionellen. In ihren Entscheidungen stützen sich diese – so die Annahme – einerseits auf je eigene Interpretationen des gesetzlichen Auftrags und andererseits auf professionelles, fachliches oder weltanschauliches Wissen. Welcher Art dieses Wissen ist, wird zu bestimmen sein.

Die Rekonstruktion und Typisierung divergierender Programmausgestaltungsmuster zielt auf die Bestimmung von Ähnlichkeiten und Differenzen, die auf unterschiedlichen Ebenen angesiedelt sind. Auf der Ebene der *Arbeits- oder Beschäftigungsinhalte* soll geklärt werden, welche Potentiale beispielsweise der Qualifizierung und der Sinnstiftung mit den durch die Teilnehmenden zu verrichtenden Tätigkeiten verbunden sind. Hierbei gilt es zu berücksichtigen, dass die Bereitstellung und Akquisition von Arbeitsaufträgen mit entsprechenden Potentialen wegen des Konkurrenzierungsverbots für Programme eine nicht zu unterschätzende Herausforderung darstellt. Auf der Ebene der *Ausgestaltung des Arbeitsbündnisses* soll insbesondere geklärt werden, als Träger welcher Rolle(n) sich die Mitarbeitenden in den Programmen gegenüber den Programmteilnehmenden positionieren, und wie sich entsprechend die Interaktion und Kooperation mit den Programmteilnehmenden gestaltet. Auf der Ebene des *handlungsleitenden und handlungsrelevanten Wissens* werden unterschiedliche Formen gesellschaftlichen Wissens in die Untersuchung einbezogen. Zusätzlich zur Bestimmung von Qualifikationen, Fertigkeiten und Kompetenzen auf Seiten der Mitarbeitenden wird untersucht, auf welche sozialen Deutungsmuster (vgl. Oevermann 2001b; Honegger 2001), auf welche sozialen Ordnungsvorstellungen (vgl. Lepsius 1963/1990) und Gesellschaftsbilder (vgl. Popitz et al. 1957) und auf welche grundlegenden Überzeugungen, die beispielsweise bestimmten (politischen) Weltanschauungssystemen (vgl. Mannheim 1921/1964) entstammen, sich die Programmmitarbeitenden beziehen, wenn sie Fall- oder Situationseinschätzungen vornehmen, oder wenn sie ihr Handeln auf die Erreichung bestimmter Ziele ausrichten.

(2) Eher am Rande befasst sich die Untersuchung *zweitens* mit der Frage, wodurch die rekonstruierten Unterschiede in der Programmausgestaltung zustande kommen. Dabei werden Bedingungsfaktoren benannt, die auf der Makroebene der politischen und rechtlichen Rahmenbedingungen, auf der Mesoebene der Trägerschaften und Anbieter der Programme und auf der Mikroebene der Programmmitarbeitenden angesiedelt sind. So wird beispielsweise zu benennen versucht, ob, inwiefern und inwieweit die rekonstruierten Differenzen in den Programmen darauf zurückzuführen sind, dass bei den Programmmitarbeitenden in unterschiedlichen Graden ein professioneller Habitus (vgl. Becker-Lenz/Müller 2009) vorliegt.

(3) Es erscheint *drittens* naheliegend, an die Rekonstruktion und Typisierung unterschiedlicher Ausgestaltungsformen des Handelns in den Programmen Einschätzungen zu der Frage anzudocken, inwiefern und inwieweit diese als professionell einzustufen sind respektive bei welchen Typen sich auf den Ebenen des zum Einsatz gebrachten Wissens sowie auf der Ebene der Ausgestaltung des Arbeitsbündnisses Professionalitätsdefizite feststellen lassen. Die diesbezüglichen Einschätzungen stützen sich weder auf das spontane Urteil der Forschenden noch werden ihnen in irgendeiner Weise „moralische" Standards zugrunde gelegt. Sie stützen sich vielmehr auf ein *idealtypisch* ausformuliertes Referenzmodell professionellen Handelns, dessen zentrale Argumente aus Ulrich Oevermanns Strukturmodell pädagogischer Professionalität hergeleitet sind (vgl. Oevermann 1996, 2000a, 2002, 2009b).

Kursorisch ausformuliert bemisst sich die Professionalität sozialpädagogischen oder arbeitsagogischen Handelns in diesem Referenzmodell nicht etwa an einem möglichst hohen Grad der Standardisierung, sondern an der Abgestimmtheit des Handelns auf die je individuelle Problemlage des einzelnen Falles. Mehr noch: Für die Kernpraxis von Professionellen[6] ist geradezu kon-

---

[6] Der Begriff der *Professionellen* wird hier nicht im alltagssprachlichen Sinne verwendet, gemäß welchem jedes Handeln, das berufsförmig erfolgt und sich der Standardfertigkeiten im jeweiligen Handlungsfeld bedient, ein „professionelles" ist. Der Begriff wird hier vielmehr spezifisch im Sinne der Professionssoziologie verwendet. Er reserviert in erster Linie für Tätigkeiten, in denen die Autonomie und Integrität von Menschen auf dem Spiel steht; typischerweise für

stitutiv, dass sich die mit ihr verbundenen Tätigkeiten nicht einer Standardisierung unterziehen lassen. In diesem Punkt unterscheidet sich die Praxis von Professionellen fundamental von der Praxis beispielsweise von Technikern, Ingenieuren, Beamten oder Betriebswirten. Lässt sich bezogen auf das Handeln Letzterer in der Etablierung effektiver Routinen der standardisierten Abwicklung und Bewältigung von Problemstellungen tatsächlich ein Indikator für die Qualität ihres Wirkens erblicken (sofern diese Routinen zeitweilige Innovationen nicht verunmöglichen), verweist die Etablierung analoger Abwicklungsroutinen in Handlungsfeldern, in denen Professionelle tätig sind, eher auf ein Scheitern als auf ein Gelingen von Professionalität. Wie das Handeln von Professionellen etwa der Medizin, des Rechts oder der Pädagogik ist das Handeln von Professionellen der Sozialen Arbeit darauf ausgerichtet, Individuen, deren lebenspraktische Autonomie vorübergehend in dem Sinne eingeschränkt ist, dass sie sich ohne die Inanspruchnahme fremder Hilfe nur noch bedingt in der Lage sehen, am sozialen, politischen, wirtschaftlichen und kulturellen Leben autonom teilzunehmen, darin zu unterstützen, diese Handlungsautonomie zu erlangen oder zurückzuerlangen. Die entsprechenden Hilfe- und Unterstützungsleistungen sind deshalb nicht standardisierbar, weil sie sowohl bei der verstehenden Rekonstruktion der im jeweiligen Einzelfall vorliegenden Krisen- oder Problemkonstellation als auch bei der Entwicklung falladäquater Szenarien der unterstützenden Intervention der lebens- und bildungsgeschichtlichen Individuiertheit des einzelnen Falles systematisch Rechnung zu tragen haben. Professionalität bewährt sich im Fallbezug. Damit ist auch schon gesagt, dass es sich bei professionellen Tätigkeiten nicht um technische in dem Sinne handelt, dass ein wissendes, handlungsmächtiges und aktives Experten-*Subjekt* an einem (noch) unwissenden, vorübergehend handlungsunfähigen und passiven Kunden-*Objekt* eine Reparatur-, Korrektur- oder Revisionsleistung vornimmt. Erfolgt die Unterstützungsleistung aus der Haltung heraus, dass an dem Klienten eine Operation vorzunehmen sei, die der Installation oder dem Update einer Software, der Reparatur eines Getriebes oder dem Redesign eines Erscheinungsbildes vergleichbar ist, besteht akut die Gefahr, dass die entsprechenden Interventionen sämtliche Restmomente von dem, was die Hilfeleistung ja fördern sollte, nämliche die Autonomie und Handlungsfähigkeit des Klienten, gerade zerstören.

Tätigkeiten in den Bereichen Gesundheitspflege, Rechtspflege, Pädagogik und Wissenschaft. Zu den paradigmatischen Differenzen zwischen den verschiedenen Traditionen der Professionssoziologie vgl. Schmeiser (2006). Einblicke in den aktuellen Stand der Professionalitätsdebatte in der Sozialen Arbeit gewähren Becker-Lenz/Müller (2009) sowie die Beiträge in Becker-Lenz et al. (2009).

Kennzeichnend für professionelles Handeln ist stattdessen, dass es im Rahmen eines Arbeitsbündnisses zwischen Professionellen und Klienten erfolgt, das darauf abzielt, den Klienten bei der Mobilisierung von Selbstheilungs-, Selbstaktivierungs- oder Selbsthilfekräften zu unterstützen. Diese Konzipierung professionellen Handelns als Hilfe zu Selbsthilfe im Rahmen eines Arbeitsbündnisses besitzt mehrere Implikationen. Sie lässt es erstens naheliegend erscheinen, die Struktur der Interaktion zwischen Professionellen und Klienten als eine „geburtshelferische", „mäeutische" oder „sokratische" zu charakterisieren. Es lässt sich aus ihr zweitens die These herleiten, dass das initiale Zustandekommen eines tragfähigen und ermächtigenden Arbeitsbündnisses insbesondere dann gefährdet ist, wenn die Interaktion zwischen dem Professionellen und dem Klienten mit einer Diffamierung des Klienten eröffnet wird; etwa in dem Sinne, dass ihm misstrauisch unterstellt wird, er werde nur dann initiativ, wenn man ihn dazu zwinge. Drittens folgt aus ihr, dass die ideale Voraussetzung für die Erzielung eines Ermächtigungserfolgs die Freiwilligkeit der Inanspruchnahme professioneller Hilfe durch den Klienten ist. Und viertens impliziert sie, dass Konfusionen zwischen einem Hilfe- und einem Kontrollmandat die Erbringung professioneller Hilfeleistungen massiv erschweren, wenn nicht gar verunmöglichen. Idealtypisch konzipiert können professionelle Hilfeleistungen nur dann gelingen, wenn einerseits der Klient die Freiheit besitzt, all das, was ihn beschäftigt, unzensuriert offenzulegen, und wenn auf der anderen Seite die Professionelle die hierdurch entstehende Entblößtheit des Klienten nicht dazu missbraucht, Macht über ihn auszuüben. Tritt nun die Professionelle gegenüber dem Klienten von Anfang an in der Doppelrolle der Hilfeleisterin und der Kontrolleurin auf, sieht sich der Klient zwangsläufig veranlasst, eine strategische Image-, Identitäts- und Informationspolitik (vgl. Goffman 1963/1975) dahingehend zu betreiben, dass nur noch Unverfängliches offen kommuniziert wird. Dies hat zur Folge, dass ein tragfähiges Arbeitsbündnis, auf dessen Grundlage falladäquate Unterstützungsleistungen erbracht werden könnten, gar nicht erst zustande kommt.

Die oben strukturanalytisch begründete These der Nicht-Standardisierbarkeit professionellen Handelns darf allerdings nicht dahingehend missverstanden werden, dass dieses keine Fundierung in allgemein anerkanntem Wissen besitze, und es, statt sich auf geprüfte Methoden zu stützen, intuitiv oder gründend auf persönliches Charisma zu erfolgen habe. Vielmehr setzt die These der Nicht-Standardisierbarkeit gerade umgekehrt voraus, dass Professionelle bei der Bestimmung fallspezifischer Ressourcen- und Beeinträchtigungsprofile respektive bei der Klärung der Frage, worin die lebenspraktische Krise des Klienten, sofern eine solche vorliegt, besteht, hochgradig kompetent in der Lage sind, auf ein breites und solides Wissen unterschiedlicher wissenschaftlich-disziplinärer Provenienz Zugriff zu nehmen. Charakteristisch für den Einsatz dieses Wissens durch Professionelle ist allerdings, dass er nicht klassifikatorisch erfolgt. Unprofessionell, weil von Anfang an die je besondere Individuiertheit des Falles missachtend, sind beispielsweise Verfahren des Fallverstehens, in denen gestützt auf einige fix vorgegebene Indikatoren, also einer technokratischen *Profiling*-Logik folgend, Fälle klassifikatorisch mit Etiketten versehen und je nach Etikettierung einem „evidenzbasierten" (vgl. Otto/Polutta/Ziegler 2009) Standardprogramm der Intervention unterworfen werden. Dass Verfahrensweisen dieser Art, in denen statistische Diskriminierung gewissermaßen zum Programm erhoben wird, mit Professionalität recht wenig zu tun haben, müsste spätestens dann deutlich wird, wenn man sich vergegenwärtigt, ob man von einem Arzt behandelt werden oder vor einem Richter stehen möchte, der nach der skizzierten Logik zu seinen Diagnosen respektive zu seinen Interventionen gelangt. Professionell wäre demgegenüber eine Methodik des Fallverstehens, bei welcher gestützt auf sowohl standardisierte als auch nicht-standardisierte Daten – und zwar primär diejenigen, die in der Interaktion mit dem Klienten per se entstehen – rekonstruktionslogisch zu erschließen versucht wird, worin im konkreten Fall das Problem oder die Krise bestehen könnte. Wissenschaftliches Wissen besitzt dann nicht den Charakter eines Klassifikationsrasters, sondern die Funktion, eine gegenstands-, situations-und falladäquate Hypothesenbildung überhaupt erst zu ermöglichen.[7]

Zusammenfassend ausformuliert bilden die folgenden Punkte die zentralen Eckpfeiler professionell erbrachter Hilfeleistungen: ein radikaler Fallbezug des Handelns; die konsequente Ausrichtung des Handelns am Ziel der Wiedererlangung der vollen Handlungsautonomie auf Seiten des Klienten; die Bezugnahme auf wissenschaftlich begründetes und praktisch erprobtes Wissen bei der Bestimmung des fallspezifischen Ressourcen- und Beeinträchtigungsprofils; eine rekonstruktionslogische Grundhaltung bei der Erschließung der im jeweiligen Einzelfall vorliegenden Krisen- oder Problemkonstellation, was bedeutet, dass diese nicht vorschnell unter eine vordefinierte Kategorie subsumiert wird; die vorurteilsfreie Anerkennung des Umstands, dass der Fall sich in einer Krise befindet und dass seine Inanspruchnahme professioneller Unterstützung legitim ist; die mäeutische Ausgestaltung des Arbeitsbündnisses mit dem Klienten, was im Wesentlichen bedeutet, dass der

---

[7] Instruktiv für ein Verstehen der Differenz zwischen einem subsumptions- und einem rekonstruktionslogisch verfahrenden Fallverstehen ist die Unterscheidung zwischen Sachverhalten und Tatbeständen in den Rechtswissenschaften. Die Bestimmung des rechtlich relevanten Tatbestands setzt ein behutsames fallrekonstruktives Erschließen und Verstehen des im konkreten und spezifischen Einzelfall vorliegenden Sachverhalts zwingend voraus.

Klient nicht technokratisch oder expertokratisch als Objekt einer von ihm gleichsam passiv zu erduldenden Aktivierungsmaßnahme wahrgenommen wird, sondern dass die professionelle Arbeit mit dem Klienten auf dessen Unterstützung bei der Mobilisierung von Selbstaktivierungskräften abzielt (Prinzip der Hilfe zur Selbsthilfe).

Bei dem Referenzmodell handelt es sich nicht um ein normatives Modell. Es ist seinerseits anhand von Fallanalysen hergeleitet. In deren Zentrum stand die Frage, woran sich festmachen lässt, dass die professionelle Praxis sich förderlich auf die Autonomieentwicklung des Klienten auswirkt und wie die Rahmenbedingungen ausgestaltet sein müssen, damit dies geschehen kann. Das einzig Normative an dem Modell ist die Setzung, dass professionelle Hilfe- und Unterstützungsleistungen auf die Stärkung der Autonomie des Klienten respektive auf die Verbesserung seiner gesellschaftlichen Partizipationschancen ausgerichtet sein sollen. Allerdings handelt es sich hierbei nicht um eine normative Setzung, die durch die Forschenden vorgenommen wird. Das Recht – und zugleich die Kompetenz – des Einzelnen, innerhalb vorgegebener Bedingungen autonome Entscheidungen fällen zu können, ist für die Existenz und das Funktionieren moderner Gesellschaften derart grundlegend, dass es als ein Grundrecht in allen modernen Verfassungen eine kodifizierte Form gefunden hat.

(4) Ob Hilfe- und Unterstützungsleistungen dazu geeignet sind, auf Seiten der Klienten einen Autonomiegewinn zu bewirken, hängt, wie dargelegt, entscheidend davon ab, wie gut sie auf die bei den Klienten vorliegenden Problem- oder Krisenkonstellationen zugeschnitten sind. Deshalb zielt die Untersuchung nicht nur auf die Rekonstruktion unterschiedlicher Ausgestaltungmuster des Handelns von Professionellen, sondern geht *viertens* auch der Frage nach, wer die Personen sind, die an Programmen zur vorübergehenden Beschäftigung teilnehmen – respektive diesen zugewiesen werden. Angestrebt wird eine Typisierung von Teilnehmendenprofilen einerseits mit Blick auf die vorliegenden Ressourcen und Beeinträchtigungen, andererseits aber auch hinsichtlich der Frage, wie sich die jeweiligen Typen von Teilnehmenden das in den Programmen Gebotene subjektiv aneignen.

(5) Die Untersuchung zeigt unter anderem auf, dass es sich bei der optimalen Passung zwischen Programm- und Teilnehmendenprofilen um den zentralen Erfolgsfaktor von Programmen zur vorübergehenden Beschäftigung handelt. Über diesen wenig überraschenden Befund hinaus, dessen Brisanz allerdings erst deutlich wird, wenn man Teilnehmendenprofile und Programmausgestaltungsmuster systematisch charakterisiert, werden in der Untersuchung *fünftens* weitere Erfolgsfaktoren von Programmen zur vorübergehenden Beschäftigung zu bestimmen versucht. Des Weiteren wird gefragt, unter welchen Bedingungen von der Programmteilnahme Effekte ausgehen, die

den Charakter einer Ermächtigung besitzen, und unter welchen Bedingungen die Maßnahme bei den Teilnehmenden eine zusätzlichen Entmutigung oder gar Demoralisierung bewirkt.

2.3 Forschungsdesign und Methode

Soll es darum gehen, zum einen die innere Charakteristik unterschiedlicher Ausgestaltungsmuster der Praxis in Programmen zur vorübergehenden Beschäftigung gegenstandsnah zu rekonstruieren und zum anderen zu bestimmen, was die Personen, die zu Teilnehmenden in Beschäftigungsprogrammen werden, hinsichtlich ihrer biographischen Hintergründe, ihrer habituellen Dispositionen und ihres Ressourcen- und Beeinträchtigungsprofils kennzeichnet, erscheint es naheliegend, sich für ein „qualitatives" Forschungsdesign zu entscheiden. Zwar ist der Begriff der qualitativen Sozialforschung für das fallrekonstruktive Vorgehen, an dem sich die Untersuchung ausrichtete, und für das hermeneutisch sequenzanalytische Verfahren, das bei der Analyse der Daten zur Anwendung gelangte, zu unbestimmt und möglicherweise auch irreführend. Assoziiert man mit ihm allerdings eine berühmte Passage aus Max Webers Aufsatz *Die ‚Objektivität' sozialwissenschaftlicher und sozialpolitischer Erkenntnis* (1904/1988a), benennt der Begriff der qualitativen Sozialforschung sehr genau, was hier angestrebt wird. Es ist, so Weber, „die *qualitative* Färbung der Vorgänge das, worauf es uns in der Sozialwissenschaft ankommt" (ebd. 173). Wer sich für diese qualitative Färbung der Vorgänge interessiert, also beispielsweise dafür, wie sich die Praxis in Beschäftigungsprogrammen gestaltet und woran sich diese Praxis orientiert, kann nicht umhin, sich in einem ersten Schritt mit je besonderen Individuiertheiten, also mit je einzelnen Fällen von Beschäftigungsprogrammen auseinanderzusetzen. „Ausgangspunkt des sozialwissenschaftlichen Interesses ist nun zweifellos die *wirkliche*, also individuelle Gestaltung des uns umgebenden sozialen Kulturlebens in seinem *universellen*, aber deshalb natürlich nicht minder *individuell* gestalteten, Zusammenhange und in seinem Gewordensein aus anderen, selbstverständlich wiederum individuell gearteten, sozialen Kulturzuständen heraus." (ebd. 172f.) Das Ziel der vorliegenden Untersuchung besteht sehr wohl darin, zu einer *allgemeinen* Typologie von Beschäftigungsprogrammen und Teilnehmendenprofilen zu gelangen. Zu diesem Allgemeinen gelangt man allerdings nur, wenn man sich mit der Besonderheit je individuell gestalteter Einzelfälle auseinandersetzt, es sei denn, man verkehre exklusiv in der Welt der Ideen.

Den vorgenommenen Typenbildungen liegt die fallrekonstruktive und vergleichende Analyse von 15 Beschäftigungsprogrammen zugrunde. Zwei der untersuchten Programme verstehen sich offiziell als Sozialfirmen, und bei einem weiteren handelt es sich um eine sogenannte Übungsfirma. Was die innere Ausgestaltung der Praxis, die Zuweisung, die möglichen Trägerschaften sowie die Beeinträchtigungs- und Ressourcenprofile der Beschäftigten betrifft, sind indes „Übungsfirmen" und „Sozialfirmen" von „Programmen zur vorübergehenden Beschäftigung" (PvB) keineswegs so trennscharf abgrenzbar, wie sie es dem Selbstverständnis nach bisweilen sein wollen. Es erscheint deshalb sinnvoll, vorerst die formalen Differenzen, die zwischen diesen drei Organisationstypen auf dem zweiten Arbeitsmarkt bestehen, auszublenden und erst bei der Diskussion der Forschungsbefunde auf die Frage zurückzukommen, ob und inwiefern Übungsfirmen und Sozialfirmen einen eigenständigen Typus der Ausgestaltung „vorübergehender Beschäftigung" konstituieren. Nicht im Sample berücksichtigt sind Einrichtungen des zweiten Arbeitsmarktes, die spezifisch für jugendliche Schulabgänger ohne Ausbildungsplatz eingerichtet wurden und in der Schweiz offiziell als Motivationssemester (Semo) bezeichnet werden (vgl. Heinimann 2006). Außerdem untersuchten wir keine Einrichtungen spezifisch im Behindertenbereich und auch keine der Einrichtungen, die unter der Bezeichnung BEFAS (Berufliche Abklärungsstelle; vgl. www.befas.ch) im Auftrag insbesondere der Invalidenversicherung (IV) kombinierte arbeitspraktische und medizinische Abklärungen durchführen, die auf die berufliche Reintegration der Zugewiesenen ausgerichtet sind.

Die Frage nach der Häufigkeit sozialer Erscheinungen ist bei der Forschungsweise, an der sich die Untersuchung orientiert, von eher sekundärer Bedeutung. Bekanntlich hängt die Existenz einer bestimmten Vogelart nicht von der Zahl der empirisch auffindbaren Exemplare respektive von der Größe ihrer Population, sondern davon ab, ob sie sich in ihren zentralen Charakteristiken von anderen Vogelarten unterscheidet. Um zu bestimmen, ob eine solche Differenz vorliegt, kann es unter Umständen ausreichen, das einzige jemals gesichtete Exemplar einer präzisen Analyse zu unterziehen. Ähnlich verhält es sich bei den Aussagen, die in der vorliegenden Untersuchung angestrebt werden. Mit der allgemeinen Charakterisierung von Typen streben wir *Existenz-* und keine Häufigkeitsaussagen an. Hierbei gehen wir davon aus, dass es sich bei der Bestimmung von Charakteristiken und charakteristischen Differenzen nicht um eine Frage des Auszählens, sondern um eine Frage des hermeneutischen Erschließens handelt.

Als *Datenbasis* liegen der Untersuchung insgesamt 41 nicht-standardisierte, themenzentriert offen und wenig direktiv geführte Forschungsinterviews zugrunde. Die insgesamt 23 mit Programmverantwortlichen und Programmmitarbeitenden geführten Interviews orientierten sich an den folgenden Leitthemen: Charakterisierungen der Teilnehmenden; Charakterisierungen der

Mitarbeitenden; angebotene Tätigkeitsinhalte; Gestaltung des Programmalltags; Zuweisung und Aufnahme; Organisationsstruktur; Sinn und Ziel der Programme; Biographie der Interviewten. Die offene und wenig direktive Interviewführung ermöglichte es den Interviewten, sich während des zirka einstündigen Gesprächs eigenaktiv sowohl als Personen als auch als Träger spezifischer Rollen zur Geltung zu bringen und hinsichtlich der Ausführlichkeit und inhaltlichen Gestaltung eigene Gewichtungen und Schwerpunktsetzungen vorzunehmen. Als Interviewende nahmen wir in erster Linie die Rolle von interessiert Nachfragenden ein.

Die identische Haltung nahmen wir in den insgesamt 18 ebenfalls zirka einstündigen Interviews mit Programmteilnehmenden ein. Leitthemen in diesen Interviews waren: biographische und berufsbiographische Hintergründe; Programmalltag, Arbeitsinhalte und Arbeitsklima; Charakterisierungen der Mitarbeitenden und der Teilnehmenden; Zuweisung und Aufnahme; Sinn und Zweck der Programme; Lebenssituation und Befinden in der Gesellschaft; Bedeutung von Arbeit und Beruf; Gegenwartsdiagnosen. Die Interviews wurden gestaffelt im Zeitraum zwischen Mai 2007 und September 2008 geführt. Sämtliche Interviews wurden für die spätere Analyse vollständig und detailgenau transkribiert.

Nebst den Interviews fließen weitere Dokumente in die Analyse ein. Es sind dies zum einen Beobachtungsnotizen, die im Anschluss an den Besuch der untersuchten Einrichtungen erstellt wurden, zum anderen Dokumente, die den Charakter „naturwüchsiger Protokolle" (vgl. Oevermann 2000b) besitzen, vorwiegend Dokumente der internen und externen Kommunikation wie Leitbilder, Dokumentationsbroschüren, Werbematerialien, Sitzungs- und Gesprächsprotokolle, Jahresberichte, Arbeitsrapporte oder Internetseiten für die Anbieterseite sowie schriftliche Lebensläufe, Bewerbungsschreiben, Arbeitszeugnisse und medizinische Atteste für die Teilnehmendenseite. Das Sample der untersuchten Fälle deckt hinsichtlich der in den Programmen verrichteten Tätigkeiten, hinsichtlich der jeweiligen Trägerschaften sowie hinsichtlich der biographischen Hintergründe und des rechtlichen Status der Teilnehmenden ein breites Spektrum von in der Schweiz auffindbaren Beschäftigungsprogrammen ab. Dass es sich bei ihm nicht um ein im stichprobentheoretischen Sinne repräsentatives Sample handelt, ist für die Aussagekraft der Untersuchung und die Validität ihrer Befunde insofern irrelevant, als sie nicht Aussagen über die Häufigkeit, sondern über die Existenz und Charakteristik sozialer Erscheinungen anstrebt. Im Rahmen der Untersuchung werden also beispielsweise keine Aussagen darüber gemacht, wie verbreitet die Orientierung des Handelns am Leitparadigma der Disziplinierung in Programmen zur vorübergehenden Beschäftigung ist. Sie stellt vielmehr fest, dass diese Orientierung existiert und ist darauf ausgerichtet, die innere Logik, gegebenenfalls auch die innere Widersprüchlichkeit eines Handelns, das an diesem Leitparadigma ausgerichtet ist, systematisch zu explizieren.

Die *Analyse der fallbezogenen Daten* erfolgte in einer Kombination einerseits eines sequenzanalytischen und andererseits eines kodierenden Verfahrens. Sämtliche Interviews wurden durchgängig einer Kodierung unterzogen, wobei am Anfang, um die Sache nicht ins Beliebige ausufern zu lassen, festgelegt wurde, zu welchen Fragen die gebildeten Codes einen systematischen Bezug aufweisen sollten. Zu leicht kann nämlich die Aufforderung zu einem sogenannt offenen oder freien Kodieren, wie sie insbesondere im Rahmen des Grounded-Theory-Ansatzes (vgl. Strauss/Corbin 1996) betont wird, dahingehend missverstanden werden, dass vollkommen beliebig irgendwelche Begrifflichkeiten zu kreieren seien, ohne dass schon am Anfang geklärt sein müsse, was genau einen an dem untersuchten Phänomen eigentlich interessiert. Die bei der Analyse der Interviews mit den Programmmitarbeitern gebildeten Codes hatten sich auf die folgenden Frageebenen zu beziehen:

(1) Zielbestimmungen des Handelns: Welche Wirkungen werden intendiert? Was wird unter Aktivierung konkret verstanden? Zu was soll die Teilnahme qualifizieren? Woran wird der Erfolg des Handelns festgemacht?

(2) Professionelles Selbstverständnis: Als was verstehen sich die Programmmitarbeitenden? Wie definieren sie implizit oder explizit ihre Rolle?

(3) Mandatsverständnis: In wessen Auftrag oder „Dienst" wird gehandelt? Wie werden die rechtlichen und institutionellen Rahmenbedingungen reflektiert? Wie ist die Interaktion mit den Mandatsgebern ausgestaltet?

(4) Methodik des Fallverstehens: Woran werden die Ursachen für die Integrationsschwierigkeiten der Teilnehmenden festgemacht? *Wie* wird Diagnostik betrieben? *Was* wird diagnostiziert? Welche Typisierungen werden vorgenommen? Auf Klassifikationssysteme welcher Art wird zurückgegriffen?

(5) Ausgestaltung des Arbeitsbündnisses: Als was ist das Arbeitsbündnis ausgestaltet? Wie gestaltet sich die alltägliche Interaktion und Kooperation? Wie positionieren sich die Programmmitarbeitenden gegenüber den Teilnehmenden?

(6) Arbeitsinhalte und Ausgestaltung der Beschäftigungspraxis: Welche Tätigkeiten werden verrichtet? Was wird unternommen, um mit Blick auf die biographischen Hintergründe und Ressourcen der Teilnehmenden Disqualifikationen zu vermeiden? Was wird unternommen, um Qualifizierung zu ermöglichen? Wie werden die gegebenen Möglichkeiten auf der Ebene der Arbeitsinhalte reflektiert?

(7) Soziale Ordnungsvorstellungen und Gesellschaftsbild: Wie wird das Zustandekommen sozialer Ordnung gedacht? Welchen Stellenwert nimmt

Arbeit im Gesellschaftsbild der Programmmitarbeitenden ein? Wie konzipieren sie das Verhältnis von Individuum und Gesellschaft?

(8) Fachliche und weltanschauliche Referenzsysteme des Handelns: Auf welche Arten von Wissen wird zurückgegriffen? Über welche Arten von Wissen wird das eigene Handeln legitimiert, begründet und reflektiert?

(9) Primär- und sekundärsozialisatorische Dispositionen: Was kennzeichnet den Habitus des analysierten Falles? Auf welche primär- und sekundärsozialisatorischen Erfahrungen geht die Entstehung dieses Habitus zurück?

(10) Organisationales oder institutionelles Selbstverständnis: Worum handelt es sich gemäß der impliziten oder expliziten Auffassung des Falles bei der Einrichtung, in der er tätig ist?

Bei der Kodierung der Interviews wurde darauf geachtet, dass die gebildeten Codes zum einen spezifisch eine Antwort auf eine der hier aufgelisteten Fragen lieferten, und dass zum anderen nur dann ein neuer Code gebildet wurde, wenn sich im Material tatsächlich etwas Neues zeigte. Bezogen beispielsweise auf die Frage des „organisationalen oder institutionellen Selbstverständnisses" entstanden bei der Kodierung die folgenden Codes: als Bürgerarbeitsagentur, als Zeitarbeitsagentur, als Schlüsselqualifizierungsagentur, als gewerblicher Kleinbetrieb, als Intensivstellenvermittler, als Einrichtung zur öffentlichen Anprangerung Arbeitsscheuer, als repressive Wiedereingliederungsmaßnahme, als Arbeitserziehungsanstalt, als Lehrwerkstatt, als Rettungsanstalt für Verwahrlosungsgefährdete, als Fallabklärungsagentur, als Beschäftigungsgenerator, als Zulieferbetrieb für Industrie und Handel, als geschützte Werkstatt, als therapeutisch-kathartische Rehabilitationseinrichtung, als Hausökonomie.

An diesem Beispiel wird ersichtlich, dass bei der Bildung der Codes auf mehreren der interessierenden Analyseebenen nicht inhaltsanalytisch, sondern hermeneutisch verfahren wurde. Denn bei den meisten der interessierenden Sachverhalte handelt es sich weder um Sachverhalte, die sich direkt abfragen lassen („Worin, bitte sehr, besteht ihr professionelles Selbstverständnis?") noch um Sachverhalte, die sich via eine inhaltliche Zusammenfassung des in den Interviews Geäußerten direkt benennen lassen. Vielmehr galt es, das zu Bestimmende aus dem subjektiv Geäußerten hermeneutisch zu erschließen und dabei auch latente und nicht explizierte Sinngehalte freizulegen. Als aufschlussreich beispielsweise für die Beantwortung der Frage, auf welche Methodik des Fallverstehens der jeweilige Fall zugreift, erwiesen sich Passagen, in denen sich die Interviewten ausführlich zu einzelnen Programmteilnehmenden äußerten. Erst via die hermeneutisch-sequenzanalytische Feinauswertung solcher Passagen, die auf die Erschließung latenter Sinnstrukturen sowie auf die Explikation von auf der manifesten Ebene der Inhalte nicht Expliziertem ausgerichtet war, konnte die beim Fall vorliegende

Diagnosemethodik rekonstruktiv erschlossen werden. Alltagssprachlich ausformuliert, wurde bei der Analyse der entsprechenden Passagen eine Haltung eingenommen, aus der heraus man nicht nur nach dem *Inhalt*, sondern auch nach dem *Geist* fragt, der sich in einer Äußerung verbirgt.

Bei der sequenzanalytischen Auswertung von Passagen, deren latente Sinngehalte es zu erschließen galt, gelangten die Interpretationstechniken der Objektiven Hermeneutik zu Anwendung (vgl. Oevermann 1986a, 1986b, 1988, 2000b; Oevermann et al. 1979; Wernet 2000). Dass vieles von dem, was sich mittels hermeneutischer Sequenzanalyse zu Tage fördern lässt, bei einer Analyse, die auf der Ebene der geäußerten Inhalte verharrt, im Verborgenen bleibt, kann verschiedene Gründe haben:

Erstens richten Individuen zumindest Teile ihres Handelns an Leitparadigmen aus, die ihnen zum Zeitpunkt des Handelns reflexiv nicht verfügbar und entsprechend auch nicht explizierbar sind. Dies kann damit zusammenhängen, dass ihnen bestimmte Handlungsweisen zur Routine oder derart selbstverständlich geworden sind, dass sie aus dem Bereich des bewusst Reflektierten herausgefallen sind. Es kann dies aber auch damit zusammenhängen, dass von – in einem psychologischen Sinne – unbewussten Motivierungen Impulse auf das Handeln ausgehen, die sich reflexiv nur sehr schwer vergegenwärtigen lassen. Hermeneutische Analysen sind nicht zuletzt darauf ausgerichtet, solche latenten Motivierungen am Datenmaterial sichtbar zu machen, respektive zu rekonstruieren.

Zweitens können sich Handlungsweisen von Individuen hochgradig konsequent und konsistent an bestimmten Leitparadigmen orientieren, ohne dass die Handelnden selbst zugleich in der Lage wären, diese Leitparadigmen systematisch zu explizieren. So kann beispielsweise das Denken, Handeln und Befinden eines Individuums durchgängig von einem liberalen oder von einem konservativen Geist durchwirkt sein, ohne dass dieses Individuum selbst ein Interesse besitzt oder in der Lage wäre, die wesentlichen Charakteristika sowie die Systematik seines liberalen oder seines konservativen Denkens wissenschaftlich zu rekonstruieren oder die allenfalls in das eigene Denken eingebauten Widersprüchlichkeiten zu erkennen. Demgegenüber können wissenschaftliche Analysen, indem sie eine entsprechende Rekonstruktionsarbeit leisten, „dem Wollenden verhelfen zur Selbstbesinnung auf diejenigen letzten Axiome, welche dem Inhalt seines Wollens zugrunde liegen, auf die letzten Wertmaßstäbe, von denen er unbewusst ausgeht oder – um konsequent zu sein – ausgehen müsste" (Weber 1904/1988, 151). Ähnlich wie Künstler, die oftmals nicht benennen können, nach welchen Stil- und Gestaltungsprinzipien ihr Werk geschaffen ist und gleichwohl einen – von außen besehen – unverwechselbaren Stil pflegen, richten auch Professionelle ihr Handeln an Leitparadigmen aus, zu denen sie nur bedingt einen analytischen Zugang pflegen.

Und drittens handelt es sich bei den skizzierten Befunden deshalb nicht um bloße Zusammenfassungen des in den Interviews Artikulierten, weil spontan und mündlich geäußerte Einschätzungen nicht den gleichen Grad der systematischen Explikation besitzen wie gestaltete Texte. Ähnlich Gemeintes kann in verschiedenen Interviews oder Interviewpassagen in unterschiedlichen Begriffen und Formulierungen zum Ausdruck gelangen. Entsprechend können mit wissenschaftlichen „Konstruktionen zweiter Ordnung" (Schütz 1971) auch Prozesse der sprachlichen und begrifflichen Systematisierung und Vereinheitlichung verbunden sein.

Zwischen einer kodierenden und einer hermeneutischen Auswertung von Texten besteht kein unüberbrückbarer Gegensatz, weil es sich bei Operationen des Kodierens, die auf die Rekonstruktion latenter Sinngehalte abzielen, zwangsläufig um hermeneutische Operationen handelt. Die Verwendung der Kodier-Software MaxQDA erwies sich bei der Analyse der Interviews insofern als hilfreich, als sie eine systematische Archivierung der beim Kodieren respektive bei den hermeneutischen Sequenzanalysen gewonnenen Erkenntnisse ermöglichte. Indem über die Codes laufend Memos geführt wurden, verharrte die Analyse nicht bei einer begrifflichen Klassifikation des Gesichteten, sondern schloss die Explikation der hermeneutischen Sinnerschließungspfade systematisch mit ein. Bei der Kodierung wurde darauf geachtet, dass über die verschiedenen Fälle hinweg identische oder ähnliche Erscheinungen mit den gleichen Codes versehen wurden. Im Laufe der Analysearbeit wurde zunehmend deutlich, dass zum einen zwischen den oben aufgelisteten Analyseebenen klar erkennbare Korrespondenzverhältnisse bestehen, und dass zum anderen bei jeweils mehreren Fällen ein ähnliches Muster korrespondierender Erscheinungen vorlag.

Die Bündelung der entsprechenden Fälle sowie die Herausarbeitung der als charakteristisch erscheinenden Korrespondenzen bildeten die Grundlage der abschließend vorgenommenen *Typenbildung*. Bei den in Bezug auf Ausgestaltungsformen des Handelns in PvB gebildeten Typen handelt es sich um Idealtypen im Sinne von Max Weber (1904/1988a, 191): „(Der Idealtypus) wird gewonnen durch einseitige *Steigerung eines* oder *einiger* Gesichtspunkte und durch Zusammenschluss einer Fülle von diffus und diskret, hier mehr, dort weniger, stellenweise gar nicht, vorhandenen *Einzel*erscheinungen, die sich jenen einseitig herausgehobenen Gesichtspunkten fügen, zu einem in sich einheitlichen *Gedanken*bilde." Die Typenbildung zielte also nicht darauf, das bei allen Fällen, die in die Bildung eines Typs einflossen, empirisch sichtbar Werdende herauszuarbeiten, und alles Übrige als Überschüssiges wegzustreichen, weil es sich beispielsweise nur in einem von drei Fällen zeigte. Vielmehr galt es, behutsam zu klären, ob dieses in einem der Fälle sichtbar Werdende sich systematisch in die innere Logik des zu bildenden Typus einfügt, oder ob es gewissermaßen fremder Provenienz ist. Damit ist schon angedeutet, dass es sich bei den gebildeten Typen um *reine* Typen handelt. Kein einzelner Fall richtet sein Handeln vollkommen konsequent und exklusiv an einem der in Kapitel 3 idealtypisch skizzierten Leitparadigmen. Indes ist bei allen Fällen die Orientierung des Handelns an *einem* der skizzierten Leitparadigmen dominant. Der Sinn von Idealtypen besteht dann darin, „in jedem *einzelnen Falle* festzustellen, wie nahe oder wie fern die Wirklichkeit jenem Idealbilde steht" (ebd. 191).

Bei der Explikation von Typen, die Teil einer *Typologie* mehrerer idealtypischer Ausgestaltungsformen einer Sache sind, erscheint zentral, dass die einzelnen Typen möglichst kohärent entlang der jeweils gleichen Dimensionen der Typenbildung ausformuliert werden (vgl. Kelle/Kluge 1999). Dies setzt in einem ersten Schritt eine Entscheidung darüber voraus, bei welcher der bereits bei den Fallanalysen berücksichtigten Vergleichsdimensionen es sich um die titelgebende Hauptdimension der Typenbildung handeln soll. Nach der Prüfung möglicher Alternativen erschien es uns sinnvoll, die differierenden Ausgestaltungsformen von Beschäftigungsprogrammen entlang von impliziten oder expliziten *Leitparadigmen des Handelns* zu typisieren. Daran anschließend trafen wir die Entscheidung, in den einzelnen Typenskizzen die folgenden Vergleichsdimensionen systematisch zu berücksichtigen: (a) Zielvorstellungen des Handelns, Mandatsverständnis und soziale Ordnungsvorstellungen; (b) korrespondierende Habitusformationen sowie fachliche und weltanschauliche Referenzen; (c) Ausgestaltung des Arbeitsbündnisses sowie der Förder- und Aktivierungspraxis unter besonderer Berücksichtigung von Arbeitsinhalten und (d) Potentiale und Gefahren, die mit der Orientierung des Handelns am jeweiligen Leitparadigma verbunden sind. Bei der Bestimmung der Dimensionen für die Explikation der einzelnen Typen wurde die obige Liste von Analyseebenen, die bei der Kodierung der einzelnen Interviews zum Einsatz gelangte, also einer nochmaligen Verdichtung unterzogen.

Bei der fallrekonstruktiven Erschließung von *Typen von Teilnehmendenprofilen* (Kapitel 4) wurde in den wesentlichen Punkten ähnlich verfahren wie bei der Typisierung von Leitparadigmen des Handelns. Gleichwohl unterscheiden sich die beiden Typologien in der Art der Darstellung. Während für die Typologie von *Leitparadigmen des Handelns* eine stark ergebniszentrierte Darstellungsform gewählt wurde, in welcher auf Verweise auf einzelne Fälle weitgehend verzichtet wird, fließen in die Darstellung der Teilnehmendenprofil-Typen ausführliche Fallschilderungen mit ein.

3. Praxis der Aktivierung. Leitparadigmen des Handelns in Beschäftigungsprogrammen

Gestützt auf die durchgeführten Fallanalysen lassen sich fünf Leitparadigmen unterscheiden, an denen sich das Handeln in Beschäftigungsprogrammen orientieren kann. An welchem Leitparadigma sich die Praxis orientiert, hat einen entscheidenden Einfluss darauf, wie diese im Einzelnen ausgestaltet wird und welche Effekte von ihr ausgehen können. Die am Datenmaterial rekonstruierten Leitparadigmen fassen nicht bloß die programmatischen Aussagen und subjektiven Einschätzungen der interviewten Programmverantwortlichen und Programmmitarbeitenden zusammen. Es handelt sich bei ihnen vielmehr um wissenschaftliche „Konstruktionen zweiter Ordnung" (Schütz 1971), in denen auch Implizites, latent zum Ausdruck Gebrachtes oder wie selbstverständlich Unterstelltes Berücksichtigung findet.

Der *Begriff der Leitparadigmen des Handelns* erscheint erklärungsbedürftig. Die Konstruktion und Verwendung dieses Begriffs stützt sich auf verschiedene, insbesondere wissenssoziologische Überlegungen und Quellen. Sie impliziert die Annahme, dass es sich bei dem, woran Professionelle ihr Handeln ausrichten, nicht um ein loses und beliebig zusammengewürfeltes Konglomerat von Handlungsintentionen, methodischen Präferenzen und ethisch-weltanschaulichen Überzeugungen handelt. Vielmehr liegen dem Handeln Orientierungsschemata zugrunde, die ein hohes Maß an innerer Kohärenz besitzen und mit denen ein klar konturierter Stil des Denkens, des Argumentierens und der praktischen Positionierung verbunden ist. Zugleich wird mit der Entscheidung für den Paradigmenbegriff dem Umstand Rechnung getragen, dass weite Bereiche des Wissens, an dem sich das Handeln orientiert, den Charakter des stillschweigend und unhinterfragt Unterstellten und reflexiv nur teilweise Verfügbaren besitzen können. Dass die konsequente Ausrichtung des Handelns an höchst kohärenten Überzeugungen und Intentionen nicht zwingend bedeuten muss, dass diese den Handelnden selbst zu jedem Zeitpunkt zugänglich und reflexiv verfügbar sind, betont bereits Kuhn (1962/1967) in seiner klassischen, wissenschaftstheoretischen Bestimmung des Paradigmenbegriffs. Bei einem wissenschaftlichen Paradigma handelt es sich „um einen zumindest impliziten Komplex ineinander verflochtener theoretischer und methodologischer Überzeugungen, der Auswahl, Bewertung und Kritik möglich macht" (ebd. 31). Und zugleich stützen sich viele der im Rahmen eines bestimmten Paradigmas vollzogenen wissenschaftlichen Operationen an einem Wissen, das, so Kuhn in Anlehnung an Polanyi (1958/1998), den Charakter eines „stillschweigenden Wissens" besitzt.

Wohlgemerkt: Es sind keine wissenschaftlichen Paradigmen, sondern Leitparadigmen professionellen Handelns, die es im Folgenden zu charakterisieren gilt. Der Begriff der Leitparadigmen erscheint dem zu Charakterisierenden deshalb angemessen, weil er zusätzlich zu den bereits genannten Momenten der inneren Kohärenz und der partiellen Implizitheit des orientierenden Wissens auf etwas Weiteres verweist. Paradigmen implizieren eine perspektivische Gebundenheit. Sie grenzen den Raum sowohl des Denk- als auch des Handlungsmöglichen in je spezifischer Weise ein. Für sie gilt entsprechend Ähnliches, was gemäß Fleck (1935/1993) für „Denkstile", verstanden als „Bereitschaft(en) für gerichtetes Wahrnehmen und entsprechendes Verarbeiten des Wahrgenommen" (ebd. 187), gilt: „Dem naiv vom eigenen Denkstil befangenen Forscher stellen sich fremde Denkstile wie freie Phantasiegebilde vor, da er nur das Aktive, fast Willkürliche an ihnen sieht. Der eigene Denkstil erscheint ihm dagegen als das Zwingende, da ihm zwar eigene Passivität bewusst, eigene Aktivität aber durch Erziehung, Vorbildung und durch Teilnahme am intrakollektiven Denkverkehr selbstverständlich, fast unbewusst wie das Atmen wird." (ebd. 185f.)

In den Skizzen der einzelnen Leitparadigmen, an denen sich das Handeln in Programmen zur vorübergehenden Beschäftigung ausrichten kann, wird insbesondere zu erörtern sein, wie sie dem Handeln und Denken insofern ein je eigenes Gepräge verleihen, als bestimmte Argumentations- und Handlungsweisen an sie anschlussfähig sind, andere indes nicht. Was gemäß Mannheim (1925/1984, 111) für die Analyse der „Morphologie" von „Denkströmen" gilt, ist – zumindest der Intention nach – auf die Analyse relativ kleinformatiger „geistiger Gebilde" direkt übertragbar: „Man kann bei der Analyse der Einheit in geistigen Gebilden nicht umhin, zu versuchen, bis an das innere Zentrum verstehend und interpretierend vorzudringen. Gegen willkürliche Konstruktion gibt es hier nur eine Gewähr: die, dass man sich womöglich an die Objektivationen und Selbstreflexionen der zu charakterisierenden Denkströme hält und in engem Anschluss an diese das zu Demonstrierende aufzuweisen versucht."

In den folgenden fünf Typenskizzen wird erstens eine allgemeine inhaltliche Charakterisierung des jeweiligen Leitparadigmas vorgenommen. Dabei wird insbesondere erläutert, an welchen Zielen sich das Handeln der Professionellen orientiert, wer als Auftraggeber des professionellen Handelns erscheint, und worin die Ursachen für die (Re-)Integrationsschwierigkeiten der Teilnehmenden gesehen werden. Zweitens wird in den Typenskizzen dargelegt, welcher Professionshabitus bei den Professionellen vorliegt, die ihr Handeln am jeweiligen Leitparadigma ausrichten, und auf welche fachlichen Referenzen sie in ihrem Handeln zurückgreifen. Drittens wird in den Typenskizzen erläutert, in welcher Weise die Förder- und Aktivierungspraxis konkret ausgestaltet ist und welchen Charakter das Arbeitsbündnis besitzt, das die Professionellen mit den Teilnehmenden unterhalten. Und viertens wird in den Typenskizzen ausführlich einerseits auf die Potentiale, andererseits aber auch auf die Gefahren, Schwierigkeiten und Entgleisungen eingegangen, die mit der Orientierung des Handelns am jeweiligen Leitparadigma verbunden sein können.

Da es sich bei der „Rettung" und der „Disziplinierung" um die beiden Leitparadigmen handelt, die im schärfsten Kontrast zueinander stehen, werden sie relativ ausführlich erörtert. Demgegenüber besitzen die Skizzen der drei übrigen Leitparadigmen – „Qualifizierung", „Verwertung" und „Rehabilitation" – einen eher summarischen Charakter.

3.1 Leitparadigma Rettung

Professionelle in Beschäftigungsprogrammen, die sich am Leitparadigma der Rettung orientieren, stützen sich in ihrem Handeln auf die Annahme, dass mit länger andauernder Arbeitslosigkeit schier zwangsläufig Dynamiken der Vereinsamung, der Verwahrlosung sowie des Verlusts von Selbstachtung und sozialer Anerkennung verbunden sind. Die von Arbeitslosigkeit Betroffenen sind in besonderer Weise gefährdet, die Kontrolle über ihr Leben zu verlieren, seelisch oder körperlich zu erkranken oder zu Suchtopfern zu werden:

„Zuhause hockst du rum, verbrauchst einen Haufen Geld, das du ja eh nicht hast. Und wenn du zuhause bist und womöglich noch einen Computer hast, dann bestellst du per Internet und hast Zeit, Geld auszugeben. Und einfach auch – die einen wegen dem Trinken, wegen dem zu fest Studieren kommen psychisch grausam drauf."

In die Annahme, dass mit Arbeitslosigkeit besondere Gefährdungen verbunden sind, fließen sowohl eigene Erfahrungen in der langjährigen Arbeit mit Erwerbslosen als auch wissenschaftliche Forschungsbefunde ein:

„Diese Mittel- und Langzeitwirkungen von Arbeitslosigkeit, die sind immens; sei es auf die psychische Verfassung, teilweise auf das Gewicht – also wir haben Leute, die richtig auseinander gegangen sind, bevor sie zu uns gekommen sind – sei es auf den Selbstwert."

In zweifacher Hinsicht erscheinen aus der Sicht von Professionellen, die ihr Handeln am Leitparadigma der Rettung ausrichten, Beschäftigungsprogramme geeignet, den genannten Dynamiken entgegenzuwirken. Die Programme ermöglichen es den Teilnehmenden zum einen, weiterhin am gesellschaftlichen Leben teilzunehmen:

„Das Minimalziel, das ich bei jedem Teilnehmer erreichen will, ist, dass wir eine Tagesstruktur bieten und der Teilnehmer diese Tagesstruktur einhalten kann. Und damit verhindern wir eine Desozialisierung bei Leuten, die sonst abstürzen würden oder schon auf dem Weg sind; sei es psychisch, sei es Medikamentenmissbrauch tendenziell bei Frauen, sei es Alkoholmissbrauch eher bei Männern."

Zum anderen soll den Teilnehmenden in den Programmen eine echte Chance geboten werden, den Glauben an die eigenen Fähigkeiten und Ressourcen zurückzugewinnen.

Der mit dieser Zielvorgabe verbundene Anspruch an das eigene Handeln ist ausgesprochen hoch. An das Leitparadigma der Rettung ist nicht etwa nur die Idee einer diakonischen Inobhutnahme Verwahrlosungsgefährdeter im Sinne der (präventiven) Gewährung eines Schutzraumes gekoppelt. Viel radikaler soll es in den Programmen darum gehen, bei den Teilnehmenden eine innere Transformation hin zu einem gestärkten Selbstbewusstsein und zu einer gesteigerten Selbstachtung zu erwirken. Handlungsleitend ist dabei der Gedanke, dass mit psychosozialer Stabilität verbesserte Chancen auf dem Arbeitsmarkt verbunden sind. Professionelle in Beschäftigungsprogrammen, die sich am Leitparadigma der Rettung orientieren, richten ihr Handeln also sehr wohl am staatlich vorgegebenen Auftrag der Arbeitsmarktreintegration aus. Sie gehen indes davon aus, dass sich das Reintegrationsziel am effektivsten nicht etwa mittels intensivierter Maßnahmen der Vermittlung, Qualifizierung oder gar der Disziplinierung erreichen lässt. Vielmehr haben alle Unterstützungsleistungen in einem ersten und grundlegenden Schritt auf eine Stabilisierung und Stärkung der Persönlichkeit der von Arbeitslosigkeit Betroffenen ausgerichtet zu sein.

Gleichwohl werden im Rahmen des Rettungsparadigmas die Ursachen von Arbeitslosigkeit nicht etwa auf der individuellen, sondern auf der strukturellen Ebene festgemacht. Als Ursachen werden betriebliche Restrukturierungen und Rationalisierungen genannt, die einerseits auf veränderte Konkurrenzbedingungen auf globalisierten Märkten, andererseits auf einen Mentalitätswandel bei den Führungsverantwortlichen der Wirtschaft zurückzuführen sind. Mit dem Ende des industriellen Paternalismus in Zeiten der Globalisierung wird es für Personen mit einem eingeschränkten Leistungsvermögen zunehmend schwierig, eine Stelle zu finden, zumal es in den meisten Unternehmen keine quersubventionierten Nischenarbeitsplätze für weniger Begabte oder Leistungsfähige mehr gibt:

„Früher hat auch die Industrie (...) oder jede größere Firma hat noch einen oder zwei gehabt, die jetzt vielleicht nicht ganz, ja jetzt Superleute gewesen sind. Die haben dort ein wenig wischen müssen und dem ein wenig müssen schauen (...).

Die hat man auch nicht weg rationalisiert, oder. ... Aber was will man machen heute mit diesen Leuten? Die müssen doch einfach auch irgendwo sein und müssen eine Aufgabe haben, oder?"

Zugleich nimmt der Leistungs- und Qualifizierungsdruck auf diejenigen, die aktuell noch eine Stelle haben, laufend zu. Auch sie sind gefährdet, plötzlich nicht mehr mitzukommen oder seelisch erdrückt zu werden. Obwohl das Handeln im Rahmen des Rettungsparadigmas also auf die Stärkung der individuellen Persönlichkeit abzielt, sind dem Denken von Professionellen, die sich an diesem Paradigma orientieren, individualisierende Verantwortungszuschreibungen weitgehend fremd. Denn die im Rahmen der Programmteilnahme auf der individuellen Ebene zu bearbeitenden Beeinträchtigungen, die sich etwa in der Form von Lethargie, Aufmüpfigkeit, Motivationslosigkeit, Unkonzentriertheit oder geminderter Kooperationsbereitschaft äußern, werden nicht als Ursachen, sondern als Folgen von Arbeitslosigkeit gedeutet. Sie sind, so die Annahme, Folgeerscheinungen eines Versagens, das nicht individuellen, sondern gesellschaftlichen Ursprungs ist. Man habe es im Programm bisweilen mit Personen zu tun, die, so ein interviewter Arbeitsagoge,

„je nachdem degeneriert haben; vom Alkohol oder sonstigen Umständen, und die checken es zum Teil nicht mehr".

Die professionelle Förderung und Unterstützung der Programmteilnehmenden zielt im Rahmen des Rettungsparadigmas zwar auf eine innere Transformation, die deren ganze Person betrifft. Gleichwohl besitzen die hierfür zum Einsatz gebrachten Methoden und Instrumente durchgängig nicht einen therapeutischen, sondern einen arbeitsagogischen Charakter. Ziel der Programme ist es, den Teilnehmenden arbeitsförmige Beschäftigungs- und Kooperationsangebote zu unterbreiten, die von diesen als sinnvoll, förderlich oder gar erbaulich erlebt werden können. Programmanbieter, die sich am Leitparadigma der Rettung orientieren, richten entsprechend eine gesteigerte Aufmerksamkeit auf die Frage, welche Arbeits- und Tätigkeitsinhalte das Potential besitzen, von den Teilnehmenden als ermächtigend wahrgenommen zu werden und von welchen Arbeitsaufträgen umgekehrt eher eine (zusätzlich) frustrierende, demotivierende oder gar demoralisierende Wirkung ausgehen könnte. Relativ systematisch wird auf die Bereitstellung oder Akquisition von Arbeitsaufträgen verzichtet, mit deren Ausführung etwa die Kränkung eines bei den Teilnehmenden latent (noch) vorhandenen Berufsstolzes verbunden sein könnte oder denen per se ein Moment der sinnlosen Bastelei anhaftet.

3.1.1 Habitus und fachliche Referenzen

Diese besondere Sensibilität für den potentiell entweder eher ermächtigenden oder eher entmutigenden Charakter von Arbeitsinhalten ist für Programmanbieter, die ihre Praxis am Rettungsparadigma ausrichten, in hohem Masse charakteristisch. Sie besitzt eine Begründung auf zwei analytisch unterschiedlichen Ebenen. Sie stützt sich zum einen auf das religiös verankerte und für die Gegenwartskultur weiterhin handlungsleitende Deutungsmuster der protestantischen Arbeitsethik: Bei berufsförmig verrichteter Erwerbsarbeit handelt es sich um die Schlüsselquelle individueller Bewährung und Sinnstiftung. Um sozial anerkannt und mit sich identisch durchs Leben schreiten zu können, bedürfen Menschen einer „Aufgabe", die vorzugsweise die Form einer berufsförmig verrichteten Werktätigkeit besitzt. Diese „Aufgabe" verleiht ihnen nicht nur individuelle Zufriedenheit, sondern zugleich eine Position im tendenziell als Organismus gedachten Gesamtgefüge der Gesellschaft. Gerade bei der agogischen Arbeit mit Personen, die aufgrund von Arbeitslosigkeit einer solchen „Aufgabe" verlustig gegangen sind, ist es von entscheidender Bedeutung, welchen Inhalts die Tätigkeiten sind, die ihnen im Rahmen einer Beschäftigungsmaßnahme angeboten werden. Unter keinen Umständen darf von diesen die Wirkung einer zusätzlichen Demotivierung oder Demoralisierung ausgehen, weil dies einer sekundären Kränkung bereits hochgradig beeinträchtigter Personen gleich käme.

Zum anderen besitzt die besondere Sensibilität für den Charakter von Arbeitsinhalten eine habituelle Verankerung bei den arbeitsagogisch tätigen Professionellen selbst. Es handelt sich bei diesen um Personen mit einem ausgeprägten Berufsethos und einem ebenso ausgeprägten Berufsstolz – dies vorwiegend im handwerklich-gewerblichen Bereich. Typischerweise haben sie im Anschluss an eine langjährige Berufstätigkeit in der privaten Wirtschaft eine diakonische, sozialpädagogische oder arbeitsagogische Zusatzausbildung absolviert. Zu dieser sahen sie sich nicht etwa aus Not, sondern durch einen inneren Drang veranlasst. Letzteren stellen sie mitunter als eine „Berufung" dar. An ihre aktuelle Wirkungsstätte sind sie gemäß ihrer eigenen Biographisierung durch eine günstige Fügung des Schicksals oder durch bedeutungsträchtige Zufälle gelangt. In der eigenen Wahrnehmung liefert sie ideale Bedingungen, um der innerlich verspürten Berufung Folge leisten zu können.

Die Orientierung am Leitparadigma der Rettung besitzt also typischerweise eine gesinnungsethische Fundierung im christlichen Glauben respektive im als eine persönliche Berufung wahrgenommenen christlichen Auftrag der Diakonie. Die religiösen Wurzeln ihrer Handlungsmotivation thematisieren die Befragten freilich eher zurückhaltend. Offenbar wollen sie sich nicht dem Verdacht aussetzen, dem eigenen Handeln hafte, weil es auf religiös eingefärbten Motiven aufruht, etwas Unprofessionelles oder gar etwas Missionarisches an:

„Also man kann schon sagen, eine christliche Ethik in dem Sinne, also die Ethik der Nächstenliebe, dass das, dass das das Fundament ist von- von- von einzelnen Mitarbeitern, das ist, ist sicher so, also ja."

3.1.2 Praxisausgestaltung und Arbeitsbündnis

Die im Rahmen der Ausrichtung des Handelns am Rettungsparadigma im Einzelnen getroffenen Arrangements, mittels derer die Programmteilnehmenden vor innerer und äußerer Verwahrlosung bewahrt und mittels derer sie bei ihrer inneren Transformation hin zur Wiedererlangung von Selbstbewusstsein und Selbstachtung unterstützt werden sollen, sind im Folgenden noch etwas genauer zu beleuchten. Diese Arrangements betreffen (a) das organisationale Setting (b) die spezifischen Arbeitsinhalte und (c) die Ausgestaltung des Arbeitsbündnisses zwischen Professionellen und Programmteilnehmenden.

Organisationales Setting
Organisationen, deren Praxis sich am Leitparadigma der Rettung ausrichtet, bemühen sich um ein Klima gesteigerter Achtsamkeit im alltäglichen zwischenmenschlichen Umgang und Verkehr. Eine klar geregelte Tagesstruktur wird zwar als eine notwendige, noch nicht aber als eine hinreichende Bedingung für die zu unterstützende innere Transformation auf Seiten der Teilnehmenden aufgefasst. Es sind darüber hinaus Vorkehrungen zu treffen, die ein Grundklima des Respekts und der gegenseitigen Wertschätzung gezielt befördern und unterstützen. Konkret kann dies beispielsweise bedeuten, dass bei der Zusammenstellung mobiler Teams potentielle Disharmonien präventiv zu verhindern versucht werden, dass während der Arbeit in den Werkstätten Radio gehört werden darf, oder dass die Kantine oder sonstige Gemeinschaftsräume in einer Weise eingerichtet und ausgestattet sind, die sich förderlich auf die Pflege von Geselligkeit während der Arbeitspausen auswirkt. Die Professionellen bemühen sich um einen kollegialen, bisweilen väterlich-kollegialen Umgang mit den Teilnehmenden. Das Reichen einer bisweilen auch strengen rettenden Hand schließt präzise Instruktionen und klare Grenzsetzungen keineswegs aus. Letzteres kommt in Formulierungen zum Ausdruck, in denen die Tradition des industriellen Paternalismus anklingt:

„Ich habe meine Leute, mit denen ich einen Weg gehen kann, mit denen ich Ziele verfolgen kann."

Das gute Einvernehmen, das zwischen den Professionellen herrscht, soll außerdem abfärben auf den Umgang, den die Teilnehmenden untereinander pflegen. Professionelle, die sich am Leitparadigma der Rettung orientieren, sehen sich gegenüber den Teilnehmenden also auch in einer Vorbildfunktion.

„Und ich denke, diese Stimmung zwischen uns zwei [den beiden Abteilungsleitern], die geht rüber. Die Leute merken, wir arbeiten beide gerne, wir sind zufrieden, wir finden es beide einen lässigen Job. Wir haben beide auch neben unserer agogischen Arbeit mit den Leuten den Plausch am Schreinern. Ich denke das kommt rüber. (...) Im Ganzen, nicht nur in der Schreinerei, sondern im Gesamtteam, haben wir eine wirklich gute Stimmung und ich bin überzeugt, dass das ansteckend ist. Es ist in jeder Firma ansteckend, wenn das Team gut läuft. Dann ist vieles möglich, und ich denke, das steckt auch an."

Arbeitsinhalte
Im Rahmen des Rettungsparadigmas werden besondere Anstrengungen unternommen, Arbeitsprozesse in einer Weise auszugestalten, die von den Teilnehmenden als sinnstiftend und gewinnbringend erlebt werden können. Diese Anstrengungen beziehen sich sowohl auf die Arbeitsinfrastruktur als auch auf die hergestellten Produkte. Idealerweise sind die Werkstätten arbeitsmarktnah und technisch anspruchsvoll ausgestattet. Wo immer es die finanziellen Möglichkeiten zulassen, wird auf improvisatorische Lösungen – beispielsweise auf die Arbeit mit veraltetem Werkzeug und ausrangierten Maschinen – verzichtet. An den gefertigten Produkten wiederum soll ein Gebrauchswert unmittelbar erkennbar sein:

„Und da fühlen sie sich nur schon darum irgendwo ernst genommen: ‚Wow, he, ich kann hier an einer richtigen Maschine arbeiten, nicht irgendwie da an einer Bastelmaschine, so einer Hobbywerkstattmaschine, sondern das ist ein richtiger Stuhl hier. An dem ich kann daran arbeiten. Und das Produkt ist nicht irgendein Spielzeug oder irgendein Muster, sondern das sind Betten, Stühle, Schränke' wie richtig in der Wirtschaft, oder?"

Grundlegend ist also die Annahme, dass der Wiederaufbau von Selbstachtung respektive das Zustandekommen der angestrebten inneren Transformation entscheidend davon abhängt, ob von den konkret bereitgestellten Beschäftigungsangeboten eine motivierende Wirkung ausgeht. Als in ihrer Wirkung demotivierend, wenn nicht gar stigmatisierend werden Tätigkeiten eingestuft, mit denen die Assoziation der „Behindertenwerkstatt" verbunden ist: also beispielsweise die Fertigung von Holzspielzeug, von Geschenkkarten, von Stofftieren oder von Recycling-Kerzenständern für einen Verkaufsstand am Weihnachtsbazar. Zumindest gilt es im Einzelfall zu prüfen, ob vor dem Hintergrund der berufsbiographischen Erfahrungen des oder der jeweiligen Teilnehmenden mit der Verrichtung derartiger Tätigkeiten die Kränkung eines habitualisierten Berufsstolzes und folglich eine Stigmatisierung und zusätzliche Demoralisierung verbunden sein könnte.

Als entscheidend für den Wiederaufbau von Selbstachtung wird nebst den Arbeitsinstrumenten und den Arbeitsinhalten auch das Insgesamt der Areal-

und Gebäudeinfrastruktur, die vom Beschäftigungsprogramm genutzt wird, eingestuft. So macht es bezogen auf die motivierenden oder demotivierenden Effekte von Programmen einen Unterschied, ob diese in ein geschichtsträchtiges Industrie- und Gewerbeareal eingemietet sind, oder ob diesen einzig einige provisorisch errichtete Holzbaracken zur Verfügung stehen, die bei den Teilnehmenden (oder auch bei Besuchern) unmittelbar eine Internierungs-Assoziation wachrufen.

Der Akquisition oder Bereitstellung von Arbeitsaufträgen, die aus der Sicht von Professionellen, die ihr Handeln am Leitparadigma der Rettung ausrichten, ein motivierendes und ermächtigendes Potential besitzen, sind durch das gesetzliche Konkurrenzierungsverbot relativ enge Grenzen gesetzt. Einer der untersuchten Anbieter versucht dieses Verbot dadurch zu umgehen, dass er in kleinen Serien unter Qualitäts- und Termindruck handwerkliche Erzeugnisse für Hilfswerke oder Non-Profit-Organisationen herstellt. Motivation und Selbstachtung sollen also auch dadurch gefördert werden, dass an einen Facharbeiter- oder Handwerkerstolz appelliert wird, von dem angenommen wird, dass er bei den meisten Teilnehmenden, wenn auch möglicherweise verschüttet, zumindest in Ansätzen (noch) vorhanden ist.

Mit der so verstandenen Gewährung beruflicher Bewährungschancen sind immer auch Potentiale der technischen und fachlichen (Weiter-)Qualifizierung verbunden. Es überrascht deshalb, dass im Rahmen des Rettungsparadigmas dem Qualifizierungsargument eine eher untergeordnete Bedeutung zugeschrieben wird. Statt zu betonen, dass mit motivierenden Arbeitsinhalten tendenziell auch besondere Qualifizierungspotentiale verbunden sind, werden die Möglichkeiten, im Rahmen von Beschäftigungsprogrammen qualifizierend zu wirken, eher relativiert. So meint etwa der Leiter einer Schreinerei-Werkstatt:

„Sie [die Teilnehmenden] sind am Schluss natürlich keine Schreiner, sind auch keine angelernten Schreiner. Sie sind vielleicht Hilfsarbeiter, die ein Verständnis für das Arbeiten mit Holz haben, sogar fürs handwerkliche Arbeiten allgemein bekommen."

Gerade diejenigen Professionellen in Beschäftigungsprogrammen also, bei denen eine gesteigerte Sensibilität für motivierende oder demotivierende Aspekte von Arbeitsinhalten sowie eine hohe fachlich-handwerkliche Qualifikation vorliegt, neigen interessanterweise am radikalsten dazu, die Qualifizierungspotentiale dieser Programme als eher gering einzustufen. Dies mag zum einen damit zusammenhängen, dass ihr eigener Handwerkerstolz es ihnen gebietet, die Messlatte für qualifizierte Berufsarbeit relativ hoch zu setzen. Zum anderen indes schließt das Argumentieren im Rahmen des Rettungsparadigmas ein gleichzeitiges Argumentieren im Rahmen des Qualifizierungsparadigmas offenbar aus. Wenn in der Zuspitzung auch etwas martialisch, bringt der Leiter einer Einrichtung diesen Sachverhalt respektive die Spezifität des Selbstverständnisses der von im geleiteten Organisation wie folgt auf den Punkt:

„Unser Ziel ist nicht, das Holz gut zu bearbeiten, sondern den Teilnehmer."

Die Teilnehmenden sollen nicht bloß in dem Sinne von der Teilnahme profitieren, als sie sich – ihnen gewissermaßen äußerlich bleibende – zusätzliche handwerkliche oder technische Fertigkeiten aneignen. Sie zielt viel fundamentaler auf eine innere Transformation als ganze Menschen. Etwas paradox erscheint in diesem Zusammenhang, dass von den untersuchten Einrichtungen faktisch diejenigen am stärksten zur fachlichen Qualifizierung der Teilnehmenden beitragen, die sich am Leitparadigma Rettung und nicht etwa diejenigen, die sich am Leitparadigma der Qualifizierung, insbesondere der Schlüsselqualifizierung, orientieren. Begründet scheint dies in einem grundlegend unterschiedlichen Bildungsverständnis in den beiden Organisationstypen zu sein, auf das in Abschnitt 3.3 zurückzukommen sein wird.

Arbeitsbündnis
Die Arbeit mit den Teilnehmenden erfolgt im Rahmen eines arbeitsagogischen Kooperationsverhältnisses, das in Einrichtungen, die sich am Leitparadigma der Rettung orientieren, einen hohen Grad der Professionalität aufweist. Zunächst einmal besitzt die Arbeit mit den Teilnehmenden einen anweisenden und instruierenden Charakter:

„Wir können einen Schritt zeigen und dann können sie einmal probieren. Dann können wir sie korrigieren, dann können sie weiterarbeiten, wieder korrigieren, geben noch ein paar Tipps: Schau, so könnte man es auch noch machen."

Die Unterstützungsleistungen seitens der Professionellen setzen gezielt auf der Ebene der durch die Teilnehmenden konkret zu verrichtenden Tätigkeiten an, und es scheint für sie – sofern dies vom einzelnen Fall her als angezeigt erscheint – ein hohes Maß an Geduld charakteristisch zu sein. Es wird davon ausgegangen, dass es sich bei den Teilnehmenden nicht um zwangsweise zu Beschäftigende handelt, die es möglichst effizient auf möglichst viel Verlässlichkeit und Leistung zu trimmen gilt, sondern um Personen, die sich aus unterschiedlichen Gründen und mit unterschiedlichen biographischen Hintergründen aktuell in einer Krise oder zumindest in einer schwierigen Lebenssituation befinden. Entsprechend gilt bei der Kooperation mit den Teilnehmenden konsequent das professionelle Gebot der individuellen Sonderbehandlung. Dem Arbeitsbündnis kann dabei unter anderem ein väterliches oder mütterliches Moment anhaften. So berichtet etwa der Leiter eines mobilen Teams:

"Ja und dann um viertel vor fünf, fünf kommen die Jungs wieder zurück ins Haus, dann tun wir die Autos entladen, das Zeugs ins Magazin, die Autos rasch herausputzen."

Die Art der hier gewählten Formulierungen erinnert an die Sprechweise eines Vaters, der erzählt, wie er abends mit seinen Jungs von einer Trekking-Tour zurückkehrt. Die arbeitsagogische Praxis besitzt den Charakter eines wohlwollenden, bisweilen auch wohlwollend strengen Animierens, wie er sich idealtypisch auch in einem Lehrmeister-Lehrling-Verhältnis findet.

In einer alternativen Variante erfolgt die Respekts- und Wohlwollensbekundung gegenüber den Teilnehmenden nicht über die Herstellung affektiver Nähe, sondern gerade umgekehrt über die Betonung der spezifischen und rollenförmigen Anteile im Arbeitsbündnis. Es handelt sich hierbei um eine Ausgestaltungsvariante des Arbeitsbündnisses, die insbesondere in der Interaktion mit weiblichen Programmteilnehmenden gewählt wird. Dass sie die Teilnehmerinnen bewusst als Rollenträgerinnen adressiert und sie deshalb auch siezt, begründet die Leiterin eines Nähateliers wie folgt:

"Ich von meiner Haltung her, das ist auch ganz am Anfang, also ich habe das so gewollt: ich sieze die Leute. Und ich bin, glaube ich, die einzige Abteilung im Haus, wo ich die Leute sieze. Und das ist, das ist für mich eine wichtige Sache: ,Sie sind die Frau so und so' und nicht: ,Du komm einmal und tue!'. Ich denke, die Frau lebt sonst schon, gesellschaftlich gesehen, in einer Position wo sie, ja, wo sie nicht wahnsinnig viel zu melden haben. Also auch, das ist für mich so wie eine gewisse Würde geben. Ich habe einfach gemerkt gehabt, das schafft eine gewisse Distanz."

Dass das Arbeitsbündnis in der hier thematischen Einrichtung mit den im Nähatelier beschäftigten Frauen anders ausgestaltet wird als das Arbeitsbündnis mit Männern, ist vermutlich nicht nur auf unterschiedliche persönliche Präferenzen auf Seiten des jeweiligen Leitungspersonals zurückzuführen. Es zeigt sich daran vielmehr, dass mit einem sich am Leitparadigma der Rettung orientierenden Handeln eine gesteigerte Sensibilität für die insbesondere geschlechtsspezifisch unterschiedlichen Erfahrungshintergründe der zu „rettenden" Klientinnen und Klienten verbunden ist. Bei Frauen werden die Ursachen der Rettungsbedürftigkeit unter anderem auch darin gesehen, dass ihnen in ihren bisherigen Lebens- und Arbeitszusammenhängen kein spezifischer Respekt *als Rollenträgerinnen* entgegengebracht wurde. Entsprechend ist die professionelle Intervention bewusst darauf ausgerichtet, diese Frauen beim Aufbau von Stolz und Selbstbewusstsein auf dem Gebiet des rollenförmigen Handelns gezielt zu unterstützen. Demgegenüber wird in der Arbeit mit Männern tendenziell davon ausgegangen, dass sie in der Vergangenheit zwar vorwiegend als Träger einer spezifischen Rolle angesprochen wurden, sich als Verwahrlosungsgefährdete nunmehr indes *als ganze Menschen* in einer Krise befinden. Darüber, ob ausgehend von dieser Annahme ein Duzen der männlichen Teilnehmenden als die angemessene Form der Anrede erscheint, ließe sich zweifellos streiten. Denn mit dem Duzen sind nebst den Potentialen, die es bei der Herstellung eines kollegialen Arbeitsklimas birgt, immer auch Gefahren der Übergriffigkeit und der Entgrenzung verbunden – und dies auch in rein „männlichen" oder männlich geprägten Handlungszusammenhängen.

Bei aller Klarheit der vorgegebenen Strukturen erscheint für das Arbeitsbündnis des Weiteren charakteristisch, dass mit ihm ein basaler Respekt vor dem Eigensinn der Teilnehmenden verbunden ist. Anders als in regulären Arbeitsverhältnissen wird den Teilnehmenden mehrmalig und wiederkehrend die Chance gegeben, die ihnen angebotenen Unterstützungsleistungen für sich zu nutzen und die für die konstruktive Zusammenarbeit erforderlichen Regeln zu respektieren. Je nach Lage des einzelnen Falles werden dabei die Toleranzräume unterschiedlich weit gesteckt. Über einen einzelnen Teilnehmenden mit besonders viel „Spielraum" wird beispielsweise wie folgt berichtet:

> „Hat immer wieder mit dem Gesetz, dann ist er wieder im Gefängnis. Und das mit einundzwanzig. Der verbaut sich alles, oder? Und merkt es nicht. Der ist so im-, der dreht so schnell, oder? Und der merkt es nicht. Für ihn heißt es wahrscheinlich einfach immer: Wenn man mir hier Geld abknöpft, dann muss ich es mir anders beschaffen. Aber das Problem ist, wir ko-, er hat schon viel, viel mehr Spielraum als die anderen. Weil, wir haben uns zum Ziel gesetzt, den nicht rauszuwerfen. Den hätten wir sonst nach drei Wochen schon aus dem Programm draußen gehabt."

Vereinzelt wird indes auch von Fällen berichtet, die alle Unterstützungsangebote letztlich zurückweisen. Der Abbruch der Bemühungen mündet in diesen Fällen nicht in eine Verurteilung oder gar Diffamierung des jeweiligen Teilnehmenden. Es werden vielmehr die Grenzen der eigenen Handlungsmöglichkeiten betont. Zugleich – und dies ohne moralisierenden Ton – wird der Auffassung Ausdruck verliehen, dass es letztlich der Autonomie des Teilnehmenden anheimgestellt ist, die ihm im Rahmen der Programmteilnahme unterbreiteten Unterstützungsangebote entweder anzunehmen oder diese auch abzulehnen: „Ja, dann muss man das auch respektieren."

Die Ausgestaltung des Arbeitsbündnisses auf der Grundlage einer basalen Anerkennung der Autonomie der Teilnehmenden, die freilich in einem Widerspruch zur faktischen Unfreiwilligkeit der Teilnahme steht, schließt keineswegs aus, dass die dargebotene rettende Hand in einzelnen Situationen auch eine strenge ist. Gerade Verwahrlosungsgefährdete, so die Annahme, bedürfen unter Umständen klarer von außen gesetzter Strukturen. Die mit diesen Strukturen verbundenen Regeln gilt es im Krisenfall mit einer gewissen Hartnäckigkeit, allenfalls auch mittels der Androhung von Sanktionen, durchzusetzen.

„Bei den Älteren ist, eben jetzt die Leute, die wir jetzt haben, sind einfach oft solche, die noch ein bisschen ein Alkoholproblem haben. Und dann halten wir halt den Finger drauf und sagen: ‚He, wie sieht es aus? Ich habe das Gefühl, Du riechst nach Bier, am Morgen um sieben schon.' Und dann kommen da die Reibungspunkte. Am nächsten Tag kannst du ziemlich sicher sein, dass du nichts mehr riechst, dass es gut ist. Weil, du drohst dann an, dass du blasen musst morgen früh. ‚Wenn Du zu viel hast, muss ich Dich heimschicken.' Dann ist unbezahlt. Und dann, äh, funktioniert es."

An Ausführungen dieser Art zeigt sich, dass mit der Orientierung am Leitparadigma der Rettung auch Gefahren verbunden sind; so etwa die Gefahr einer infantilisierenden Bevormundung der Teilnehmenden. Zu Entgleisungen im Arbeitsbündnis kommt es dann, wenn die von den Teilnehmenden letztlich eigenständig zu vollziehenden Transformationen nicht etwa auf der Grundlage einer basalen Respektierung von deren lebenspraktischer Autonomie, sondern durch den Einsatz von Kontroll- und Zwangsmitteln durchzusetzen versucht werden. Die mit dem Leitparadigma der Rettung verbundenen Gefahren werden weiter unten genauer erörtert.

3.1.3 Mandatsverständnis

Vorerst ist festzuhalten, dass im Rahmen von Programmen, die sich am Leitparadigma der Rettung orientieren, die Teilnehmenden nicht als Objekte, die gleichsam passiv eine staatliche Maßnahme zu erdulden haben, sondern als aktive Subjekte der Programmteilnahme aufgefasst werden. Es wird davon ausgegangen, dass es die Teilnehmenden selbst sind, die auf dem Wege der Verbesserung ihrer Arbeitsmarktfähigkeit die entscheidenden Leistungen zu vollbringen haben. Und es wird ihnen darüber hinaus frei von jeglichem Vorschussmisstrauen attestiert, dass sie trotz eines allfälligen Unvermögens, konstruktive und adäquate Bewältigungsstrategien zu entwickeln, an einer Verbesserung ihrer aktuellen Situation in hohem Masse interessiert sind. Entsprechend wird die Aufgabe der Professionellen darin gesehen, die Teilnehmenden in ihren Bemühungen um die Wiedererlangung von Selbstachtung und den Aufbau innerer Stabilität gezielt und bewusst zu unterstützen; ihnen gelegentlich auch, wie dies ein Agoge formuliert, „auf die Sprünge zu helfen". Es dürfe dabei indes nicht darum gehen, die Teilnehmenden „zu fest zu bemuttern".

So betrachtet kann der Begriff der „Rettung" zu Missverständnissen Anlass geben. Das hier skizzierte Leitparadigma schließt keinesfalls mit ein, dass die Teilnehmenden als passive Objekte einer an ihnen von professioneller Seite vollzogenen Rettungsmaßnahme aufgefasst werden. Die Programme bieten Strukturen, Bewährungschancen und Chancen auf professionelle Unterstützung. Genutzt werden müssen diese indes von den Teilnehmenden selbst. Es gehe ihm darum, so ein Agoge,

> „mit Leuten einen Weg zu gehen. (...) Den Sinn ihres Aufenthalts hier drin müssen sie [jedoch] selber finden."

Mit diesem klientenzentrierten Mandatsverständnis ist eine dezidierte Zurückweisung eines Kontroll-, Überwachungs- oder gar Bestrafungsmandats verbunden. Der Leiter einer sich am Leitparadigma der Rettung ausrichtenden Einrichtung umreißt die Alternativen, vor die er sich bei der Wahrnehmung der Teilnehmenden gestellt sieht, wie folgt:

> „Sind das Leute, die hier hin strafversetzt worden sind, und jetzt muss man diesen Beine machen, dass sie wieder anständig arbeiten lernen? Oder sind das Leute, die aus unterschiedlichen Gründen hier sind, wo es darum geht, sie zuerst zu beobachten, zu schauen, wo sie herkommen, zu überlegen, was habe ich für einen Weg vor mit dieser Person? Und bei den einen braucht es – ich sage einmal – ein sanftes Führen und einen langen Anlaufweg. Und bei anderen Leuten braucht es vielleicht auch einen gewissen Druck."

Richtungsweisend für ein Handeln, das sich am Leitparadigma der Rettung ausrichtet, scheint also die Auffassung zu sein, dass professionelle Unterstützungsleistungen spezifisch auf das Ressourcen- und Beeinträchtigungsprofil des je besonderen Falles zugeschnitten sein müssen. Auf Seiten der Professionellen setzt dies gesteigerte Kompetenzen auf dem Gebiet des diagnostischen Fallverstehens voraus. Über ein polizeiliches Mandat verfügen sie bei alldem nicht. Ein solches würde die Professionalität ihres Handelns von Grund auf torpedieren.

Entsprechend konzipieren die Professionellen, die sich am Leitparadigma der Rettung orientieren, ihr Handeln dominant nicht als eine Dienstleistung zugunsten der zuweisenden Sozialversicherer oder des Staates, sondern primär als eine Dienstleistung zugunsten der einzelnen Teilnehmenden. Es geht ihnen nicht darum, im Auftrag der Zuweiser an den Teilnehmenden eine „Aktivierungsmaßnahme" zu vollziehen. Vielmehr geht es ihnen darum, die Programmteilnehmenden professionell beim Wiederaufbau von Selbstachtung und damit indirekt bei der Verbesserung ihrer Chancen auf dem ersten Arbeitsmarkt zu unterstützen. Ohne dass dieser auf die Ausgestaltung ihres Handelns einen direkten Einfluss hätte, erfüllen sie so auch den ihnen seitens der Zuweiser erteilten Auftrag.

Die konsequente und erfolgreiche Umsetzung dieses klientenzentrierten Mandatsverständnisses wird nun durch den Umstand, dass die Teilnehmenden sich anfänglich nicht aus freien Stücken für die Programmteilnahme entschieden haben, sondern mittels der Androhung von Sanktionen zwangsweise einem Programmanbieter zugewiesen wurden, erheblich erschwert. Denn die Nichtfreiwilligkeitsklausel in der aktuellen Gesetzgebung kann zur Folge haben, dass sich die Teilnehmenden selbst zuerst einmal als passive Objekte einer ihnen staatlich verordneten und zwangsweise vollzogenen Maßnahme sehen. Weil sie sich durch die Zwangszuweisung in ihrer Entscheidungsautonomie grundlegend missachtet sehen, gelingt es ihnen unter Umständen nicht, die ihnen seitens der Professionellen unterbreiteten Unterstützungsangebote tatsächlich als solche wahrzunehmen. Die „Sperrigkeit" oder „Renitenz" einzelner Maßnahmenadressaten wäre dann nicht in deren besonders „schwieriger" Charakterstruktur begründet, sondern in einer gesetzlichen Regelung, die das Zustandekommen eines auf Ermächtigung ausgerichteten Arbeitsbündnisses zwischen Hilfsbedürftigen und professionell Hilfe Leistenden massiv erschwert.

3.1.4 Gefahren und Entgleisungen

Mit der Orientierung des Handelns am Leitparadigma der Rettung können verschiedene Gefahren und Entgleisungen verbunden sein:

Erstens kann ein allzu exzessiver Einsatz von Instrumenten der Verhaltenssanktionierung im Rahmen des Bemühens, den Teilnehmenden eine *strenge* rettende Hand hinzuhalten, bewirken, dass die Teilnehmenden die Programmteilnahme nicht mehr als eine auf Ermächtigung ausgerichtete Hilfeleistung, sondern als eine auf Disziplinierung ausgerichtete Strafmaßnahme wahrnehmen, die sie passiv zu erdulden haben. Hierdurch mutiert das oben skizzierte Subjekt-Subjekt Verhältnis zu einem Subjekt-Objekt-Verhältnis und die Wahrscheinlichkeit, dass die Teilnehmenden die ihnen gewährten Chancen aktiv für sich nutzen, nimmt drastisch ab.

Mit dem Anbieten einer strengen rettenden Hand ist *zweitens* die Gefahr einer Infantilisierung verbunden. Diese Infantilisierung kann zur Folge haben, dass sich die Teilnehmenden durch die Agogen nicht ernst genommen und sich als erwachsene Personen mit einer je besonderen Biographie nicht respektiert fühlen. In der Folge tendieren sie dazu, sich zumindest innerlich dem pädagogisierenden Zugriff der Agogen zu entziehen. Der Grenzfall einer Infantilisierung von Teilnehmenden ist in den folgenden Ausführungen dokumentiert:

„Aber ich fahre schon eher die Linie, ist auch für Teilnehmer dann einfacher: sie wissen, sie wissen, wenn sie eine Grenze überschreiten. Also das merke ich mit den Kindern zu Hause. Die Frau und ich sind dort ganz unterschiedlich. Sie lässt viel mehr zu. Hat aber auch, meiner Meinung nach, viel mehr Spesen mit den Kindern, weil einfach die Grenzen nicht so klar sind. Nicht klare Grenzen. Man soll nicht hartherzig sein, aber einfach: ‚Tack, hier sind sie'. Und nach Abmachung kann man einmal über eine Grenze hinausgehen miteinander. Aber hier sind sie und die werden eingehalten. Ja."

Es stellt sich hier akut die Frage, inwieweit es angemessen erscheint, die arbeitsagogischen Praktiken im Rahmen von Beschäftigungsprogrammen mit erzieherischen Praktiken in der Familie zu vergleichen respektive ob eine Kinder-analoge Adressierung der Teilnehmenden nicht zur Folge hat, dass sie am Wiederaufbau von Selbstachtung eher behindert als darin unterstützt werden.

Eine Entgleisung im agogischen Arbeitsbündnis kann *drittens* darin bestehen, dass eine Rettungsbedürftigkeit auch bei Personen ausgemacht wird, bei denen keine Anzeichen eines Autonomieverlusts und der Verwahrlosung vorliegen, die einer Rettung also gar nicht bedürfen. Generalisierend und abstrahierend vom konkreten Einzelfall wird unterstellt, das mit Arbeitslosigkeit zwangsläufig ein Verfall von Selbstachtung und sozialer Anerkennung verbunden ist, und es wird nicht bedacht, dass einzelne Personen unter Umständen in der Lage sind, sich alternativ zur Berufsarbeit Quellen der individuellen Bewährung und Sinnstiftung zu erschließen. In diesem Fall besteht die Gefahr, dass die gut und allenfalls präventiv gemeinte Intervention zur deautonomisierenden Bevormundung von Personen mutiert, und dass die durch die Teilnehmenden selbst initiierten Bewältigungsstrategien durchkreuzt werden. Fehldiagnosen der Rettungsbedürftigkeit können nicht zuletzt in einem diakonisch-karitativen Eifer der Hilfeleistung begründet sein, wie er in den folgenden Ausführungen zum Ausdruck gelangt:

> „Man müsste noch viel mehr Leute können in solche Programme tun. Gerade Ausgesteuerte, je nachdem auch Ältere oder Leute, die Probleme mit Süchten haben, oder eben. Es gibt ja viele ältere Leute, also Ältere, was sage ich auch, vor der Pension und den lieben langen Tag vor dem Bier hocken oder vor dem Sternen in der Beiz. Ich denke, man muss halt ein breites Spektrum haben. Man kann nicht nur Normale können aufnehmen."

Nimmt der Rettungswille derart expansive Züge an, scheint der Weg hin zu einem Regime der Internierung, das öffentlich keine Formen „sozial auffälligen Verhaltens" mehr duldet respektive der Weg hin zu einer präventiven Missachtung lebenspraktischer Autonomie nicht mehr weit.

Dass die hier zuspitzend skizzierten Entgleisungen, die mit der Ausrichtung des Handelns am Leitparadigma der Rettung verbunden sein können, in den empirisch untersuchten Einrichtungen den Ausnahmefall bilden und die ermächtigenden Effekte nicht zu unterminieren vermögen, liegt wesentlich darin begründet, dass in diesen Einrichtungen Professionelle mit einem soliden Bildungsfundament und einer solide habitualisierten Professionsethik am Werke sind. Ihr Handeln ist authentisch vom Bestreben geleitet, die Teilnehmenden bei ihren Bemühungen um die Wiedererlangung ihrer möglichst vollen Handlungsautonomie respektive beim Wiederaufbau von Selbstachtung zu unterstützen. Da es sich bei ihnen um innerlich gefestigte oder gar geläuterte Personen handelt, stehen sie nicht in der Gefahr, in der Interaktion mit den Teilnehmenden via die Ausübung von Macht kompensatorisch einen persönlichen Lustgewinn anzustreben oder von ihnen zu erwarten, irgendwelchen Narzissmen auf Seiten der Programmleitenden zuzudienen.

Ein solide ausgebildeter Professionshabitus liegt bei ihnen in mindestens dreifacher Hinsicht vor. Erstens ist ihr Handeln im gelingenden Fall dem Grundsatz der Hilfe zur Selbsthilfe verpflichtet. Zweitens vollzieht sich diese Hilfe im Rahmen eines Arbeitsbündnisses, das eine auf Seiten der Teilnehmenden vorliegende Krise in Rechnung stellt und deshalb grundlegend anders ausgestaltet ist als ein reguläres Anstellungsverhältnis. Und drittens liegt bei ihnen zum einen die Bereitschaft, zum anderen aber auch eine weit ausgebaute Kompetenz vor, sich im Rahmen des Arbeitsbündnisses auf die je besondere Individuiertheit des einzelnen Falles einzulassen – was einen Respekt vor dessen Eigensinn zwangsläufig mit einschließt.

Religiosität kann für das Handeln von Professionellen, die dieses am Rettungsparadigma ausrichten, in mehrfacher Hinsicht subjektiv relevant sein, erscheint indes nicht als eine zwingende Grundlage. Erstens kann die Professionalität des eigenen Handelns begrifflich eher „diakoniewissenschaftlich" als soziologisch-professionalisierungstheoretisch begründet sein. Zweitens können die charismatischen und geläuterten Momente im Habitus der Professionellen religiöse Wurzeln besitzen. Drittens kann auf der Ebene der persönlichen Motivation das „christliche" Ideal der Nächstenliebe von handlungsleitender Relevanz sein. Viertens besitzt die Zentralität des Berufsgedankens im Denken der Akteure (also der Vorstellung, dass es sich bei der Erwerbsarbeit um *die* zentrale Bewährungsquelle handelt) genetische Wurzeln in der Wirtschaftsethik des Protestantismus (vgl. hierzu immer noch Weber 1904/1988b). Und nicht zuletzt bedürften die in der Begriffswahl anklingenden Affinitäten des hier skizzierten Leitparadigmas zu den ideellen Grundlagen der im 19. Jahrhundert – insbesondere aus der pietistischen Tradition heraus – gegründeten Rettungshäuser und Rettungsanstalten einer detaillierten Explikation. Dies zu leisten, würde den Rahmen der vorliegenden Untersuchung indes sprengen.

3.2 Leitparadigma Disziplinierung

Bei der Ausrichtung des Handelns am Leitparadigma der Disziplinierung verstehen sich die Mitarbeitenden in Beschäftigungsprogrammen dominant nicht als Professionelle, die den in die Krise der Arbeitslosigkeit geratenen Teilnehmenden spezifische Formen der Hilfe oder der Unterstützung anbieten. Sie sehen sich vielmehr als Exekutivorgane der staatlichen Sozialbürokratie; zum Beispiel als, wie es der Leiter einer der untersuchten Einrichtungen formuliert, „verlängerter Arm der Sozialämter". Anders als bei der Orientierung des Handelns am Leitparadigma der Rettung werden also nicht die Teilnehmenden als primäre Mandatsgeber aufgefasst, sondern die Programmzuweiser. Als charakteristisch für die Haltung gegenüber den Programmteilnehmenden erscheint entsprechend, dass diese nicht als bei ihren Bemühungen um die Verbesserung ihrer Arbeitsmarktfähigkeit professionell zu unterstützende Subjekte der Programme, also im eigentliche Sinne als Teilnehmende, wahrgenommen und adressiert werden, sondern als Objekte einer ihnen staatlich auferlegten Sonderbehandlungsmaßnahme. Dieser Maßnahme haben sie sich zu fügen, ohne dass sich die Frage überhaupt stellt, ob sie diese subjektiv als ermächtigend oder als entmutigend erleben. Im Gegensatz zu einem *klientenzentrierten* Mandatsverständnis, wie es für das Rettungsparadigma charakteristisch ist, liegt hier also ein *zuweiserzentriertes* Mandatsverständnis vor. Der Auftrag der Programme wird darin gesehen, einen Beitrag zur Reduzierung der Kosten im Sozialwesen zu leisten.

Die Programmanbieter gehen im Rahmen des Disziplinierungsparadigmas davon aus, dass sich die angestrebten Kosteneinsparungen am effektivsten mittels Praktiken der Kontrolle, der Disziplinierung und der Sanktionierung derjenigen realisieren lassen, die in eine finanzielle Abhängigkeit von den Zuweisern geraten sind. In dieser Auffassung sehen sie sich insbesondere durch die Sozialhilfegesetzgebung gestützt, die in der Schweiz Aufgabe der Kantone ist. In Gesetzesartikeln wie dem folgenden klingt ein Geist der Disziplinierung unmittelbar an:

„Hilfsbedürftige können zur Aufnahme einer zumutbaren Arbeit auf dem freien Markt oder im Rahmen eines Beschäftigungsprogrammes verpflichtet werden. Bei Weigerung wird die Unterstützung gekürzt oder eingestellt."[8]

Programme, die sich am Disziplinierungsparadigma orientieren, stellen dem Selbstverständnis nach sicher, dass für die gesetzlich vorgesehene Beschäftigungsverpflichtung Hilfsbedürftiger eine ausreichende Zahl von Einsatzplätzen zu Verfügung steht. Indem sie ungebrochen durch fachliche und professionsethische Erwägungen davon ausgehen, dass sich Hilfsbedürftigkeiten am effektivsten mittels kontrollierender und repressiver Praktiken aus der Welt schaffen lassen, glauben sie den Geist des Gesetzes in ihrem Handeln

---

[8] Es handelt sich hier um Paragraph 8b des Gesetzes über die öffentliche Sozialhilfe des Kantons Thurgau, der per 1. Januar 2000 in Kraft trat. Ähnliche Regelungen finden sich mittlerweile in der Sozialgesetzgebung fast aller Schweizer Kantone (vgl. Abschnitt 1.1).

unmittelbar umzusetzen. Dabei übersehen sie allerdings, dass Gesetzesartikel wie der obige keine spezifizierenden Angaben darüber machen, wie die Praxis innerhalb von Beschäftigungsprogrammen konkret auszugestalten ist. Der Artikel überlässt die Einschätzung, mittels welcher Praktiken sich das Ziel der langfristigen Reintegration Arbeitsloser, Teilinvalider oder Sozialhilfeabhängiger in den ersten Arbeitsmarkt am effektivsten erreichen lässt, weiterhin dem fachlichen Urteil der jeweiligen Anbieter. Kompatibel mit dem Artikel ist also sowohl eine Praxis, die sich am Leitparadigma der Rettung als auch eine Praxis, die sich am Leitparadigma der Disziplinierung ausrichtet.

Mit dem Leitparadigma der Disziplinierung sind spezifische Annahmen über die Ursachen von Arbeitslosigkeit oder Sozialhilfeabhängigkeit, über die Funktion des Gemeinwesens bei der Herstellung sozialer Ordnung und Integration sowie über den in diesem Zusammenhang spezifischen Leistungsauftrag von Beschäftigungsprogrammen verbunden.

Ursachendiagnostik und Fallverstehen
Auf der Ebene der Ursachendiagnostik tendieren die Anbieter dazu, die Gründe für die individuelle Hilfsbedürftigkeit nicht auf einer strukturellen Ebene auszumachen, sondern diese auf ein individuelles Versagen zurückzuführen. Sie neigen zu individualisierenden Verantwortungszuschreibungen respektive zur Auffassung, dass Arbeitslosigkeit oder Sozialhilfeabhängigkeit auf charakterliche Schwächen wie Faulheit und Disziplinlosigkeit zurückzuführen sind oder gar auf den gezielten Missbrauch der Systeme der sozialen Sicherung. Im Rahmen dieser Verdachts-Diagnostik erscheint es nicht weiter erforderlich, systematisch und methodengeleitet zu klären, worin die Beeinträchtigungen des je einzelnen Teilnehmenden bestehen, worauf diese zurückgehen und bei welchen vorhandenen Ressourcen die Förderung der Arbeitsmarktfähigkeit ansetzen könnte. Statt auf einer im Rahmen einer integralen Hilfe- und Förderplanung durchgeführten Fallabklärung beruhen die Interventionspraktiken tendenziell auf einer Vorab-Stigmatisierung der Teilnehmenden. Es handelt sich bei diesen, so wird unterstellt, um arbeitsscheue, renitente oder liederliche Charaktere, an denen es eine Erziehungsmaßnahme zu vollziehen gilt. Die Praxis des diagnostischen Fallverstehens, sofern von einer solchen die Rede sein kann, besitzt einen alltagspsychologischen und klassifikatorischen Charakter. Systematisch wird insbesondere die Möglichkeit ausgeblendet, dass Motivationsprobleme auf Seiten der Teilnehmenden auf entmutigende und frustrierende Erfahrungen während der Programmteilnahme selbst zurückgehen könnten.

Gänzlich generalisierend ist die Unterstellung charakterlicher Schwächen auf Seiten der Teilnehmenden allerdings nicht. Bisweilen tendieren die Programmmitarbeitenden dazu, klassifikatorisch zwischen willigen und unwilligen Programmteilnehmenden zu unterscheiden, wobei sie im Willen oder Unwillen der Teilnehmenden ein durch die eigene Praxis wenig beeinflussbares Faktum erblicken. Eine professionelle Leidenschaft, gerade auch bei denjenigen Teilnehmenden, die besonders frustriert oder demotiviert ins Programm eintreten, durch gezielte Förder- und Unterstützungsleistungen eine Transformation hin zu einem wiedererstarkten Selbstbewusstsein und einer wiedererstarkten Motivation zu erwirken, liegt hier nicht vor.

„Teilweise wollen sie auch ein wenig vorwärts kommen und teilweise eben auch nicht. Es geht einfach, da kann man zehnmal das Gleiche sagen und es passiert immer noch nichts, oder? Und, eh, .. es ist dann meistens so, dass diese Leute, die einen Willen haben und auch einen Job möchten, für die findet man meistens auch, jetzt momentan in Hochkonjunktur, also die wir jetzt eigentlich haben, wo überall Leute gesucht werden. Für diese findet man dann auch einen Job, aber sie müssen selber wollen. Und wenn sie selber nicht wollen, dann können wir auch nichts machen, oder."

Diese Preisgabe jeglichen Anspruchs, durch das eigenen Handeln bei den als unwillig Klassifizierten irgendetwas erreichen zu können, verweist darauf, dass die Mitarbeitenden in Programmen, die als Disziplinierungsagenturen aufgestellt sind, sich als Professionelle gar nicht verstehen, sondern dass es sich bei ihnen dem Selbstverständnis nach in erster Linie um Anweiser und Vorarbeiter handelt. Daran wird deutlich, dass diese Einrichtungen eher das Profil von Internierungsanstalten als das Profil von Einrichtungen einer professionellen Sonderunterstützung besitzen. Psychologie spielt in diesen Einrichtungen höchstens in der Gestalt eines ökonomistisch eingefärbten Vulgärbehaviorismus eine Rolle. In der institutionalisierten Androhung von Leistungskürzungen erblicken sie das einzige Instrument, um auf die Person respektive das Verhalten der Programmteilnehmenden einen steuernden Einfluss nehmen zu können.

Konzeption von Sozialintegration
Grundlegend für das Selbstverständnis als Kontroll- und Disziplinierungsagentur ist die Konzeption des Staates respektive des konkret zuständigen Gemeinwesens als eine obrigkeitliche Instanz. Ihren Organen fällt, so die Auffassung, die Aufgabe zu, die Bürgerinnen und Bürger zu Rechtschaffenheit anzuhalten, um so das reibungslose Funktionieren des gesellschaftlichen Gesamtkörpers sicherzustellen. Bei der Ausübung ihres Mandats sehen sich die Programme in einer intermediären Stellung zwischen dem Staat und den einzelnen Bürgern. Ihre Stärke machen sie in der relativen Nähe zu den Personen aus, die der Maßnahme zu unterziehen sind.

"Wir, eh, eben, wenn dann jemanden hier *unten*, wir leben ja dann fast mit diesen Leuten, also sind so viel zusammen mit diesen, und wir sehen wahrscheinlich mehr, als dass sie *oben*, wenn sie nur das Geld abholen kommen, oder sonst, wenn etwas ist, oder."

Wie man sich die Dauerüberwachung der Bürger, die einer intensivierten staatlichen Beobachtung ausgesetzt werden, konkret vorzustellen hat, wird exemplarisch in der folgenden Aussage deutlich:

"Und so können wir auch gewisse Sachen schauen, Stellen feststellen, stimmt die Ernährung oder wird hier nicht gegessen. Können dort auch im medizinischen Bereich mit dem Sozialdienst zusammen wieder etwas aufgleisen."

Stringent bildet die Aussage auf der Ebene der grammatikalischen Gestaltung nach, dass die Programmteilnehmenden im Rahmen des Disziplinierungsparadigmas nicht als zu fördernde Subjekte, sondern als zu kontrollierende Objekte der Maßnahme aufgefasst werden. Die Programmteilnehmenden werden passiviert: "stimmt die Ernährung oder wird hier nicht gegessen". Außerdem bildet die Aussage stringent eine faktische Entmündigung und Bevormundung nach. Nicht mehr länger scheint es der Autonomie der Teilnehmenden zu obliegen, im Falle einer gesundheitlichen Krise professionelle Hilfe in Anspruch zu nehmen, also beispielsweise einen Arzt aufzusuchen. Vielmehr wird der Kontakt zum Arzt stellvertretend für sie administriert und technokratisch „aufgegleist". Die Aussage bringt also schier überdeutlich zum Ausdruck, dass Anbieter von Beschäftigungsprogrammen, die sich als Exekutivorgane des Gemeinwesens verstehen, die Programmteilnehmenden als passive Objekte einer Sonderbehandlung wahrnehmen, und dass mit dieser Objektivierung starke Momente der Bevormundung verbunden sind. Indes liegen die bevormundenden Momente der eigenen Praxis außerhalb des Bewusstseins der jeweiligen Anbieter. Dem Selbstverständnis nach handelt es sich bei ihnen um Hilfeleister:

"Wir arbeiten ja sehr eng zusammen, Sozialamt, Arbeitsamt, [Beschäftigungsprogramm]. Wir spüren, dass eine stellenlose Person herum ist, die gefährdet sein könnte. Meistens sind sie gefährdet, indem, dass sie schon ALV-unterstützt werden oder mit einem Versicherungsbetrag und zusätzlich mit Sozialhilfe noch einmal abgefedert werden müssen, ergänzend, oder? Dass wir dann präventiv einsteigen, indem wir sagen: ‚Wir hätten diese Person gerne hier im Programm und bieten dem die Hilfe, die Unterstützung an, so ein wenig herauszufinden, wo klemmt es im Prinzip, dass diese Person keine Stelle finden tut'."

Gezeichnet wird hier das Bild einer mit detektivischem Spürsinn ausgestatteten Troika staatlicher Behörden, die ein wachsames Auge auf das Treiben der einzelnen Bürger wirft. Unverzüglich respektive „präventiv" greift diese zu einer Isolierungs- und Sonderüberwachungsmaßnahme, wenn sich bei einem dieser Bürger eine „Gefährdung" zeigt und ihm entsprechend „Hilfe" angeboten respektive anbefohlen werden muss. Professionssoziologisch betrachtet, können Hilfeleistungen nur gelingen, wenn der Hilfeleister die Restautonomie des um Hilfe Ersuchenden wie selbstverständlich anerkennt, denn diese gilt es ja letztlich zu fördern (vgl. Abschnitt 2.2). Wer damit rechnen muss, beim Gang zu der jeweiligen Einrichtung den Rest seiner Autonomie einzubüßen und sich ganz dem Regime einer über ihn verfügenden Macht auszuliefern, wird sich wenn immer möglich davor hüten, diesen Gang anzutreten. Und sofern er wiederum mittels Zwang in die vermeintlich Hilfe anbietende Einrichtung aufgeboten wird, wird er sich hüten, daselbst diejenige Offenheit an den Tag zu legen, die für das Zustandekommen eines auf Ermächtigung ausgerichteten Arbeitsbündnisses erforderlich wäre. Unter Kontrollbedingungen ist es weder der um Hilfe ersuchenden Person möglich, bedingungslos offen zu sein, noch ist es den Hilfeleistenden möglich, abstinent im Sinne der Nicht-Ausübung von Macht zu bleiben. Die Einhaltung der „Grundregel" durch den Klienten und die Einhaltung der „Abstinenzregel" durch den Hilfeleister sind für das Zustandekommen professioneller Arbeitsbündnisse indes konstitutiv (vgl. Oevermann 1996, 155ff., 2009b; Schallberger 2009, 281f.). Als professionelle, auf die Unterstützung und Ermächtigung der Teilnehmenden ausgerichtete Einrichtungen können Beschäftigungsprogramme entsprechend nur funktionieren, wenn sie für sich ein hohes Maß an Unabhängigkeit gegenüber den mit einem Kontrollmandat ausgestatteten Zuweisern in Anspruch nehmen. Idealerweise positionieren sie sich gegenüber den Teilnehmenden also gerade nicht als „verlängerter Arm" der staatlichen Sozialbürokratie.

Das Selbstverständnis, ein Organ der staatlichen Überwachung, Kontrolle und Disziplinierung „Gefährdeter" zu sein, zehrt in den Fällen der von uns untersuchten Einrichtungen weniger von einem zentralstaatlichen Obrigkeitsmodell, in welchem ein starker Staat seine Bürger repressiv zu einem sittlich normalen Dasein anhält. In unseren Fällen bilden vielmehr die Normalitätszwänge überschaubarer ländlicher Gemeinwesen mit ihren noch traditional geprägten Strukturen der alltäglichen Sozialkontrolle den Hintergrund für den bevormundenden Zugriff auf Randständige und Hilfsbedürftige. Restbestände einer traditionalistischen Logik der Achtung und Ächtung paaren sich hier, aufbauend auf rigiden Vorstellungen von Rechtschaffenheit und einem Kult des gesunden Menschenverstands, mit einem fundamentalen Misstrauen gegen jegliches Expertenwissen.

Es sind dies zugleich Gemeinwesen, deren Sozialämter einen tendenziell geringen Grad der Professionalisierung aufweisen. Entsprechend verweist die obige Erwähnung einer „engen Zusammenarbeit" zwischen Sozialamt und Beschäftigungsprogrammen auf eine bündlerische Komplizenschaft eher schwach professionalisierter Akteure, in deren Handeln das Hörensagen, das persönliche Gutdünken, mitunter auch die Anmaßung von Kompetenz eine nicht unbedeutende Rolle spielt. Diese Komplizenschaft kann mitunter gezielt darauf ausgerichtet sein, sich gegenüber Einschätzungen und Empfehlungen Professioneller abzuschotten. Die Fachkompetenz von Medizinern und Psychiatern wird beispielsweise dadurch einer Daueranzweiflung unterzogen, dass diesen generalisierend unterstellt wird, sie ließen sich von ihren Patienten Bären aufbinden, verfassten Gefälligkeitsgutachten oder verfolgten mit ihren Expertisen unlautere Ziele. In einzelnen Fällen reicht das Selbstbewusstsein der Programmmitarbeitenden gar so weit, dass sie sich selber eine überlegene Kompetenz bei der Diagnose und Behandlung gesundheitlicher Beeinträchtigungen zuschreiben.

„Das Hauptanliegen bei manchen oder so, das ist einfach, eh, man arbeitet zu wenig zusammen, zum Beispiel mit den Ärzten, Sozialamt und wir, oder. Erstens die Ärzte, die denken: Ja, geben wir ihm einfach dieses Zeugnis, wenn er ein wenig jammert. Also diese Leute, die nehmen jetzt nicht einmal Tabletten oder so, die gehen dann einfach zum Doktor, dass sie irgendwie wieder ein Zeugnis haben, dass sie eine Woche nicht müssen arbeiten kommen, oder. Und das finde ich eben gar nicht gut. Ich habe auch schon gesagt, wenn einer ein wenig gehustet hat, dann soll er doch einmal ein Erkältungsbad nehmen oder so: ‚Ja, nein, ich gehe lieber zum Doktor, das ist gratis. Das andere muss ich selber kaufen gehen', oder. Und wenn es eben das Sozialamt, die Krankenkasse bezahlt und sie keinen Selbstbehalt haben, überhaupt nichts, oder? .. Und wenn der, der Doktor, zu dem sie gehen, kein Zeugnis gibt, dann gehen sie halt zu einem anderen Doktor, oder? Bis einer eines gibt, da kennen sie eben nichts, die die dann Schlich ein wenig raus haben. Das ist eben ein wenig schade."

Als wesentlich für den Vollzug der Sonderdisziplinierungsmaßnahme erscheint im Rahmen des Disziplinierungsparadigmas die Internierung der als arbeitsscheu, schwierig oder renitent klassifizierten Personen. Ziel der Internierung soll es sein, die Programmteilnehmenden von ihrer Hilfsbedürftigkeit zu befreien, indem sie einem aktivierenden Arbeitstraining unterworfen werden. An die Praxis der Internierung sind nebst dem Gedanken eines aktivierenden Arbeitstrainings weitere Vorstellungen über den Sinn und die gesellschaftliche Funktion von Beschäftigungsprogrammen angedockt. Nebst *Trainingseinrichtungen* kann es sich bei diesen – dem (impliziten) organisationalen Selbstverständnis nach – zugleich um *Agenturen der öffentlichen Anprangerung* „Renitenter" und „Arbeitsscheuer" sowie um abschreckende *Gatekeeping*-Agenturen handeln.

Öffentliche Anprangerung

Einzelne Teilnehmende in Beschäftigungsprogrammen fürchten sich davor, als Programmteilnehmende öffentlich sichtbar zu werden. Die Art und Weise, wie einer der interviewten Programmverantwortlichen über diese Ängste berichtet, lässt darauf schließen, dass er sie für insgesamt wenig respektierungsbedürftig erachtet. Die öffentliche Zurschaustellung scheint gar Teil des Konzepts der von ihm mitgetragenen Einrichtung zu sein:

„Es gibt dann auch Leute, die teilweise sich genieren, dass sie vom Sozialamt abhängig sind. Oder, wir tun jetzt auch hier in X, tun wir den Bahnhof in der Woche zweimal, dass der einfach immer sauber ist. Da hat es dann auch Teilnehmer, die sagen: ‚Ja, ich gehe da nicht auf den Bahnhof, ich will mich nicht ausstellen‘, oder? Eh, dass es heißt, wenn jemand durch läuft: ‚Ja von wem sind die?‘ und so. Und dann heißt es: ‚Hier im (Y-Beschäftigungsprogramm)‘, oder? Dann hat es dann auch solche, die dann durch das wieder sagen: ‚Ja halt, dann verzichte ich auf die Sozialleistung‘ und haben dann wieder einen Job, weil sie dann eben denken: ‚Ja, halt‘. Ja."

Der Sprecher unterstellt den Programmteilnehmenden, dass sie zu jedem Zeitpunkt vor der Entscheidung stehen, entweder Sozialleistungen zu beziehen und hierfür eine öffentliche Zurschaustellung in Kauf zu nehmen oder eine Stelle anzunehmen. Implizit unterstellt er also, dass es sich bei der missbräuchlichen um die Normalform des Bezugs von Sozialleistungen handelt. Entsprechend handelt es sich in seiner Sicht bei der öffentlichen Zurschaustellung der Teilnehmenden um ein wirksames Instrument zur Korrektur falscher Anreize. Diese vulgärökonomische Argumentationsweise ignoriert nicht nur das strukturelle Faktum des Unterangebots an Arbeitsstellen auf dem Arbeitsmarkt. Sie stellt zugleich in Abrede, dass sich die Teilnehmenden – aus welchen Gründen auch immer – tatsächlich in einem Zustand der Hilfs- oder Unterstützungsbedürftigkeit befinden. Wenn sie denn wollten, könnten sie jederzeit „einen Job" annehmen. An die Stelle der Wahrnehmung eines professionellen Mandats der Hilfe zur Selbsthilfe tritt die Missachtung der Teilnehmenden in deren Unterstützungsbedürftigkeit, ja gar deren Verhöhnung. Sprachlich drückt sich dies etwa darin aus, dass statt von einzelnen Personen von „Leuten" oder noch schlichter von „solchen" gesprochen wird. Zugleich bildet die Gestaltung der Ausführungen in der Form einer szenischen Aneinanderreihung von Statements einerseits der sich „genierenden" „Leute" und anderseits der diese beäugenden und über sie tratschenden Passanten die öffentliche Bloßstellung in einer Weise nach, die darauf schließen lässt, dass die geschilderte Szenerie dem Sprecher ein gewisses Amüsement bereitet. Mit der Zurschaustellung der „Leute" scheint bei ihm ein persönlicher Lustgewinn verbunden zu sein.

Dass die öffentliche Anprangerung Sozialhilfeabhängiger konstitutiver Bestandteil einer sich am Disziplinierungsparadigma ausrichtenden Ausgestaltung von Beschäftigungsprogrammen ist, lässt sich indes allein schon daran ablesen, dass das geschilderte Arrangement der Pflege des öffentlichen Raums durch Programmteilnehmende überhaupt eingerichtet wird. Denn von der Sache her gibt es keinen nachvollziehbaren Grund, weshalb eine Kolonne von Sozialhilfeabhängigen für die Instandhaltung des Bahnhofareals zuständig sein sollte und nicht das Personal des örtlichen Ordnungsamtes (vgl. Abschnitt 3.4.1).

Gatekeeping
Dies legt die Vermutung nahe, dass der öffentlichen Zurschaustellung Sozialhilfeabhängiger nicht nur eine disziplinierende, sondern auch eine sogenannte *Gatekeeping*-Funktion zufallen soll. Adressaten der Maßnahme sind also nicht nur diejenigen, die bereits finanzielle Sozialhilfeleistungen beziehen, sondern insbesondere auch diejenigen Bürgerinnen und Bürger, die sich in der Situation befinden, einen rechtlichen Anspruch auf Sozialhilfe geltend machen zu müssen. Ihnen wird signalisiert, dass, wer Sozialhilfe bezieht, mit einer öffentlichen Zurschaustellung zu rechnen hat, die Nähen zu einer öffentlichen Anprangerung aufweist. Problematisch an dieser Praxis ist nicht nur, dass sie bezogen auf den Schutz der Persönlichkeitsrechte einem rechtlichen Grenzgängertum gleichkommt (vgl. Pärli 2009). Problematisch ist darüber hinaus, dass mit ihr faktisch eine Verweigerung von Leistungen der *nichtfinanziellen* Sozialhilfe einhergeht. Denn auf der Grundlage einer initialen Drohgebärde gegenüber den Personen, die eine Hilfs- oder Unterstützungsbedürftigkeit auch in nicht-finanzieller Hinsicht anmelden, ist der Aufbau eines auf Wiederermächtigung ausgerichteten, respekt- und vertrauensbasierten Arbeitsbündnisses nur mehr schwer möglich.

All dies bedeutet nicht, dass in der professionellen Arbeit mit Sozialhilfebezügerinnen auf Handlungsinstrumente, die den Charakter von Beschäftigungsprogrammen besitzen, prinzipiell zu verzichten wäre. Vielmehr hängt es von der Form der Ausgestaltung dieser Programme ab, ob von ihnen eine im Sinne der Verbesserung der Arbeitsmarktfähigkeit ermächtigende Wirkung überhaupt ausgehen kann oder ob sie zusätzlich demoralisierend wirken.

3.2.1 Habitus und Ausgestaltung des Arbeitsbündnisses
Bei Mitarbeitenden in Programmen, die sich als Disziplinierungsagenturen verstehen, lassen sich zwei typische biographische Konstellationen feststel-

len, mit denen auf der Ebene des individuellen Habitus[9] je besondere Charakteristika verbunden sind.

In einer *ersten Konstellation* handelt es sich um Personen, die zu einem früheren Zeitpunkt selber von wirtschaftlichen Restrukturierungen betroffen waren und denen nach einer kürzeren oder längeren Phase der Arbeitslosigkeit der berufliche Wiedereinstieg in ihrem angestammten Tätigkeitsfeld misslang. Sie verfügen tendenziell über eine solide Grundausbildung im handwerklich-gewerblichen Bereich und nahmen bereits in der Vergangenheit Vorarbeiter- oder Teamleiterfunktionen wahr. Ihre weiterführenden formalen Qualifikationen etwa auf dem Gebiet der Arbeitsagogik sind indes rudimentär.

Charakteristisch für ihre Haltung gegenüber den Programmteilnehmenden ist ein Oszillieren zwischen einem spontanen Verständnis für deren schwierige Lage, das sich aus eigenen biographischen Erfahrungen nährt, und einem sich relativ unverblümt Ausdruck verschaffenden Ressentiment. Letzteres scheint in dem Bestreben begründet zu sein, das eigene Schicksal dezidiert vom Schicksal der Teilnehmenden abzugrenzen. Während die Gründe für die selber durchlebte biographische Krise auf der Ebene struktureller Umwälzungen des Wirtschaftslebens ausgemacht werden, wird die Abhängigkeit der Teilnehmenden von Leistungen der finanziellen Sozialhilfe oder deren Arbeitslosigkeit auf charakterliche Defizite wie Faulheit, Unwille oder fehlende Leistungsbereitschaft zurückgeführt. Das Ressentiment gegenüber den Teilnehmenden wird durch eine distinktive Betonung der eigenen Rechtschaffenheit untermauert.[10] Besonders deutlich zeigt sich dies in den Charakterisierungen von Programmteilnehmenden ausländischer Herkunft:

„Ja, jetzt haben wir also gerade etwa zwei, drei gehabt dieses Jahr. Und vor allem aus Ex-Jugoslawien. Die haben auch noch nie gearbeitet; zwanzig, Frauen, die auch gar nicht groß im Sinn haben, irgendwann einmal etwas zu arbeiten." *Oder:* „Ja, jetzt haben wir gerade momentan zwei Afrikaner (...). Die haben einfach gedacht, sie kommen hier ins Schlaraffenland und ja .. da haben wir einfach alles, oder? Und dass sie eben auch etwas müssen bringen, das sehen sie eben weniger,

---

[9] Wer sich am Begriff des „individuellen Habitus" stört respektive der Auffassung ist, es handle sich beim Habitus um etwas immer schon Kollektives oder gar um ein Artefakt der Sozialstrukturanalyse, sei auf Bourdieu (1987/1993, 112) verwiesen: „Um das Verhältnis zwischen dem Klassenhabitus und dem individuellen Habitus (...) zu definieren, könnte man den Klassen- (oder Gruppen-) habitus, d. h. den individuellen Habitus insofern, als er Ausdruck und Widerspiegelung der Klasse (oder Gruppe) ist, als subjektives, aber nicht individuelles System verinnerlichter Strukturen, gemeinsamer Wahrnehmungs-, Denk- und Handlungsschemata betrachten, welche Vorbedingung für jede Objektivierung und Wahrnehmung sind."

[10] Klassische Analysen der hier skizzierten Habitusformation finden sich in den Studien der Frankfurter Schule zum autoritären respektive sadomasochistischen Charakter (vgl. Fromm (1936/1987; Adorno 1950/2008; Frenkel-Brunswik/Sanford 1946/2002).

oder? Und das wird dann eben auch schwer sein für diese, einmal eine Stelle zu finden. Außer sie täten ihre Meinung ein wenig ändern, oder?"

Das Oszillieren zwischen Verständnis und Ressentiment drückt sich hier nicht nur auf der inhaltlichen, sondern auch auf der rhetorischen Ebene aus. Eine allzu dezidierte oder gar polemisierende Sprechweise wird durch ein leises Moment der Ironisierung abgefedert und durchbrochen („Außer sie täten ihre Meinung ein wenig ändern, oder?"). Freilich darf nicht übersehen werden, dass sich im Schweizerdeutschen hinter Ironisierungen dieser Art nicht immer nur Humor, sondern bisweilen auch eine im Zaum gehaltene Aggressivität verbirgt.

Wie weit das emotionale Engagement des zitierten Arbeitsagogen in der Interaktion mit den Programmteilnehmenden reicht, wird insbesondere dann deutlich, wenn in seinen Ausführungen gelegentlich er selbst als der eigentlich Leidende in der Kooperation mit den Teilnehmenden erscheint. Die Leidensverhältnisse zwischen Klienten und „Professionellen" werden gewissermaßen umgedreht. Angesichts der Renitenz und Sperrigkeit der Teilnehmenden erscheinen ihm die eigenen Bestrebungen als verlorene Liebesmüh, was ihn, obwohl er die Verantwortung für das Scheitern der Kooperation exklusiv den Teilnehmenden zuschreibt, verzweifelt stimmt:

„Eben was einfach viel ist bei diesen Leuten: man kann ihnen etwas erklären, sie hören gar nicht zu. Weil sie denken: ‚Ja, der sagt es dann schon wieder, wenn es nicht gut ist.' ... Einfach von der Motivation her, müsste einfach von diesen, wenn sie einen Job möchten, müsste einfach schon ein wenig mehr kommen."

Dass sein professioneller Auftrag gerade darin bestehen könnte, an einem Kooperationsklima mitzuwirken, das sich förderlich auf die Entwicklung der geforderten Motivation auswirkt, liegt für ihn, der an der aktuellen Situation offenkundig mit leidet, genau so außerhalb des Denkmöglichen wie die Frage, ob sich an seiner agogischen Praxis Modifikationen vornehmen ließen. Zwar konstatiert er zutreffend eine beide Seiten zusehends frustrierende kumulative Dynamik der Verweigerung und der Konfrontation. Da er als ein gesteigert um Anerkennung ringender Mensch emotional in diese Dynamik verstrickt ist, und weil ihm die hierfür geeigneten professionellen Handlungsinstrumente fehlen, gelingt es ihm nicht, sie zu neutralisieren. Um den eigenen psychischen Haushalt noch einigermaßen in Ordnung zu halten, bietet sich ihm einzig die Möglichkeit, das Versagen der als starrköpfig klassifizierten Teilnehmenden in einzelnen Handlungssituationen als einen persönlichen Triumph zu feiern:

„Wenn ich am Morgen mit diesen Leuten hingehe und sage, .. eh, das hat es schon viel gegeben: ‚Ihr müsst dort und dort hin, nehmt das und das mit.' Dann kommt einer und sagt, ich müsse ihm wirklich nicht sagen, was er mitnehmen müsse, er wisse das selber, er habe einmal auf dem gearbeitet und alles zusammen, dann sage ich halt nichts mehr. Aber es geht meistens keine halbe Stunde und dann kommen sie wieder, sie haben noch nicht angefangen zu arbeiten und dann haben sie die Hälfte Ware vergessen, oder?"

Nebst dem leisen Triumph klingt hier unüberhörbar auch eine Wehklage an. Beim Sprechenden scheint es sich um einen Menschen zu handeln, den es in durchaus ernst zu nehmender Weise verletzt, wenn die Teilnehmenden ihm ein Mindestmaß an Respekt und Anerkennung verweigern. Verstrickt in eine sich zusehends verhärtende Dynamik der wechselseitigen Kränkung und Anfeindung trifft es ihn emotional besonders hart, wenn nunmehr auch all seine sanften und gutgemeinten Bemühungen, gegenüber den Teilnehmenden ein Interesse an deren Wohlergehen zu bekunden, schroff zurückgewiesen werden.

„Man will ihnen ja helfen, ja, dass sie das Zeug auch haben, wenn sie dort sind. Aber wenn sie sich nicht helfen lassen. .... Ich habe jetzt auch gerade diese Woche wieder einen Fall gehabt, zwei haben müssen machen, dann habe ich gesagt: ‚So? Ist's gut? Geht's miteinander?' .. Und dann nachher beim Z'Nüni kommt er zu mir hier hin und hat gesagt, ich müsse dann da nicht mehr so huere Scheissdreck fragen. Sie wüssten denk schon, was sie zu tun haben."

Dass diese schroffe und nachvollziehbar verletzende Zurückweisung nicht so sehr einer genuinen Böswilligkeit oder einem schlechten Charakter auf Seiten der Teilnehmenden geschuldet ist, sondern darauf zurückgeht, dass sich auf der Grundlage einer konfrontativen Grundhaltung und eines initialen Misstrauens gegenüber den Teilnehmenden ein tragfähiges Arbeitsbündnis nicht aufbauen lässt, bleibt dem interviewten Agogen verborgen. Da ihm die für eine Auflösung seiner Verstrickung erforderlichen habituellen und professionellen Ressourcen fehlen, und da in Beschäftigungsprogrammen, die sich am Leitparadigma der Disziplinierung orientieren, professionelle Praktiken der Intervision oder Supervision typischerweise keinen Platz haben, haben Zurückweisungserfahrungen der geschilderten Art zur Folge, dass die Interaktionen mit den Teilnehmenden in unkontrollierte Machtspiele ausarten, in denen mitunter unverdeckt auf das Mittel der Diffamierung zugegriffen wird.

„Aber manchmal kommen sie eben schon auf einen los. Man würde meinen, ja, sie haben das Sagen, oder? Und dann muss man ihnen auch einmal sagen: ‚Ja, halt, wenn sie ja so gut sind, wie sie es sagen, dann würde ich hier nicht mehr ins [Beschäftigungsprogramm] hinab kommen, dann würde ich irgendwo zu einem Arbeitgeber arbeiten gehen.' Es ginge ihnen viel besser. Und dann nachher kommen sie und ziehen den Schwanz schon ein wenig ein, oder?"

Weil im vorliegenden Fall der „Professionelle" sich selber in einer Anerkennungskrise befindet, tendiert das mit den Klienten unterhaltene Arbeitsbündnis dazu, eine Struktur der kumulativen gegenseitigen Kränkung und Anfeindung anzunehmen. Die Erstarrung der Fronten dient dabei niemandem; weder den Teilnehmenden, die es bei ihren Bemühungen um eine Verbesserung ihrer Arbeitsmarktfähigkeit zu unterstützen gälte, noch dem Agogen, der für sich zwar sagen kann, so tief wie „diese da" dann doch nicht gefallen zu sein, der am vergifteten Klima indes akut mit leidet. Am Ende bleibt Konsternation, in welcher sich ein Krisenbewusstsein zwar ankündigt, die Verantwortung für die missliche Situation aber weiterhin exklusiv den Teilnehmenden zugeschrieben wird:

> „Man will ihnen ja viel beibringen. Wir wollen ihnen wirklich viel beibringen und vielseitig. Und zeigen es ihnen. Aber ja, sie müssen halt auch zuhören und ...."

Allgemein lässt sich festhalten, dass sich eigene Arbeitslosigkeitserfahrungen, eine persönliche Verstricktheit in die Krisen also, mit denen sich die Teilnehmenden in Beschäftigungsprogrammen herumschlagen, eher negativ auf die Qualität des arbeitsagogischen Handelns auswirken. Nicht nur fehlt es den ehemals selber Betroffenen oftmals an den erforderlichen Qualifikationen auf dem Gebiet eines diagnostischen Fallverstehens, um die Teilnehmenden bei ihren Reintegrationsbemühungen effektiv unterstützen zu können. Sie sind darüber hinaus besonders gefährdet, sich in Dynamiken kumulativer Anfeindungen und emotionsgeladener Dauerkonfrontationen zu verstricken. Für solche Dynamiken stellen Beschäftigungsprogramme, deren Praxis sich am Leitparadigma der Disziplinierung orientiert, einen geradezu idealen Nährboden dar. Dass sich hinter der bisweilen harten und denunziatorischen Sprechweise des zitierten Agogen hohe persönliche Sensibilitäten und Verletzlichkeiten verbergen, die unter Umständen selber der Bearbeitung im Rahmen eines professionellen Arbeitsbündnisses bedürften, ändert nichts daran, dass es sich beim Aufeinandertreffen von Personen, die in je unterschiedlicher Weise und in je unterschiedlichen Positionen gesteigert um Anerkennung und Wertschätzung ringen, um ein für professionelles Handeln eher ungünstiges Arbeitssetting handelt.[11]

Anders begründet als beim eben skizzierten ist die konfrontative, mitunter auch diffamatorische Grundhaltung gegenüber den Teilnehmenden bei einem zweiten Typus von Mitarbeitenden oder Führungsverantwortlichen in Beschäftigungsprogrammen, bei denen eine dominante Ausrichtung des Handelns am Leitparadigma der Disziplinierung vorliegt. Bei diesem zweiten Typus gründen die disziplinatorischen Ambitionen weniger auf eigenen Verletzlichkeiten als auf der Selbsteinschätzung, in der Vergangenheit eine derart herausragende Lebenstüchtigkeit unter Beweis gestellt zu haben, dass sich

---

[11] Zu verschiedenen Varianten von Entgleisungen im Arbeitsbündnis, die unter anderem auf emotionale Verstrickungen der Professionellen zurückgehen können, siehe exemplarisch die Fallanalysen in Becker-Lenz/Müller (2009).

aus ihr, unbesehen von fachlichen Qualifikationen, ein Anspruch auf Menschenführung unmittelbar ableitet. Dieser Typus spricht die Sprache des technokratischen Arrangeurs, der über alles, auch über die bei den Teilnehmenden vorliegenden Problem- oder Krisenkonstellationen, bestens Bescheid weiß, und dem es entsprechend wie selbstverständlich zusteht, umfassend die Regie respektive das Management der Lebenspraxis Anderer zu übernehmen. Seine der Struktur nach selbstüberhöhende Praxis besitzt einige Charakteristika, auf die hier nur äußerst kursorisch eingegangen werden soll.

Charakteristisch ist für sie erstens eine die Programmteilnehmenden radikal objektivierende, verdinglichende und diese gleichsam zum Menschenmaterial degradierende Grundhaltung. Sie manifestiert sich in Aussagen wie der folgenden:

> „Eben ich habe fast das Gefühl, das Sozialamt habe noch nicht ganz so gemerkt, dass wenn jetzt viele wieder einen Job haben, dass der Nachschub nicht so klappt. (...) Und jetzt haben wir momentan ein Problem, dass zu wenig schnell, wir können, wenn wir von produzieren reden dürfen, eh, die Nachfrage ist grösser, als das, was wir absetzen können. (...) Das habe ich vom ersten Tag an gemerkt: Das, was wir machen, ist auch Verkaufen hier."

Zweitens ist sie von einer autoritären Grundhaltung durchdrungen, die sich als eine professionelle ausweist. Dies zeigt sich insbesondere an der Verwendung von Fachbegriffen als Euphemismen. In der folgenden Passage etwa wird die im ersten Satz noch relativ unverblümt artikulierte Konzipierung der eigenen Rolle als diejenige eines Antreibers in einem direkt nachgeschobenen Satz mit den Weihen der Fachlichkeit versehen.

> „Es ist dann schon etwas anderes, mit unmotivierten Leuten umzugehen und diese anzutreiben und versuchen weiterzubringen. Dass man hintendran Supervision hat und den Austausch kann finden, das ist natürlich schon wichtig."

Die Art und Weise, wie der Sprecher Begriffe wie „umgehen mit", „Supervision" und „Austausch" verwendet, lässt darauf schließen, dass er sich in der Begriffskiste der Sozialpädagogik zwar bestens auskennt, dass ihm diese Begriffe indes äußerlich geblieben sind. Sie dienen ihm in erster Linie dazu, dem, was er aufgrund primärhabitueller Dispositionen tut, nachträglich den Anstrich von Professionalität zu verleihen.

Entsprechend findet sich in der Praxis des hier skizzierten Typus drittens ausgeprägt die Neigung, in strukturell belästigenden oder zumindest entgrenzenden Kontrollpraktiken Praktiken der Hilfeleistung zu erblicken. In der folgenden Passage werden regelmäßige Telefonate mit einem ehemaligen Teilnehmenden mit dem Begriff der „Nachbetreuung" bedacht.

> „Und vielfach braucht es natürlich dann dort auch, auch wenn sie schon eine Stelle haben oder einmal einen Zwischenverdienst und eine Chance bekommen, braucht

es Nachbetreuung. Die bieten wir auch an. Also das ist, momentan ist einer unterwegs, da habe ich immer so um sechs Uhr, halb sieben, habe ich das Telefon am Morgen, .. einmal, zweimal in der Woche, eh, damit er Kontakt hat. Ist ein wenig einsam, ausgeschlossen fühlt er sich, irgendwo braucht er das, und wir haben das Gefühl, das ist, das macht uns speziell, dass wir das anbieten können."

Zwar lässt sich aufgrund der Ausführungen nicht abschließend bestimmen, ob die Anrufe vom Sprecher oder vom ehemaligen Teilnehmer ausgehen. Doch selbst wenn Zweiteres der Fall wäre, hier also nicht eine telefonische Dauerbelästigung vorläge, bliebe erklärungsbedürftig, weshalb der Sprecher genau dies in der Schwebe lässt, also nicht explizit sagt, dass er wöchentlich ein- oder zweimal von einem ehemaligen Teilnehmer angerufen wird. In der Passage artikuliert sich also mindestens ein Kontrollwunsch oder der Wunsch, für die gelingende Lebenspraxis des Falles von tragender Bedeutung zu sein. Dieser wiederum ist deshalb entgrenzend, weil der Sprecher mit dem ehemaligen Teilnehmenden offenkundig keine diffuse Sozialbeziehung unterhält. Denn das Vorliegen einer freundschaftlichen Beziehung würde den Begriff der Nachbetreuung als höchst unangemessen erscheinen lassen; seine Verwendung käme einer Verhöhnung des Freundes und entsprechend einem öffentlichen Verrat der freundschaftlichen Beziehung gleich. Wie immer man die Sache also dreht oder wendet, verweisen die obigen Ausführungen auf eine Praxis, die starke Momente der Übergriffigkeit, wenn nicht gar der Belästigung aufweist.

Beim hier skizzierten Typus findet sich viertens die Neigung zu einem willkürlichen Agieren, dem starke Momente eines rechtlichen Grenzgängertums anhaften. So erscheint beispielsweise fraglich, ob es den Anbietern von Beschäftigungsprogrammen zusteht, Teilnehmende auch außerhalb der Arbeitszeiten öffentlich zurechtzuweisen; den Teilnehmenden unangekündigte Besuche in der Privatwohnung abzustatten, und sie dabei zu mehr Ordentlichkeit anzuhalten; nach Absprache mit den zuweisenden Sozialämtern Geldzahlungen an die Teilnehmenden zu rationieren oder Bezügerinnen und Bezüger einer IV-Teilrente zu einer Vollpräsenz im Beschäftigungsprogramm anzuhalten (letzteres mit der Begründung, eine Tagesstruktur zu bieten, bedeute, Personen den ganzen Tag zu beschäftigten und nicht beispielsweise nur vormittags).

3.2.2 Programmpraxis
Programmen, in denen dominant eine Orientierung am Leitparadigma der Disziplinierung vorliegt, steht ein relativ schmal gefächertes Instrumentarium unterstützender und aktivierender Praktiken zur Verfügung. Als zentrales Handlungsinstrument zur Herstellung von Engagement und Motivation er-

scheint die Androhung finanzieller Leistungskürzungen, die durch die zuweisenden Gemeindesozialämter mitgetragen wird.

> „Weil wir haben Leute, die sich natürlich weigern, Renitenz zeigen, die .. nicht kommen, dann haben wir natürlich die Kürzungen bis und mit Einstellung, kein Geld mehr."

Rein rechtlich betrachtet liegt die Kompetenz zur Auszahlung (und folglich auch zur Kürzung) finanzieller Leistungen nicht bei den Programmanbietern, sondern bei den zuweisenden Stellen. Entsprechend dokumentiert die obige Aussage auch, dass mit dem Verständnis der Programmanbieter als „verlängerter Arm" der Sozialbürokratie sowohl auf Seiten der Ämter als auch auf Seiten der Anbieter die Neigung verbunden sein kann, über feine Unterschiede in der formalen Zuständigkeit relativ großzügig hinwegzusehen.

Richten die Teilnehmenden ihr Handeln nun tatsächlich an den geschaffenen Geldanreizen aus, was angesichts ihrer prekären ökonomischen Lage ja durchaus nachvollziehbar ist, laufen sie Gefahr, hierfür – zumindest nach außen hin – nachträglich verhöhnt zu werden. Dass sich jemand wegen ein paar wenigen Franken zusätzlichen Geldes „bückt", wird von den Programmverantwortlichen als ein Konditionierungs- oder Infantilisierungserfolg gefeiert, der offenbar das Potential besitzt, unter den Programmmitarbeitenden für Amüsement zu sorgen. Dies zeigt sich etwa in der folgenden Textpassage, in welcher von einem externen Räumungseinsatz im Auftrag eines Eventveranstalters die Rede ist:

> „Und jetzt einfach die, die nicht wollen und einfach, eh, sich auch nicht groß bücken, einfach nur ein wenig dort stehen, die haben dann einfach in der Stunde noch einen Franken und der andere bekommt dann fünf Franken. Und das Mittagessen haben sie, das Znüni-Essen haben sie, zu trinken führen wir ihnen alles hin, das können wir alles dort beziehen. Und dann, eh, .. erlebt man einfach teilweise Überraschungen, wie sich die Leute dann jetzt zum Beispiel einfach einsetzen, oder? Das ist noch glatt [= amüsant] zu beobachten."

In der alltäglichen Kooperation mit den Programmteilnehmenden wiederum herrschen Praktiken vor, die in erster Linie den Charakter der Instruktion besitzen. Um dem Geforderten Geltung zu verschaffen, wird je nach Situation entweder auf sanfte Formen des Zuredens, des Anflehens und des verbalen Animierens oder auf harte Formen des „Drannehmens" zugegriffen. Bei alledem gilt strikt das Gebot der Gleichbehandlung:

> „Und bei den anderen, die dann einfach nicht wollen oder so, eh, eben, ich behandle sicher auch, sei er Afrikaner, sei er Jugoslawe oder Türke oder so, wenn einer auch mitmacht, wird jeder gleich behandelt und wenn halt einer nur querschlägt und alles wütend macht, oder, dann, .. sei es ein Schweizer oder so, kommt jeder einfach gleich dran, oder?"

Die Orientierung am Gebot der Gleichbehandlung mag in moralisch-sittlicher Hinsicht zwar sympathisch sein. In professionellen Handlungskontexten ist sie freilich nicht unproblematisch. Kennzeichnend für professionelles Handeln ist ja gerade, dass es bei den Besonderheiten im Ressourcen- und Beeinträchtigungsprofil des je einzelnen Falles ansetzt. Im Kontext von Maßnahmen zur Arbeitsmarktintegration kann dies bedeuten, dass Programmteilnehmende, bei denen unterschiedliche solche Profile sowie unterschiedliche biographische Erfahrungshintergründe vorliegen, auch unterschiedlich zu behandeln und zu unterstützen sind. Weshalb jemand „querschlägt und alles wütend macht", kann unterschiedliche Gründe haben. Entsprechend hat idealtypisch gedacht auch die Intervention – zumindest im Rahmen eines professionellen Hilfesettings – von Fall zu Fall unterschiedlich auszufallen; dies freilich nicht aus moralisch-sittlichen Erwägungen heraus, sondern auf der Grundlage einer fachkundigen Diagnostik, die nach den Gründen für das als auffällig oder abweichend wahrgenommene Verhalten fragt und dieses nicht einfach nur registriert.

3.2.3 Entgleisungen und Gefahren

Zusammenfassend ausformuliert sind mit der Ausrichtung des Handelns am Disziplinierungsparadigma die folgenden Gefahren verbunden:

Erstens können das Grundmisstrauen und die konfrontative Grundhaltung gegenüber den Programmteilnehmenden zur Folge haben, dass ein auf Ermächtigung ausgerichtetes professionelles Arbeitsbündnis gar nicht zustande kommt. Im Extremfall nimmt die Interaktion zwischen den Teilnehmenden und den Programmmitarbeitenden die Form eines Machtspiels an, aus dem beide Seiten als Verlierer hervorgehen.

Zweitens besteht insbesondere bei Personen, die sich in einer akuten gesundheitlichen oder lebenspraktischen Krise befinden, die Gefahr, dass sie durch die Programmteilnahme in ihrem Selbstbewusstsein und ihrer physischen oder psychischen Integrität zusätzlich geschwächt werden. Die konfrontativen, repressiven und bevormundenden Praktiken, die in diesen Programmen zum Einsatz gelangen, können Gefühle akuter Ohnmacht hervorrufen. Diese Ohnmachtsgefühle können die ehemals Teilnehmenden daran hindern, sich gegenüber potentiellen Arbeitgebern mutig und selbstbewusst zu positionieren – mindern also die Arbeitsmarktfähigkeit der ehemals Teilnehmenden, statt sie zu stärken. Diese Ohnmachtsgefühle können zusätzlich dadurch verstärkt werden, dass sich die Programmmitarbeitenden nicht als unabhängige Helfer, sondern als Vollzugsorgane einer ihnen seitens der zuweisenden Stellen verordneten Maßnahme positionieren.

Und drittens sind mit diesen Programmen akute Gefahren der Entmündigung oder Bevormundung verbunden. Es stellt sich nämlich die Frage, ob jemand, dem während der Programmteilnahme die Regie über seine Lebensführung weitgehend entzogen wird, jenes Maß an Selbständigkeit und lebenspraktischer Autonomie zurückgewinnen kann, das für eine erfolgreiche Positionierung auf dem Arbeitsmarkt erforderlich ist.

Besonders problematisch erscheint eine Zuweisung in ein Programm, das sich als Disziplinierungseinrichtung versteht, wenn auf Seiten der Zugewiesenen schwerwiegende psychosoziale Beeinträchtigungen vorliegen – etwa bei Personen mit psychischen Problemen oder einer Suchtproblematik oder bei Jugendlichen, deren Autonomieentwicklung sich in einer Krise befindet. Das repressive Regime erscheint bei diesen Adressaten bestens geeignet, zusätzlich destabilisierend zu wirken.

3.3 Leitparadigma Qualifizierung

Mit dem Handeln, das sich am Leitparadigma der Qualifizierung ausrichtet, ist wie mit dem Handeln, dem das Leitparadigma der Rettung zugrunde liegt, ein *klientenzentriertes* Mandatsverständnis verbunden. Die Anbieter von Beschäftigungsprogrammen und die einzelnen Professionellen erblicken ihren Auftrag darin, die Programmteilnehmenden bei der Verbesserung ihrer Arbeitsmarktfähigkeit zu unterstützen. Sie gehen wie selbstverständlich davon aus, nicht im Dienste der Zuweiser, sondern im Dienste der je einzelnen Teilnehmenden zu handeln. Außerdem ist für ihr Handeln die Annahme grundlegend, dass nicht sie, sondern die Teilnehmenden selbst es sind, die die entscheidenden Leistungen bei der Verbesserung ihrer Arbeitsmarktchancen zu erbringen haben.

Vom Leitparadigma Rettung unterscheidet sich das Leitparadigma Qualifizierung allerdings darin, dass ihm eine andere Form der Problemdiagnostik und damit korrespondierend ein anderes Bildungsverständnis inhärent ist. Im Rahmen des *Rettungsparadigmas* erscheinen die Programmteilnehmenden als unterstützungsbedürftig, weil sie aufgrund eines Stellenverlustes oder aufgrund von Schwierigkeiten, in der Erwerbswelt Tritt zu fassen, akuten Risiken der psychosozialen Beeinträchtigung ausgesetzt sind, oder weil sich bei ihnen Anzeichen der inneren oder äußeren Verwahrlosung zeigen. Es wird im Rahmen des Rettungsparadigmas also davon ausgegangen, dass sich die Teilnehmenden als ganze Menschen in einer *Krise* befinden, und dass sie deshalb auch als ganze Menschen – und nicht nur als Träger potentiell verwertbarer Qualifikationen – der professionellen Unterstützung bedürfen. Die Programminfrastruktur, die kommunikativen Strukturen innerhalb des Programms und die konkreten Beschäftigungsangebote sollen in einer Weise ausgestaltet sein, die es den Teilnehmenden ermöglicht, ein gemindertes Selbstbewusstsein oder eine angeschlagene Selbstachtung wieder aufzubauen. Ziel der „rettenden" Intervention ist eine innere Transformation auf Seiten der Teilnehmenden.

In der Perspektive von Professionellen, die sich in ihrem Denken und Handeln am *Qualifizierungsparadigma* orientieren, stellt sich die Problemlage der Teilnehmenden grundlegend anders dar. Die Feststellung eines Interventions-, Förder- und Unterstützungsbedarfs gründet weniger auf einer *Krisen-* als vielmehr auf einer *Defizitdiagnose*. Diese bezieht sich – anders als etwa im Rahmen des Disziplinierungsparadigmas – nicht auf die Person der Teilnehmenden als ganze Menschen, sondern als Träger eines bestimmten Bündels von Qualifikationen. Als wesentlich verantwortlich für die eingeschränkten Chancen der Teilnehmenden auf dem Arbeitsmarkt erscheint weder deren schwieriger Charakter, der im Rahmen des Disziplinierungsparadigmas als genuin gegeben unterstellt wird, noch deren geminderte Selbstachtung oder deren angeschlagenes Selbstbewusstsein. Viel nüchterner – und psychologisch betrachtet zugleich auch oberflächlicher – wird davon ausgegangen, dass für den schwierigen Stand der Programmteilnehmenden auf dem Arbeitsmarkt fehlende, nicht mehr nachgefragte oder mangelhaft ausgebildete Qualifikationen verantwortlich sind. Aufgrund ihrer langen Absenz vom Normalarbeitsmarkt oder aufgrund sekundärsozialisatorischer Defizite liegen bei den Teilnehmenden Qualifikationsdefizite vor, die im Rahmen der Programmteilnahme behoben werden sollen.

Die *Bildungsverständnisse*, die der im Rahmen des Rettungsparadigmas ausformulierten Krisendiagnose respektive der im Rahmen des Qualifizierungsparadigmas ausformulierten Defizitdiagnose zugrunde liegen, unterscheiden sich grundlegend. Im Rahmen des Rettungsparadigmas wird davon ausgegangen, dass professionelle Interventionen unausweichlich auf die Person des Klienten als ganzen Menschen abzielen müssen; dies deshalb, weil der Bildungsprozess von Individuen als ein integraler Prozess aufgefasst wird und entsprechend Dynamiken der Persönlichkeitsbildung, der Entwicklung sozialer Handlungsfähigkeit, der Entwicklung von Autonomie sowie der Aneignung und Herausbildung von Qualifikationen und Fertigkeiten als nicht voneinander losgelöste Dynamiken konzipiert werden. Dies zeigt sich exemplarisch daran, dass in der Perspektive des Rettungsparadigmas Personen, bei denen keine innere Stabilität auf der Ebene der Persönlichkeits- und Autonomieentwicklung vorliegt, sich äußerst schwer damit tun, sich Qualifikationen und Fertigkeiten anzueignen, die auf dem Markt verwertbar sind. Ausgehend von diesem integralen Verständnis menschlicher Bildungsprozesse erscheint es naheliegend, dass professionelle Krisenintervention immer den ganzen Menschen im Blick haben müssen.

Demgegenüber ist dem Qualifizierungsparadigma ein Bildungsverständnis inhärent, das die Arbeitsmarktfähigkeit als unmittelbar abhängig vom Erlernen, von der Aneignung und der Einübung von Wissen und Fertigkeiten erscheinen lässt. Qualifizierung erfolgt über Praktiken des Wissenstransfers, der praktischen Instruktion oder der anreizgesteuerten Konditionierung. Hierbei wird wenig in Betracht gezogen, dass sich Prozesse der Wissens- und der Kompetenzaneignung vom gesamten Entwicklungs- und Bildungsprozess eines Individuums so leicht vielleicht gar nicht isolieren lassen; dass beispielsweise Schwierigkeiten oder Widerstände bei der Wissens- und Kompetenzaneignung nicht so sehr in Unwille oder in mangelnder Intelligenz, sondern in einer die ganze Person betreffenden lebenspraktischen Krise begründet sein können. Entsprechend erscheint – von außen betrachtet – die Ausrichtung des Handelns am Qualifizierungsparadigma nur dann als angemessen und erfolgversprechend, wenn auf Seiten der Teilnehmenden keine tiefer liegenden *Krisen* auf der Ebene der Autonomie- und Persönlichkeitsentwicklung vorliegen.

Allgemein macht der Vergleich des Rettungs- mit dem Qualifizierungsparadigma deutlich, dass mit der Ausrichtung des Handelns an einem bestimmten Leitparadigma immer eine bestimmte Perspektivität in der Wahrnehmung und Definition der professionell zu bearbeitenden Problemstellungen verbunden ist. Hieraus zu folgern, alle Problemwahrnehmungen seien relativ und deshalb als gleichwertig zu behandeln, wäre indes kurzschlüssig. Denn aus einer die verschiedenen Perspektiven systematisch vergleichenden Untersuchung kann unter Umständen deutlich hervorgehen, welche der untersuchten Perspektiven die zu bearbeitende Problemstellung am präzisesten und adäquatesten erfasst. Rettung erscheint immer dann als ein fallinadäquates Leitparadigma des Handelns, wenn im jeweiligen Einzelfall eine Rettungsbedürftigkeit respektive eine akute, die ganze Person betreffende lebenspraktische Krise gar nicht vorliegt, und es stattdessen angemessen erscheint, dem Fall spezifische und optimal auf ihn zugeschnittene Qualifizierungsangebote zu unterbreiten.

Ausgehend vom Bildungsverständnis, das dem Qualifizierungsparadigma inhärent ist, sowie von der skizzierten Defizitdiagnostik können die Unterstützungsleistungen im Rahmen von Beschäftigungsprogrammen dieses Typs drei unterschiedliche Grundausrichtungen besitzen: Sie können auf Schlüsselqualifizierung, auf fachliche und handwerkliche Neu- oder Weiterqualifizierung sowie auf das Bieten der Chance ausgerichtet sein, sich in bereits angeeigneten Kompetenzen und Fertigkeiten zu üben.

3.3.1 Schlüsselqualifizierung

Im Rahmen des Qualifizierungsparadigmas wird der Begriff der Qualifikationen äußerst weit gefasst. Als erlernbar erscheinen auch „Qualifikationen", die im Rahmen einer differenzierter argumentierenden Theorie individueller Bildungsprozesse weniger auf der Ebene von Kompetenzen und Fertigkeiten, als vielmehr auf der Ebene basaler habitueller Dispositionen oder gar auf der Ebene konstitutiver Merkmale einer gelungenen Individuation und Autonomieentwicklung angesiedelt sind. Bei diesen muss – von außen besehen – fraglich erscheinen, ob sie tatsächlich in gleicher Weise erlernt oder antrainiert werden können wie die Basics einer Fremdsprache, die Bedienung einer Bohr- oder Stanzmaschine, die Verwendung einer Software oder das Fahren eines Gabelstaplers. All diejenigen Komponenten und Voraussetzungen individueller Handlungsfähigkeit in der Arbeitswelt, die sich als spezifische Fertigkeiten und Kompetenzen nur schwer fassen lassen, werden im Rahmen des Qualifizierungsparadigmas summarisch unter dem Begriff der „Schlüsselqualifikationen" zusammengefasst. Die Teilnehmenden sollen „lernen", pünktlich und regelmäßig bei der Arbeit zu erscheinen; konzentriert, exakt und strukturiert zu arbeiten; sie sollen „lernen", Fleiß, Ausdauer und Durchhaltewillen zu zeigen; den Vorgesetzten und den übrigen Teilnehmenden mit Respekt und Anstand zu begegnen; sie sollen „lernen", verlässlich, flexibel und anpassungsfähig zu sein. Außerdem sollen sie „lernen", besorgt um sich selbst zu sein, also beispielsweise gepflegt, angemessen gekleidet sowie ausgeschlafen und nüchtern bei der Arbeit zu erscheinen. Bei mehreren dieser „Schlüsselqualifikationen" stellt sich die Frage, ob sie sich tatsächlich mittels Instruktion und oder Konditionierung vermitteln respektive „erlernen" lassen. Es ist anzunehmen, dass bei Teilnehmenden, die sich in einer lebenspraktischen Krise befinden, deren Unkonzentriertheit, Motivationslosigkeit, Sperrigkeit oder Unzuverlässigkeit also Ursachen hat, die sich im Rahmen einer *Defizitdiagnostik* adäquat nur schwer bestimmen lassen, arbeitsagogische Interventionen eher wirkungslos bleiben. Für Einrichtungen, die sich am Qualifizierungsparadigma orientieren, ist entsprechend charakteristisch, dass die Auseinandersetzung mit der je individuellen Problemlage des einzelnen Falles insofern oberflächlich bleibt, als sie zu der allenfalls tiefer liegenden Krise des Falles nicht vordringt. Die Bestimmung des Ressourcen- und Beeinträchtigungsprofils der Teilnehmenden verharrt auf der Ebene des Konstatierens vermeintlicher Stärken und Schwächen oder der Benennung von Verhaltensweisen, die als defizitär eingestuft werden. Eine differenzierte Auseinandersetzung mit der Biographie und der Lebenslage des Falles, die unter Umständen Aufschluss über die Ursachen seiner vorübergehend eingeschränkten Arbeitsmotivation oder Konzentrationsfähigkeit sowie Anhaltspunkte für falladäquate Unterstützungsleistungen liefern könnte, findet tendenziell nicht statt. Zugleich fällt auf, dass diejenigen Anbieter von Beschäftigungsprogrammen, die die „schlüsselqualifizierenden" Anteile ihres Handelns am dezidiertesten hervorstreichen, auf der Ebene der konkreten Arbeitsinhalte und damit auf der Ebene der fachlich-handwerklichen Qualifizierungschancen den Teilnehmenden vergleichsweise wenig zu bieten haben. Dies legt die Vermutung nahe, dass dem bisweilen pointiert ausformulierten Hinweis auf die „schlüsselqualifizierenden" Effekte von Beschäftigungsprogrammen auch ein rationalisierendes Moment anhaften kann: Wenn wir den Teilnehmenden an handfesten Qualifikationsmöglichkeiten nichts zu bieten haben, so sind wir doch zumindest in der Lage, „Schlüsselkompetenzen" zu fördern. Mit dieser Rationalisierung ist die problematische Unterstellung verbunden, dass, wer primär Schlüsselqualifizierung anstrebt, auf die mit den Arbeitsinhalten verbundenen Bewährungs- und Qualifizierungschancen nicht zu achten braucht; es also keine Rolle spielt, was für eine Arbeit die Teilnehmenden konkret zu verrichten haben. In Pünktlichkeit, Ausdauer, Motivation, Fleiß, Exaktheit, Teamfähigkeit und Körperhygiene können sich, so die Annahme, die Teilnehmenden unabhängig davon üben, ob sie konkret mit dem Falten und Verpacken von Geschenkkarten, mit der Herstellung von Velospeichen-Kerzenständern, mit der Räumung einer Wohnung oder mit der handwerkliches Geschick erfordernden Herstellung einer Kleinserie von Tischen, Stühlen und Schränken für ein Hilfswerk befasst sind. Diese Annahme übersieht, dass von Arbeitsaufträgen und Beschäftigungsformen, denen die Teilnehmenden keinen Sinn abgewinnen können oder die sie gegebenenfalls in ihrem Berufsstolz kränken, eine demotivierende oder gar demoralisierende Wirkung ausgehen kann; dass also von Praktiken, die „nur" auf Schlüsselqualifizierung abzielen, paradoxerweise gerade der Effekt einer De-Qualifizierung auf der Ebene der sogenannten Schlüsselqualifikationen ausgehen kann. Insbesondere trägt das Qualifizierungsparadigma dem Umstand wenig Rechnung, dass auch Personen, die in der Vergangenheit einer gemeinhin als unqualifiziert geltenden Arbeit nachgegangen sind, mit ihrer Arbeit einen immensen Stolz verbinden können und folglich die Verrichtung nutzloser und sinnentleerter Tätigkeiten als frustrierend, demotivierend oder gar kränkend erleben.

3.3.2 Fachliche und handwerkliche Qualifizierung

Dass Programme zur vorübergehenden Beschäftigung sich in einem spezifischen Sinne als Qualifizierungseinrichtungen verstehen können, ist im Rahmen der aktuellen Gesetzgebung nicht vorgesehen. Es ist nicht möglich, im Rahmen der Programmteilnahme formal anerkannte Ausbildungszertifikate zu erwerben; dies deshalb, weil Umschulungsmaßnahmen im eigentlichen Sinne von der Arbeitslosenversicherung nur unter sehr restriktiven Bedingungen mitfinanziert werden. Dass von Beschäftigungsprogrammen Effekte der fachlichen Qualifizierung ausgehen können, wird des Weiteren dadurch erschwert, dass sie sich in ihren Praktiken strikt an die Vorgabe der Nicht-Konkurrenzierung des privaten Gewerbes halten müssen. Dies schränkt ihre Möglichkeiten, Produkte zu entwickeln oder anzubieten, bei deren Fertigung komplexe Techniken oder Technologien zum Einsatz gelangen, massiv ein. Charakteristisch für die meisten Programme ist deshalb, dass die Teilnehmenden Tätigkeiten verrichten, mit denen eher geringe fachliche oder handwerkliche Qualifizierungschancen verbunden sind. Typisch für Beschäftigungsprogramme sind einfache Montage-, Verpackungs-, Verschrottungs- oder Recyclingarbeiten; Räumungs- und Reinigungsarbeiten im Auftrag der Gemeinwesen; die Führung von Brockenhäusern oder Outlet-Stores in kommerziell wenig umkämpften Segmenten; die Herstellung von Spielzeug, Geschenkartikeln, Dekorationsartikeln, wie sie auch in geschützten Werkstätten für Behinderte, in Kliniken oder in Strafanstalten erfolgt; die Entwicklung und Herstellung textiler Wohn- und Modeaccessoires von bisweilen hohem gestalterischem Wert und hoher Fertigungsqualität, die handwerkliche Fertigung von Gebrauchsgegenständen in einer Stückzahl oder mit Sonderspezifikationen, für die es aus Wirtschaftlichkeitsgründen keine privaten Anbieter gibt sowie Service-Dienstleistungen im hauswirtschaftlichen oder im Pflegebereich, die ihrerseits für private Anbieter wenig lukrativ sind.

Mehreren der aufgelisteten Tätigkeiten lässt sich ein qualifizierendes Potential sicherlich nicht absprechen. So erscheint es beispielsweise nachvollziehbar, wenn Leiterinnen von Nähateliers betonen, dass sie zwar keine Ausbildung zur Näherin anbieten könnten, dass mit den in ihren Ateliers verrichteten Tätigkeiten indes Chancen zur Aneignung, Einübung oder Verbesserung feinmotorischer Fertigkeiten verbunden seien, für die es auch außerhalb der (schrumpfenden) Textilbranche eine Nachfrage gebe. Nachvollziehbar erscheint ebenfalls, dass mit Tätigkeiten im Recyclingbereich die Aneignung eines materialkundlichen Basalwissens verbunden ist, oder dass bei einem Arbeitseinsatz in der betriebseigenen Kantine Kompetenzen im Bereich der Einkaufs-, Kosten- und Menüplanung oder Kompetenzen im Hygienebereich erworben werden können. Bisweilen wird das für die Verrichtung der genannten Tätigkeiten erforderliche Grundlagenwissen auch im Rahmen eigentlicher Schulungssettings vermittelt, oder es werden programmintern Kurse angeboten, in denen sich die Teilnehmenden auf eine unter gewissen Bedingungen durch die IV finanzierte Umschulung – beispielsweise zum Staplerfahrer oder CNC-Techniker – vorbereiten können. Des Weiteren stellen einzelne Anbieter interne Zertifikate aus, in denen die während der Programmteilnahme erworbenen Kompetenzen etwa in den Bereichen Holz-, Metall- oder Textilbearbeitung ausgewiesen werden; oder es werden für den formalen Nachweis der vermittelten und erworbenen Qualifikationen die Formulare oder Pässe spezialisierter Kompetenzmanagement-Gesellschaften verwendet.

Dennoch wirken die Bemühungen einzelner Programmanbieter, den in einem substanziellen Sinne qualifizierenden Charakter ihrer Arbeits- und Beschäftigungsangebote hervorzustreichen, bisweilen etwas forciert. Die Orientierung des Handelns am Leitparadigma der Qualifizierung birgt insofern ein problematisches Moment, als unter den gegebenen gesetzlichen Bedingungen Qualifizierung dauerhaft ein leeres Versprechen zu bleiben droht. Angesichts dessen erscheint es nachvollziehbar, dass Anbieter, die ihr Handeln am Leitparadigma der Rettung ausrichten und dabei aufgrund ihrer gesteigerten Sensibilität für die demotivierenden Effekte von Arbeiten mit geringen Bewährungspotentialen sich intensiv um die Akquisition und Schaffung qualifizierender Arbeitsinhalte bemühen, die qualifizierenden Effekte ihrer Tätigkeit eher nüchtern einschätzen. Diese nüchterne Einschätzung ist ihnen deshalb möglich, weil sie den Teilnehmenden letztlich etwas anderes als „Qualifizierung" zu bieten haben. Demgegenüber muss einer Selbstlegitimationspraxis, die sich unter den gegebenen rechtlichen Bedingungen am Qualifikationsparadigma orientiert, schier zwingend etwas Forciertes anhaften.

3.3.3 Übungsfirmen

In Beschäftigungsprogrammen, in denen sich das Handeln am Qualifizierungsparadigma ausrichtet, wird typischerweise davon ausgegangen, dass auf Seiten der Teilnehmenden Kompetenzdefizite unterschiedlichen Charakters vorliegen, die es im Rahmen der Programmteilnahme zu beheben gilt. Eine Spezialvariante von Programmen dieses Typs stellen Beschäftigungsprogramme dar, die ihren Auftrag nicht primär darin erblicken, die Teilnehmenden beim Auf- und Ausbau noch nicht vorhandener Qualifikationen zu unterstützen, sondern darin, dem Verfall bereits vorhandener Qualifikationen entgegenzuwirken. Ausgehend von der Annahme, dass ohne ein ständiges Training Kompetenzen verloren gehen, wollen diese Programme Personen, die nach dem Abschluss einer Ausbildung noch keine reguläre Anstellung gefunden haben oder die ihre bisherige Arbeitsstelle verloren haben, die Chance bieten, sich für den Einstieg respektive Wiedereinstieg in die Erwerbswelt fit zu machen oder fit zu halten. Die Teilnehmenden werden als Träger von Qualifikationen wahrgenommen, die es durch Übung und Training zu erhalten gilt. Weil es sich bei der Zielgruppe dieser Programme typischerweise um Personen mit einer soliden beruflichen Grundausbildung, bisweilen auch mit einem soliden Leistungsausweis aus bisherigen Beschäftigungsverhältnissen handelt, sehen sich die entsprechenden Anbieter besonders radikal vor das Problem gestellt, dass die erbrachte Wertschöpfung die private Wirtschaft nicht konkurrenzieren darf. Entsprechend ist es nachvollziehbar, dass die Anbieter zum Mittel der Simulation greifen. Eine vorwiegend im kaufmännisch-administrativen Bereich verbreitete Simulationsstrategie sind sogenannte Schein- oder Übungsfirmen. Im Rahmen dieses Trainings- und Übungssettings werden, oftmals in Kooperation mit anderen Schein- oder Übungsfirmen, Transaktionen administriert und Operationen durchgeführt, die mit denjenigen in den Büros real existierender Firmen weitgehend identisch sind. Es werden Offerten geschrieben, eine Buchhaltung geführt, Gehaltszahlungen vorgenommen, Sozialversicherungsbeiträge einbezahlt, Sitzungen protokolliert, Termine geplant, Transporte und Meetings organisiert, Kosten und Leistungen berechnet, Versandaufträge ausgeführt – all dies indes bloß fiktiv und zum Schein.

Die Analyse der Interviews, die mit Teilnehmenden in als Übungs- oder Scheinfirmen ausgestalteten Beschäftigungsprogrammen geführt wurden, zeigt deutlich, dass die Teilnahme an solchen Programmen entweder als in hohem Maß gewinnbringend oder gerade umgekehrt als in hohem Maß frustrierend erlebt werden kann. Während der eine Typus von Fällen sich gewissermaßen voll auf das Spiel einlässt und in der Programmteilnahme die Chance erblickt, arbeitsweltliche Routinen einzuüben oder diese wach zu halten, fühlt sich der andere Typus durch den Umstand, kostbare Lebenszeit für die Durchführung von Scheinmanövern und das mitunter als peinlich erlebte Führen fiktiver Telefonate zu opfern, entweder in unzumutbarer Weise gegängelt oder in einem habitualisierten Berufsstolz gekränkt. Während den einen also der Gedanke des Qualifikationserhalts durch Training weitestgehend nachvollziehbar erscheint, erleben die andern die Verpflichtung zur Programmteilnahme als ein unnützes Theater. Zugleich befürchten Letztere, dass bei künftigen Bewerbungen die Programmteilnahme eher als ein Stigma wirken denn als ein zusätzlicher Leistungsausweis wahrgenommen werden könnte.

Jenseits dieser subjektiv unterschiedlichen Wahrnehmungen ist in das Konzept der Übungs- oder Scheinfirma ein ähnliches Strukturproblem eingebaut wie in die anderen Formen von Beschäftigungsprogrammen, die ihre Praxis am Leitparadigma der Qualifizierung ausrichten. Da im Rahmen des Qualifikationsparadigmas die Teilnehmenden ausschließlich entweder als zureichend oder als defizitär ausgestattete Träger von Qualifikationen wahrgenommen werden, fehlt hier eine Sensibilität für Problemlagen, die den Charakter lebenspraktischer Krisen oder schwerwiegender somatischer, psychosozialer oder psychischer Beeinträchtigungen aufweisen. Das Personal rekrutiert sich in diesen Programmen typischerweise aus Berufsleuten mit arbeitsagogischen, erwachsenenbildnerischen oder animatorischen Zusatzkenntnissen und nicht aus Fachkräften, die über die spezifische Kompetenz verfügen, die Komplexität derartiger Krisen und Beeinträchtigungen, sofern sie denn vorliegen, professionell zu erkennen und den Teilnehmenden, sofern sie dies wünschen, programmintern oder -extern adäquate Formen der Hilfe oder der Unterstützung zukommen zu lassen.

3.4 Leitparadigma Verwertung

In ähnlicher Weise wie dem Leitparadigma der Disziplinierung liegt dem Leitparadigma der Verwertung ein zuweiserzentriertes Mandatsverständnis zugrunde. Gemäß dem Selbstverständnis der Programmanbieter werden die PvB-Dienstleistungen nicht den Teilnehmenden, sondern den zuweisenden Stellen angeboten. Ihren Auftrag erblicken sie darin, alles zu unternehmen, um die Zuweiser möglichst weitreichend von ihren finanziellen Verpflichtungen gegenüber den Programmteilnehmenden zu entlasten. Ihr Handeln ist, zugespitzt ausformuliert, darauf ausgerichtet, die ihnen zur Sonderbehandlung übergebene Ware Arbeitskraft entweder möglichst rasch und effizient einer Wiederverwertung auf dem ersten Arbeitsmarkt zuzuführen oder sie vorübergehend so einzusetzen, dass wenigstens ein Teil der durch ihre Inaktivität verursachten Kosten an die jeweiligen Zuweiser zurückfließt.

Aus der Perspektive des Verwertungsparadigmas erscheinen die Teilnehmenden entsprechend als Objekte einer durch die Zuweiser in Auftrag gegebenen Sonderverwertungsmaßnahme, die sich an der *Workfare*-Doktin orientiert. Zum einen bedeutet dies, dass es unter allen Umständen gilt, die Teilnehmenden möglichst rasch in eine reguläre Erwerbstätigkeit zurückzuführen. Zum anderen ist mit der *Workfare*-Doktrin die Vorstellung verbunden, dass mit dem schieren Faktum, wieder eine Arbeit zu haben, sich die meisten Probleme von selber lösen, mit denen die Teilnehmenden während oder bereits vor der Arbeitslosigkeit zu kämpfen hatten. Es wird also unterstellt, dass es sich bei einer geregelten Erwerbsarbeit um ein Allheilmittel gegen die meisten Widrigkeiten handelt, denen ein Leben ausgesetzt sein kann. Arbeit, so die generalisierende Unterstellung, verhilft unabhängig von der jeweiligen Fallkonstellation zu einer geregelten Tagesstruktur, verschafft soziale Anerkennung, birgt Identitäts- und Sinnstiftungspotentiale, eröffnet Möglichkeiten zu Kooperation und sozialen Kontakten, bietet Chancen der individuellen Bewährung und vermittelt ein Gefühl von Freiheit – was will man also mehr? Die *Workfare*-Doktrin nimmt den Kerngedanken der protestantischen Arbeitsethik auf und wendet ihn gegen die Teilnehmenden. Dass sich einzelne von ihnen möglicherweise in einer akuten lebenspraktischen Krise befinden, gegen die Arbeit als vermeintliche Therapieform zunächst einmal wenig nützt, im Gegenteil vielleicht sogar schadet, und dass sie deshalb nicht primär irgendeiner Beschäftigung, sondern professioneller medizinischer, psychiatrischer, therapeutischer, sozialberaterischer oder allenfalls auch sozialpädagogischer Unterstützung bedürften, wird im Rahmen des Verwertungsparadigmas systematisch ausgeblendet. Auch wird wenig bedacht, welche Opportunitäts- und Folgekosten für das Gemeinwohl mit einer organisierten Beschäftigung um jeden Preis verbunden sein können. In etlichen Fällen fällt beispielsweise auf, dass die zumindest indirekt gemeinwohlbezogenen Leistungen, die die jeweiligen Personen bei der Betreuung von Kindern oder anderen Familienangehöriger erbringen, in der amtlichen Falleinschätzung kaum angemessen gewürdigt werden.

Entsprechend handelt es sich bei den Mitarbeitenden in Programmen, die sich am Verwertungsparadigma orientieren, nicht um Professionelle der Krisendiagnostik oder der Krisenintervention, sondern um Fachkräfte mit einem handwerklich-gewerblichen Bildungshintergrund, die innerhalb der Programme eine Führungs- oder Vorarbeiterrolle einnehmen. Noch radikaler als bei der Orientierung des Handelns am Qualifizierungsparadigma stellt sich hier also das Problem, dass es weitgehend vom charismatischen Sonderengagement einzelner PvB-Mitarbeitender und folglich vom Zufall abhängt, ob Personen, bei denen schwerwiegende somatische, psychische oder psychosoziale Beeinträchtigungen vorliegen, innerhalb oder außerhalb des Programms die Chance auf eine angemessene professionelle Unterstützung erhalten. Dieses Problem stellt sich hier deshalb besonders radikal, weil in einer sich am Verwertungsparadigma orientierenden Wahrnehmung die Teilnehmenden tendenziell immer schon als auf ihre Arbeitskraft und ihr Leistungsvermögen reduziert respektive als Objekte einer Verwertungsmaßnahme erscheinen. Die Frage, was genau im Rahmen eines professionellen Arbeitsbündnisses zu unternehmen wäre, um die Teilnehmenden bei schwerwiegenden, die ganze Person betreffenden Krisen professionell zu unterstützen, lässt sich im Rahmen des Verwertungsparadigmas gar nicht erst stellen. Vom Disziplinierungsparadigma unterscheidet sich das Verwertungsparadigma darin, dass diese Nicht-Sensibilität für lebenspraktische Krisen nicht zusätzlich durch Ressentiments unterlegt ist. In der Rolle der Fachkraft mit Vorarbeiter- und Führungsfunktionen agieren die Mitarbeitenden von Verwertungseinrichtungen in der Regel – im Sinne der Alltagssprache – hochgradig „professionell".

Es lassen sich bei Einrichtungen, deren Praxis auf die Verwertung von Arbeitskraft ausgerichtet ist, drei organisationale Selbstverständnisse unterscheiden: Das Selbstverständnis als Bürgerarbeitsagentur, das Selbstverständnis als Intensivstellenvermittler und das Selbstverständnis als Sozialfirma.

3.4.1 Bürgerarbeitsagentur

Beim ersten Typus ist die Einbindung der Teilnehmenden ins Programm darauf ausgerichtet, diese zur Erbringung einer zumindest partiellen Gegenleistung für den Bezug finanzieller Leistungen der Sozialhilfe anzuhalten. Mobile Teams führen beispielsweise Räumungs- und Unterhaltsarbeiten in denjenigen Gemeinden aus, in denen die Programmteilnehmenden Sozialhilfe beziehen. Wenig nachvollziehbar erscheint bei der Einrichtung entsprechender Programme allerdings, weshalb diese Arbeiten nicht im Rahmen regulärer Beschäftigungsverhältnisse verrichtet werden. Die Programme ermöglichen es den Gemeinden offenbar, sich eine Reserve von flexibel einsetzbaren Beschäftigten zu halten, gegenüber denen sie keine dauerhaften arbeitsvertraglichen Verpflichtungen eingehen müssen. Diese Praxis erscheint zwar nachvollziehbar, ist aber nicht unproblematisch. Denn sie wälzt nicht nur die mit prekären Beschäftigungsverhältnissen genuin verbundenen Risiken auf die Beschäftigten ab, sondern setzt diese zusätzlich den Stigmatisierungen und partiellen Bevormundungen aus, die mit dem Bezug finanzieller Sozialhilfeleistungen verbunden sind (vgl. Maeder/Nadai 2004, 136ff.). Die ökonomische Argumentationslogik, gemäß welcher in diesen Programmen Gegenleistungen für seitens der Sozialhilfe aufgewendete Leistungen erbracht werden, erscheint dabei brüchig. Denn es ist wenig nachvollziehbar, weshalb die beteiligten Gemeinden Leistungen und Gegenleistungen nicht im Rahmen regulärer Beschäftigungsverhältnisse, sondern über den Umweg der Schaffung von Sozialhilfeabhängigkeiten abwickeln. Ein allfälliger flexibler Bedarf an Einsatzkräften ließe sich auch über private Zeitarbeitsfirmen befriedigen. Zwar generieren auch Zeitarbeitsfirmen prekäre Beschäftigungsverhältnisse. Die Beschäftigten werden indes nicht den Stigmata der Sozialhilfeabhängigkeit ausgesetzt.

Besonders brüchig wird die Argumentation, wenn die Leistungs-Gegenleistungs-Rhetorik nicht im Kontext der Sozialhilfe, sondern im Kontext der Arbeitslosen- oder der Invalidenversicherung verwendet wird. So meint etwa ein Programmverantwortlicher:

> „Die Erwerbslosen beziehen Versicherungsleistungen und als Gegenleistung sollten sie auch wieder etwas tun. Also wir machen jetzt oft Arbeiten für die Allgemeinheit."

Diese Argumentation erscheint deshalb widersinnig, weil die Gegenleistung für Versicherungsleistungen genuin darin besteht, dass der Leistungsbezüger in der Vergangenheit Versicherungsbeiträge entrichtet hat und dies allenfalls auch in der Zukunft wieder tun wird. Die inflationäre Verwendung der Leistungs-Gegenleistungsrhetorik ist letztlich auch ökonomisch nur schwer nachvollziehbar. Die Inflation ökonomistischer Argumentationsweisen in Sozialstaatsdebatten, etwa der Anreizrhetorik oder der Leistungs-Gegenleistungsrhetorik, ist per se als problematisch einzustufen. In ihr drückt sich ein schwindendes Bewusstsein dafür aus, dass im Normalfall die Wechselfälle, Eventualitäten, Risiken und Widrigkeiten des Lebens und nicht ökonomische Anreizstrukturen dafür verantwortlich sind, dass jemand der vorübergehenden professionellen oder finanziellen Unterstützung von außen bedarf. Schwindet dieses Bewusstsein, besteht die Gefahr, dass Unterstützungsleistungen, die auf einer professionellen Diagnostik aufruhen und die aus fachlicher Perspektive geeignet erscheinen, die Betroffenen nachhaltig bei der Wiedererlangung ihrer vollen Handlungsautonomie zu unterstützen, ausbleiben. Oder muss etwa künftig damit gerechnet werden, dass beispielsweise auch einem Krebskranken jegliche professionelle Hilfe verweigert wird mit dem Argument, er sei nur deshalb krank, weil er sich von der Krankheit einen sekundären Gewinn erhoffe oder mit dem Argument, er habe in der Vergangenheit zu wenig in seine Gesundheit investiert und seine Eigenverantwortung unzureichend wahrgenommen?

3.4.2 Intensivstellenvermittler

Bei einem zweiten Typus von Beschäftigungsprogrammen, deren Praxis sich am Verwertungsparadigma orientiert, wird der seitens der Zuweiser erteilte Auftrag als ein Auftrag der Intensivstellenvermittlung, also der Vermarktung von Arbeitskraft gedeutet. Im Beschäftigungsprogramm soll es nicht um die Rettung, die Qualifizierung, die Rehabilitation oder die Disziplinierung der Teilnehmenden gehen, sondern – in gewisser Weise rein technisch oder managerial – um Operationen der begleiteten oder stellvertretenden Stellensuche, des Bewerbungscoachings oder des Aufbaus von Kontakten zu potentiellen Arbeitgebern, wobei die Verwertung der Arbeitskraft, verstanden als Vermarktung, als eine höchst anspruchsvolle Tätigkeit aufgefasst wird. Programme dieser Art sehen sich dafür zuständig, bei besonders schwierigen Fällen die RAV- oder Sozialhilfeberatenden bei deren Vermittlungsaktivität professionell zu unterstützen. Dieses organisationale Selbstverständnis findet sich eher in ländlichen als in städtischen Gebieten. Es zehrt davon, dass zum einen bei den lokalen Zuweisern, vorab bei den Mitarbeitenden der Sozialämter, ein eher geringer Grad der Spezialisierung auf *spezifisch* arbeitsvermittelnde Tätigkeiten vorliegt und dass zum andern die Programmanbieter mit der regionalen Wirtschaft intensive Dauerkontakte unterhalten, die nicht selten auf persönlicher Bekanntschaft gründen. Hieraus kann sich unter anderem die Möglichkeit ergeben, dass in sogenannten Arbeitsversuchen die zu vermittelnde Arbeitskraft den jeweiligen Interessenten zur Probe zur Verfügung gestellt wird:

„Wir haben auch nach [Ortsbezeichnung] rüber, haben wir einen, haben wir einen in eine Schreinerei immer ein wenig geben können. (...) Und jetzt kann der dort eine Anlehre machen."

Nebst den Vorteilen, die diese Praxis birgt, ist mit ihr zugleich die Gefahr verbunden, dass die entsprechenden Arrangements gleichsam hinter dem Rücken der Teilnehmenden getroffen werden. Diese Gefahr eines verdinglichenden und passivierenden Zugriffs auf die Teilnehmenden wird in der Formulierung „wir haben einen immer ein wenig rüber geben können" unmittelbar deutlich. Der Druck auf die Teilnehmenden, sich diesen Arrangements auch dann zu fügen, wenn sie in der subjektiven Wahrnehmung wenig förderlich oder gar schikanös erscheinen, kann aufgrund der hohen Dichte an sozialer Kontrolle, die für ländliche Gebiete charakteristisch ist, immens hoch und belastend sein.

Programmteilnehmende, die sich „nur" auf Stellensuche befinden, deren Kompetenzenprofil zu den angepeilten Feldern passt und bei denen keine ernsthaften Beeinträchtigungen vorliegen, können das auf Stellenvermittlung ausgerichtete Aktivwerden der Programmverantwortlichen als eine echte Unterstützung erleben. Im Falle von Personen hingegen, die sich in einem Krisenzustand befinden, kann das Treffen derartiger Arrangements einem Akt der Missachtung ihrer Hilfsbedürftigkeit oder der Unterlassung einer spezifisch auf die Krisenhaftigkeit ihrer aktuellen Situation bezogenen Hilfeleistung gleichkommen. Bereits die Fähigkeit, zwischen diesen zwei grundlegend unterschiedlichen Fallkonstellationen, einer Konstellation der lebenspraktischen Krise und einer Konstellation der Stellenlosigkeit systematisch zu unterscheiden, setzt auf Seiten der Professionellen ein hohes Maß an diagnostischer Deutungskompetenz voraus. Liegt diese weder bei den Zuweisern noch auf Seiten der Programmmitarbeitenden vor, besteht die Gefahr, dass die Teilnehmenden zur passiven Schiebemasse einer komplizenhaft und unprofessionell agierenden Machtallianz zwischen dem Programmanbieter, der Amtsbürokratie und dem potentiellen neuen Arbeitergeber werden. Ob unter dieser Voraussetzung eine *dauerhafte* Reintegration in den Arbeitsmarkt gelingen kann, muss angezweifelt werden.

Es geht hier nicht darum, die diversen Aktivitäten von Beschäftigungsprogrammen, die auf Stellenvermittlung abzielen (Bewerbungstraining, Jobcoaching, Vermittlung von Kontakten zu potentiellen Arbeitgebern, Ausstellen von Arbeitszeugnissen, persönliche Referenzen usw.), generalisierend in ein schiefes Licht zu rücken. All diese Aktivitäten können höchst sinnvoll sein und finden sich in unterschiedlichen Ausprägungen auch in Beschäftigungsprogrammen, deren Praxis sich am Rettungs-, am Qualifizierungs- oder am Rehabilitationsparadigma orientiert. Für sich allein scheint indes ein Selbstverständnis als Intensivstellenvermittler nicht ausreichend tragfähig zu sein, um Personen, bei denen eine komplexe Krisenkonstellation vorliegt, bei ihren Bemühungen um die nachhaltige Verbesserung ihrer Arbeitsmarktfähigkeit angemessen unterstützen zu können.

3.4.3 Sozialfirma

Eine Ausrichtung der Praxis am Leitparadigma der Verwertung liegt auch bei einem Beschäftigungsangebot des zweiten Arbeitsmarktes vor, das formal zwar nicht den Charakter eines „Programms zur vorübergehenden Beschäftigung" besitzt, das aber auf der Ebene der Ausgestaltung der Praxis ähnliche Merkmale aufweist wie etliche der untersuchten Programme. Für sogenannte Sozialfirmen ist entgegen dem naheliegenden Verwendungssinn des Begriffs charakteristisch, dass sie mit den Mitarbeitenden zwar ein arbeitsvertraglich geregeltes Beschäftigungsverhältnis unterhalten, dieses aber auf die Reintegration in den ersten Arbeitsmarkt ausgerichtet bleibt. Sozialfirmen bieten Erwerbslosen keine langfristigen Beschäftigungsperspektiven, wie dies etwa bei Behindertenwerkstätten, die bisweilen ihrerseits als Sozialfirmen bezeichnet werden, der Fall ist. Außerdem suggeriert der Begriff der Sozialfirma, dass die Mitarbeitenden sich frei um ihre Stelle in der Firma beworben haben, und sie diese auch jederzeit wieder kündigen können. Auch in dieser Hinsicht ist der Begriff der Sozialfirma irreführend. Denn der Bewerbung um eine Anstellung in der Sozialfirma liegt normalerweise eine amtliche Verfügung zugrunde, mit welcher, normalerweise unter Androhung von Leistungskürzungen, faktisch eine Zuweisung der „Mitarbeitenden" in die Sozialfirma erfolgt. Der Begriff des „Mitarbeitenden" ist für in Sozialfirmen Beschäftigte entsprechend ähnlich euphemistisch wie der Begriff der „Teilnehmenden" für Beschäftigte in Programmen zur vorübergehenden Beschäftigung.

Dem Anspruch und dem Selbstverständnis von Sozialfirmen entspricht es, ihre Mitarbeitenden arbeitsmarktnäher zu beschäftigen als Programme zur vorübergehenden Beschäftigung (vgl. Blattmann/Merz 2010; Kehrli 2007). Dies wird dadurch zu erreichen versucht, dass Sozialfirmen auf die Erzielung möglichst hoher Eigenerträge ausgerichtet sind, Produktivität also als das zentrale Erfolgskriterium erscheint. Akquiriert werden Arbeitsaufträge, deren Ausführung – bei einer Teilsubventionierung der Löhne durch die Zuweiser – positive Erträge abwirft. Angestrebt wird in Sozialfirmen üblicherweise eine Eigendeckung des gesamten Betriebsaufwands um 50 %. Es kann sich dabei erstens um Aufträge handeln, die ohne die Kombilohn-Regelung ins Ausland abwandern oder technisch wegrationalisiert würden; zweitens um Arbeitsaufträge, die sich aufgrund von Standortgebundenheiten nicht auslagern, zugleich aber auch schwer wegrationalisieren lassen und drittens um Arbeitsaufträge, deren Erledigung für private Firmen wegen zu hoher *sunk costs* und zu kleiner Stückzahlen wirtschaftlich unattraktiv sind. Die Praxis von Sozialfirmen ist also auf die künstliche Aufrechterhaltung von produktiven Tätigkeiten ausgerichtet, die unter Markt- und Konkurrenzbedingungen keine Bestandschancen hätten. Den Mitarbeitenden resp. Beschäftigten soll hierdurch die Chance geboten werden, sich für Tätigkeiten in der privaten Wirtschaft fit zu machen. Zugleich sind die Firmenaktivitäten darauf ausgerichtet, die finanziellen Etats der Zuweiser zu entlasten.

Der Anspruch auf besondere Arbeitsmarktnähe wird des Weiteren dadurch einzulösen versucht, dass die Beschäftigten *stufenweise* an die Leistungserfordernisse des ersten Arbeitsmarktes herangeführt werden. Hierbei wird primär mit pekuniären Anreizen gearbeitet. Wer eine höhere Leistungsstufe erreicht, erhält mehr Lohn. Bei der Bestimmung der Leistungsstufe gelangen normalerweise standardisierte Bewertungskriterien zur Anwendung. Und nicht zuletzt beanspruchen Sozialfirmen für sich deshalb das Attribut einer besonderen Arbeitsmarktnähe, weil sie explizit keine Leistungen erbringen, denen in irgendeiner Weise der Charakter des Sozialarbeiterischen, des Sozialberaterischen oder gar des Therapeutischen anhaftet. Nicht der ganze Mensch steht im Fokus der Aufmerksamkeit, sondern einzig dessen Arbeitskraft – also der Auffassung nach exklusiv das, was auf dem ersten Arbeitsmarkt letztlich verwertet werden soll.

In dem dezidiert vorgetragenen Statement, Sozialfirmen beschäftigen keine Psychologinnen und Sozialarbeiter, gelangt – zumindest verdeckt – die Einschätzung zum Ausdruck, in Programmen zur vorübergehenden Beschäftigung werde mit den Teilnehmenden ein Kuschelkurs gefahren, während die Mitarbeitenden in Sozialfirmen direkt mit den harten Realitäten des Arbeitslebens konfrontiert würden. Dieser Einschätzung liegt letztlich die Vorstellung zugrunde, dass sich somatische, psychische oder psychosoziale Beeinträchtigungen am effizientesten dadurch aus der Welt schaffen lassen, dass man sie schlicht ignoriert respektive sich diejenigen Professionsgruppen, die sich ihrer annehmen, möglichst vom Leibe hält. Zugespitzt und exemplarisch ausformuliert gründet sie auf der Vorstellung, dass es ohne Ärzte auch keine Rückenschmerzen mehr gäbe. Aktuell wird in der Schweiz dem Konzept der Sozialfirma eine immense und weitestgehend affirmative mediale Aufmerksamkeit entgegengebracht. Auch in der medialen Debatte erscheint die Nicht-Infiziertheit von Sozialfirmen durch professionalisierte Hilfsangebote als deren wesentlicher Vorzug. So war beispielsweise unter der Artikelüberschrift „Arbeit für alle, die arbeiten wollen" in der *NZZ am Sonntag* vom 10. Januar 2010 zu lesen:

„Bei Dock[12] ist niemand, um therapiert zu werden, sondern um zu arbeiten. Die Sozialfirma beschäftigt keine Psychologen, keine Sozialpädagogen. Wer hier arbeitet, weiß das, die meisten schätzen es."

Wer sind diejenigen, die sich durch pekuniäre Anreize und Leistungsdruck nicht so leicht auf die gewünschte Spur bringen lassen? Ist diese Minderheit von Mitarbeitenden in Sozialfirmen einfach nur unwillig und faul? Oder wäre vielleicht doch in Erwägung zu ziehen, dass es Formen der Beeinträchtigung oder des Leidens gibt, die sich durch Arbeitszwang nicht so leicht aus der Welt schaffen lassen? Und außerdem: Stellt die möglichst rasche Reintegration in industrielle oder industrienahe Fertigungsprozesse tatsächlich in jedem einzelnen Fall ein geeignetes Instrument zum Wiederaufbau oder zur nachhaltigen Verbesserung der individuellen Arbeitsmarktfähigkeit dar? Auf Gegenfragen dieser Art reagieren Betreiber von Sozialfirmen mit dem Hinweis, dass sowohl die formalen Zuständigkeiten als auch die personellen und fachlichen Ressourcen für die Erbringung beraterischer Dienstleistungen bei den zuweisenden Ämtern oder Versicherern verblieben.

Bei der Analyse der Interviews mit in Sozialfirmen Beschäftigten zeigte sich, dass diese Argumentation in zweifacher Hinsicht Tücken aufweist: Zum einen lässt sich feststellen, dass insbesondere in ländlichen Sozialämtern die angesprochenen professionellen Kompetenzen und Ressourcen nur sehr beschränkt vorliegen. Mindestens bei zwei der untersuchten Fälle wird deutlich, dass durch die „Vermittlung" in eine Sozialfirma Hilflosigkeiten, die wesentlich verantwortlich sind für die geminderte Arbeitsmarktfähigkeit der jeweiligen Person, nicht etwa abgebaut, sondern weiter verstärkt werden und dass mit der Vermittlung in die Sozialfirma faktisch eine Verweigerung nichtfinanzieller Hilfeleistungen einhergeht. Beim ersten der beiden Fälle, einer sowohl physisch als auch psychisch schwerst beeinträchtigten älteren Frau, kommt die „Vermittlung" in die Sozialfirma einem ressentimentgeleiteten Akt der Abschiebung gleich, mit dem für sie schwerwiegende körperliche Qualen verbunden sind. Beim zweiten Fall, einem jüngeren Mann mit verpatztem Berufsabschluss und zugleich hohen persönlichen Entwicklungspotentialen, erscheint die Beschäftigung in einer Sozialfirma als bestens geeignet, Dynamiken der Anerkennungssuche und der Missachtung, die in der Vergangenheit wiederholt für ein Scheitern verantwortlich waren, nicht etwa zu durchbrechen, sondern systematisch zu perpetuieren.

---

[12] Bei der Dock-Gruppe handelt es sich um die bekannteste und am intensivsten gefeierte Sozialfirma der Schweiz. Unlängst ist von den beiden Geschäftsführerinnen der Gruppe eine Buchpublikation erschienen, in welcher sie ihr Konzept einer „unternehmerischen Arbeitsintegration" ausführlich erörtern (Blattmann/Merz 2010; vgl. hierzu ausführlich Abschnitt 5.3). Auch in der im Frühjahr 2010 von Caritas Schweiz lancierten Kampagne „Armut halbieren" nimmt das Konzept der Sozialfirma eine zentrale Stellung ein (vgl. Kehrli 2007).

Das Konzept der Sozialfirma kann entsprechend nur funktionieren, wenn es in ein tragfähiges professionelles System der Krisendiagnostik, der Hilfeplanung und der Krisenintervention eingebettet ist. Statt messianisch zu proklamieren, man habe nun endlich die Idealform einer „unternehmerischen Arbeitsintegration" gefunden, bei der es sich unter der Hand auch gleich um das Idealmodell künftiger Sozialhilfe handle, könnte die Aufgabe von Betreiberinnen von Sozialfirmen durchaus auch darin bestehen, die diversen externen sowohl finanziellen als auch professionellen Ressourcen explizit zu benennen, auf die Sozialfirmen zwangsläufig zurückgreifen – und zurückgreifen müssen, wenn sie denn etwas Anderes als Internierungseinrichtungen sein wollen. Außerdem wäre zu überdenken, ob sich eine Arbeitsintegration, die nicht konsequent auf Freiwilligkeit der Bewerbung und der Mitarbeit gründet, als eine „unternehmerische" überhaupt bezeichnen lässt.

Zum anderen wird in der obigen Argumentation davon ausgegangen, dass sich – im Sinne einer Spezialisierung – Praktiken, die auf die Verbesserung der Arbeitsmotivation und der Arbeitsleistung der Beschäftigten abzielen, von Praktiken, die beispielsweise auf psychosoziale Stabilisierung abzielen, gänzlich isolieren lassen. Diese Annahme ist deshalb problematisch, weil psychosoziale Stabilität und Arbeitsmotivation in einem unmittelbaren Zusammenhang zueinander stehen. Bei einer Isolierung und Parallelschaltung von Beschäftigung auf der einen und im weitesten Sinne „therapeutischen" Interventionen auf der anderen Seite kann sich die ungünstige Situation einstellen, dass im Rahmen beispielsweise eines sozialtherapeutischen Beratungssettings Missachtungserfahrungen zu bewältigen versucht werden, die im Rahmen des parallel eingerichteten Beschäftigungssettings systematisch erzeugt oder reproduziert werden. Durch die technokratisch anmutende Aufsplittung von Sonderzuständigkeiten bleibt ein charakteristisches Potential professionell ausgestalteter Reintegrationsmaßnahmen in Sozialfirmen ungenutzt: das Potential nämlich, das der Umstand birgt, dass die auf die Ermächtigung der Klientinnen und Klienten ausgerichteten professionellen Praktiken unmittelbar in deren Arbeitsalltag eingebettet sind. Bei einer nicht reduktionistisch auf Qualifizierung oder Verwertung ausgerichteten Ausgestaltung eröffnet dieses Setting vielfältige Möglichkeiten einer spezifisch auf den einzelnen Fall zugeschnittenen Förder- und Unterstützungspraxis. Denn die Kopräsenz von Professionellen und Klienten über längere Zeiträume hinweg kann sich begünstigend sowohl auf die Differenziertheit der fallbezogenen Diagnosen als auch auf die Qualität der professionellen Interventionen auswirken.

Diese zum Modell der „Sozialfirma" formulierten kritischen Einwände dürfen wiederum nicht dahingehend missverstanden werden, dass es sich bei ihnen um ein generell fragwürdiges oder gar ungeeignetes Instrument zur

Förderung der Arbeitsmarktfähigkeit Arbeitsloser handelt. Als wenig geeignet erscheint es dann, wenn entweder auf Seiten der Beschäftigten Beeinträchtigungen vorliegen, die diese als ganze Menschen und nicht bloß als Träger von Arbeitskraft betreffen oder wenn die Vermittlung in eine Sozialfirma nicht solide durch professionelle Praktiken der nicht-finanziellen Sozialhilfe flankiert werden (oder präziser: den in Sozialfirmen Beschäftigten entsprechende Angebote nicht niederschwellig zugänglich gemacht werden). Oder positiv ausformuliert: Als ein geeignetes Förderinstrument erscheint die Mitarbeit in einer Sozialfirma, wenn der jeweilige Fall sich eine solche entweder zwecks Verbesserung seiner Chancen auf dem ersten Arbeitsmarkt oder zwecks dauerhafter Partizipation am Erwerbsleben wünscht und amtliche Stellen nicht als Zuweiser oder Vermittler, sondern als Adressaten von Gesuchen zur Teilsubventionierung von Gehältern in Erscheinung treten. Die hier anskizzierte Ausgestaltung des Förderinstruments „Sozialfirma" steht zur aktuellen Gesetzgebung freilich im Widerspruch. Denn diese sieht weder Freiwilligkeit und Daueranstellungen noch *unverdeckte* Lohnsubventionierungen vor.

3.5 Leitparadigma Rehabilitation

Wie bei der *Rettung* handelt es sich bei der *Rehabilitation* um ein Leitparadigma des Handelns in Beschäftigungsprogrammen, dem ein klientenzentriertes Mandatsverständnis zugrunde liegt. Dem Selbstverständnis nach handeln die Programmmitarbeitenden dominant nicht im Dienste der Programmzuweiser, sondern zum Wohle der Programmteilnehmenden. Diese sollen in ihren Bemühungen um die Wiedererlangung ihrer Arbeitsmarktfähigkeit oder um die Verbesserung ihrer Arbeitsmarktchancen unterstützt werden, wodurch indirekt auch der seitens der Zuweiser ausformulierte Reintegrationsauftrag erfüllt wird.

Nebst dem identischen Mandatsverständnis weisen die beiden Leitparadigmen weitere Gemeinsamkeiten auf: Erstens wird im Rahmen beider Paradigmen davon ausgegangen, dass bei einzelnen Teilnehmenden nicht bloß qualifikatorische *Defizite* vorliegen. Vielmehr wird mit der Möglichkeit gerechnet, dass sich Teilnehmende in einer professionell zu bearbeitenden lebenspraktischen *Krise* befinden, die sich hemmend sowohl auf die Entwicklung von Arbeitsmotivation als auch auf die Aneignung von Qualifikationen auswirkt. Zweitens weisen die im Rahmen beider Paradigmen zum Einsatz gelangenden Animations-, Hilfe- und Unterstützungspraktiken einen spezifischen Fallbezug auf. Sie orientieren sich konsequent am Prinzip der individuellen Sonderbehandlung und stützen sich auf professionelle Praktiken eines diagnostischen Fallverstehens. Und drittens wird den Programmteilnehmenden im Rahmen beider Paradigmen weit mehr als eine vorübergehende Beschäftigung geboten. Beschäftigungsprogramme, die auf Rettung oder Rehabilitation zielen, wollen den Teilnehmenden die Chance bieten, eine persönliche Entwicklung oder gar eine persönliche Transformation zu durchleben, wobei die Programmziele jeweils bezogen auf den spezifischen Einzelfall ausformuliert werden.

Zwischen den beiden Leitparadigmen der Rettung und der Rehabilitation gibt es indes auch Unterschiede. Diese sind auf den Ebenen der Gewichtung der Arbeitsinhalte, des Charakters, der Einbettung und der Breite der Unterstützungsangebote sowie der Wahrnehmung eines expliziten oder impliziten Abklärungsauftrags angesiedelt.

3.5.1 Gewichtung der Arbeitsinhalte

Im Rahmen des Rehabilitationsparadigmas wird die Zeit der Programmteilnahme als eine Moratoriumsphase konzipiert. Während dieser Phase soll es gelingen, die Teilnehmenden, bei denen entweder mehr oder weniger schwerwiegende gesundheitliche Beeinträchtigungen oder aufgrund einer längeren Absenz vom Arbeitsmarkt besondere Schwierigkeiten vorliegen, sich in der Arbeitswelt zurechtzufinden, behutsam an das dort geforderte Motivations- und Leistungsniveau wieder heranzuführen. Da in der Wahrnehmung der Programmverantwortlichen die meisten Teilnehmenden mit ernst zu nehmenden Beeinträchtigungen ins Programm eintreten, geht es in ihrer Sicht zuerst einmal darum, diese in stabile Strukturen einzubetten und zugleich für ein Wärmeklima zu sorgen. Dieses Wärmeklima soll es den Teilnehmenden ermöglichen, innere Stabilität zu erlangen. Dabei wird von Anfang an *auch* der in qualitativer und quantitativer Hinsicht zufriedenstellenden Erledigung der erteilten Arbeitsaufträge eine gewisse Bedeutung beigemessen. Welcher Art diese Arbeitsaufträge sind, wird allerdings als von eher sekundärer Bedeutung eingestuft. Geht es, so die Argumentation, in erster Linie darum, dass sich die Teilnehmenden beispielsweise einen festen Arbeitsrhythmus angewöhnen, oder dass es ihnen gelingt, mit den anderen Teilnehmenden in konstruktiver Weise zusammenzuarbeiten, spielt es eine eher untergeordnete Rolle, welcher Art die zu verrichtenden Tätigkeiten sind. Ob mit ihnen Sinnstiftungs-, Qualifizierungs- oder gar Identifikationspotentiale verbunden sind, erscheint eher sekundär. Während im Rahmen des Rettungsparadigmas der Bereitstellung und Akquisition von Arbeitsaufträgen, die von den Teilnehmenden als sinnvoll oder gar sinnstiftend erlebt werden können, eine Schlüsselbedeutung beigemessen wird, fällt in Programmen, die ihre Praxis am Rehabilitationsparadigma ausrichten und die sich als Agenturen einer sozialpädagogischen Sonderförderung verstehen, dem Zusammenhang zwischen Arbeitsinhalten und Fördererfolgen eine vergleichsweise geringe Beachtung zu. Mit der eher geringen Sensibilität für die motivationsfördernden oder motivationshemmenden Effekte von Arbeitsinhalten korrespondiert ein professionelles Selbstverständnis, das stärker sozialpädagogischer als arbeitsagogischer Provenienz ist und dem Bezüge zu Konzepten wie Arbeitsethos, Berufsstolz oder berufliche Bewährungschancen tendenziell fehlen. Entsprechend haften den zu verrichtenden Tätigkeiten starke Momente des Improvisatorischen an. Bei einer eher geringen Einbettung in eine programmexterne Wertschöpfungskette werden ohne eine spezifische Nachfrage ähnlich wie in Behindertenwerkstätten Geschenkartikel hergestellt, oder es werden ohne dauerhafte Kundenbeziehungen Auftragsarbeiten etwa im Bereich der Textilpflege erledigt.

Dass die Programme auch als auf Rehabilitation ausgerichtete *Schutzräume* ausgestaltet sind, zeigt sich exemplarisch daran, dass mehrere der typischerweise verrichteten Tätigkeiten einen selbstreferentiellen Charakter besitzen. Es wird in den Programmen für alle Teilnehmenden gekocht und eine Kantine unterhalten; am „gemeinsamen Haus" werden kontinuierlich Reinigungs-, bisweilen auch Reparatur- oder Sanierungsarbeiten vorgenommen; für die Mitglieder der mobilen Teams werden Kleider genäht, gewaschen oder ausgebessert. Von außen besehen kann dabei der Eindruck entstehen, dass es sich bei den jeweiligen Beschäftigungsprogrammen um in sich relativ geschlossene Hausgemeinschaften oder Hausökonomien (vgl. klassisch: Brunner 1968) handelt.

3.5.2 Charakter und Einbettung der Unterstützungsangebote

Mit der sozialpädagogischen Grundausrichtung im professionellen Selbstverständnis der Programmmitarbeitenden korrespondiert ein vergleichsweise breites Repertoire von Handlungsinstrumenten, die bei der Unterstützung und Begleitung der Teilnehmenden zum Einsatz gelangen. Zwar finden sich auch in Programmen, die ihr Handeln an einem der anderen Paradigmen ausrichten, Praktiken, die in den Bereichen der psychosozialen Beratung, der Bewerbungsschulung, des Bewerbungs- und Job-Coachings, des Sprachtrainings oder gar der Allgemeinbildung angesiedelt sind. Charakteristisch für Programme, denen handlungsleitend der Rehabilitationsgedanke zugrunde liegt, ist indes, dass viele dieser Unterstützungsleistungen den Teilnehmenden aus einer Hand angeboten werden und sie von den Unterstützungsleistungen mit spezifisch arbeitsagogischem Charakter nicht losgekoppelt sind. Zugleich lässt es das sozialpädagogische Selbstverständnis zu, dass die Programmmitarbeitenden zu den Teilnehmenden partiell in ein anwaltschaftliches Verhältnis treten. Im Rahmen des ihnen Möglichen unterstützen sie die Teilnehmenden beispielsweise bei laufenden versicherungsrechtlichen Abklärungen, oder sie moderieren im Falle von Sprachschwierigkeiten die Kontakte zu potentiellen Arbeitgebern. Demgegenüber werden in Programmen, deren Praxis sich am Rettungsparadigma ausrichtet, sozialberaterische Dienstleistungen tendenziell nicht aus einer Hand, also durch die Arbeitsagogen selbst, sondern durch programminterne oder extern beigezogene Spezialistinnen und Spezialisten angeboten. Es herrscht in ihnen also tendenziell ein höherer Grad der Spezialisierung vor. Dies erklärt sich primär aus der vergleichsweise größeren Aufmerksamkeit, die auf die Qualität der Arbeitsinhalte gerichtet wird.

Obwohl ihnen ein breites sozialpädagogisches Handlungsrepertoire zur Verfügung steht, stufen die Mitarbeitenden in Programmen, denen der Rehabilitationsgedanke zugrunde liegt, die an sie gestellten Erwartungen bisweilen als unrealistisch ein. Bei einer Vielzahl von Teilnehmenden, die ihnen zugewiesen werden, stellen sie derart tiefgreifende gesundheitliche Beeinträchtigungen fest, dass ihnen das Ziel einer beruflichen Rehabilitation und Reintegration bei nüchterner Betrachtung als illusorisch erscheint. Um die Gesundheit der Teilnehmenden durch eine ihrem Zustand unangemessene Arbeitsbelastung nicht zusätzlich zu gefährden, werden Ruheliegen oder Ruheräume bereitgestellt. Bei der Begehung der entsprechenden Orte kann der Eindruck entstehen, man befinde sich in einer improvisatorisch und mit spärlichen Mitteln hergerichteten Krankenstation für Minderbemittelte.

Auf ein Ziel hinarbeiten zu müssen, das wenig realistisch erscheint und mit dessen Verfolgung man sich der Gefahr aussetzt, dem Klienten eine zusätzliche gesundheitliche Schädigung zuzufügen, kann verunsichernd wirken. Auf diese Verunsicherung reagieren die interviewten Professionellen damit, dass sie bei sich zusätzlich zum Rehabilitationsauftrag auch einen Abklärungsauftrag ausmachen – und dies unabhängig davon, ob sie mit einem entsprechenden Mandat offiziell ausgestattet sind oder nicht.[13]

3.5.3 Wahrnehmung eines Abklärungsauftrags
Mit einem Abklärungsmandat können sich Programmmitarbeitende ausgestattet sehen, auch ohne dass ihnen ein solches explizit erteilt wurde. Sie

---

[13] Im Kanton St. Gallen wurden im Rahmen der interinstitutionellen Zusammenarbeit (IIZ) der RAV, der IV, der SUVA und der Sozialämter spezielle Beschäftigungsprogramme, sogenannte Verzahnungsprogramme, eingerichtet, die formell nicht nur mit einem Wiedereingliederungs-, sondern zugleich mit einem Abklärungsauftrag ausgestattet sind. Die meisten anderen Kantone kennen diese – insgesamt sinnvoll erscheinende (vgl. Schallberger/Schwendener 2009) – Praxis nicht.

stützen sich dabei auf ihr Selbstverständnis als Professionelle. Wie selbstverständlich gehen sie davon aus, dass Praktiken der Intervention eine diagnostische Klärung der im jeweiligen Einzelfall vorliegenden Krisen- oder Problemlage oder zumindest die Erstellung eines fallspezifischen Beeinträchtigungs- und Ressourcenprofils zwingend voraussetzen. Die Fallabklärung selbst kann nun ihrerseits unterschiedlich ausgestaltet sein. Sie kann insbesondere einen unterschiedlichen Standardisierungsgrad aufweisen. Bei einem hohen Standardisierungsgrad weist sie ein testpsychologisches Profil auf und orientiert sich an den Prozeduren, die sich im Rahmen sogenannter BEFAS-Abklärungen etabliert haben. Bei einer geringen Standardisierung stützen sich die Abklärungsbefunde primär auf nicht-standardisiert festgehaltene Beobachtungen der einzelnen Teilnehmenden.

Bei standardisierten Fallabklärungen absolvieren die Teilnehmenden üblicherweise einen Abklärungsparcours, der Aufschluss über das physische Leistungsvermögen, die handwerklichen, technischen und motorischen Fertigkeiten sowie über die Selbst- und Sozialkompetenzen geben soll. In standardisierter Form werden Einschätzungen und Bewertungen beispielsweise zur Arbeitsgüte, zum Arbeitstempo, zur Arbeitsorganisation, zur Selbständigkeit, zur Konzentrationsfähigkeit, zur Flexibilität, zum Einsatzwillen, zur Belastbarkeit, zur Sorgfalt, zur Ordnung am Arbeitsplatz, zur Teamfähigkeit, zur Kritikfähigkeit, zum Auftreten, zur Motivation oder zum Verantwortungsbewusstsein des jeweiligen Falles vorgenommen und im Zeitverlauf überprüft. Im Extremfall können die Abklärungsprozeduren, die nicht zuletzt auf die Bestimmung von *Traits* im Sinne der Persönlichkeitspsychologie abzielen, Nähen zu Praktiken der technischen Materialprüfung aufweisen. Entsprechend bergen standardisierte Abklärungsprozeduren die Gefahr, dass die Programmteilnahme von den Teilnehmenden als eine lang andauernde Prüfungssituation erlebt wird, bei welcher sie sich nicht als ganze Menschen, sondern einzig als physische Verhaltensorganismen wahrgenommen fühlen. Die Teilnehmenden erleben sich im Extremfall als passive Objekte einer technokratisch an ihnen vorgenommenen Prozedur, in welcher die Einzigartigkeit ihrer Person und ihrer biographischen Erfahrungshintergründe keine angemessene Würdigung erfährt. Aus diesem Erleben können Gefühle der Kränkung und Missachtung erwachen, die zu einer Art innerer Kündigung führen und sich entsprechend eher hinderlich als förderlich auf den Aufbau von Selbstbewusstsein sowie auf die Motivationsentwicklung auswirken.

Wie sich demgegenüber eine nicht-standardisierte und gleichwohl methodengeleitete Praxis des diagnostischen Fallverstehens ausgestalten ließe, kann an dieser Stelle, da es sich um ein zu weites Feld handelt, nicht erörtert werden. Empirisch lässt sich feststellen, dass in der sozialpädagogischen Praxis und zugleich in großen Teilen der sozialpädagogischen Methodenliteratur

Diagnostik weiterhin entweder mit standardisierter Verhaltensregistrierung und Verhaltensbewertung gleichgesetzt wird oder mit einer klassifizierenden Etikettierung von Verhaltenssyndromen unter Zugriff auf die entsprechenden medizinisch-psychiatrischen Kodizes.[14] Einer systematischen Aneignung von Methoden des Fallverstehens, die die Verhaltensfixiertheit der Sozialpädagogik durchbrechen, scheint weiterhin die Vorstellung im Wege zu stehen, Sozialpädagoginnen und -pädagogen kämen ganz ohne diagnostische Kompetenzen aus, weil es sich bei ihnen ja nicht um Therapeutinnen und Therapeuten handle (vgl. Schallberger 2009). Fakt ist allerdings: Professionelle können gar nicht umhin, sich in ihrem Handeln auf bestimmte Auffassungen darüber abzustützen, was bei der Person, mit der sie gerade arbeiten, der Fall ist und was nicht. Entsprechend stellt sich nicht die Frage, ob Professionelle der Sozialpädagogik Diagnostik betreiben sollen oder nicht, sondern vielmehr die Frage, mittels welcher methodischer Verfahren sich sicherstellen lässt, dass sozialpädagogische Interventionen sich nicht auf intuitive Urteile, sondern auf begründbare und nachvollziehbare Falleinschätzungen abstützen. Es erscheint naheliegend, dass es sich hierbei um methodische Verfahren handeln könnte, die sich eng an wissenschaftliche Methoden des hermeneutischen Fallverstehens anlehnen (vgl. die Beiträge in Kraimer 2000, insbesondere Oevermann 2000b, von Harrach/Loer/Schmidtke 2000 sowie Schallberger 2003).

3.5.4 Schwierigkeiten und Entgleisungen

Mit der Ausrichtung des Handelns am Leitparadigma der Rehabilitation können drei zentrale Schwierigkeiten verbunden sein:

Erstens kann die eher geringe Beachtung der Bedeutung konkreter Arbeitsinhalte für den Aufbau von Motivation und Selbstbewusstsein zur Folge haben, dass mit den Teilnehmenden zwar kompetent ein sozialpädagogisches Arbeitsbündnis aufzubauen versucht wird, die konkreten Arbeitsinhalte indes zu geringe Bewährungspotentiale bergen, um von den Teilnehmenden als in irgendeiner Weise ermächtigend erlebt zu werden. Die Teilnehmenden fühlen sich in diesem Falle durch die Programmverantwortlichen zwar respektiert und unterstützt, sehen sich aber zugleich zur Dauerpräsenz in einem Kontext genötigt, dem sie beispielsweise angesichts der zuhause auf sie wartenden Haus- und Familienarbeit wenig Sinn abzugewinnen vermögen, oder von dem sie annehmen müssen, dass er kaum einen Einfluss auf ihre Arbeits-

---

[14] Vgl. zum Stand der Diagnostik-Debatte in der Sozialen Arbeit exemplarisch die Beiträge in den Sammelbänden von Ader/Schrapper/Thiesmeier (2001), Heiner (2004) und Schrapper (2004). Eine systematische und vergleichende Aufarbeitung der verschiedenen Traditionen des Fallverstehens und der Diagnostik in der Sozialen Arbeit liegt unseres Wissens noch nicht vor.

marktchancen hat. Dies wird paradoxerweise gerade daran sichtbar, dass sowohl die interviewten Programmverantwortlichen als auch die interviewten Teilnehmenden in Programmen, die als Rehabilitationseinrichtungen funktionieren, sich geradezu forciert darum bemühen, den von außen besehen wenig qualifizierenden Tätigkeiten einen irgendwie doch qualifizierenden Charakter anzudichten. Zweitens kann mit der Wahrnehmung eines Abklärungsauftrags die Gefahr verbunden sein, dass aufgrund allzu forcierter Standardisierungsbemühungen das klientenzentrierte Mandatsverständnis sich in ein zuweiserzentriertes verwandelt. Dies scheint dann der Fall zu sein, wenn der Abklärungsauftrag als ein Auftrag zur klassifikatorischen und quantifizierenden Bestimmung eines Leistungsfähigkeits- oder *Traits*-Profils aufgefasst wird. Und drittens kann die Ausrichtung des Handelns am Rehabilitationsparadigma an Grenzen stoßen, die von außen gesetzt sind. Gegenüber Zuwiesern, die von den Programmen erwarten, dass sie die Teilnehmenden „einfach nur beschäftigen", ständig von Neuem begründen zu müssen, weshalb es sich hierbei um eine wenig sinnvolle Form professionellen Handelns handelt, kann auf die Dauer zermürbend sein. Mit Legitimationsproblemen dieser Art sind tendenziell alle Beschäftigungsprogramme konfrontiert, deren Praxis ein klientenzentriertes Mandatsverständnis zugrunde liegt.

3.6 Zusammenfassung und Diskussion der Befunde

Gestützt auf die durchgeführten Fallanalysen lassen sich fünf Leitparadigmen unterscheiden, an denen sich die Praxis in Programmen zur vorübergehenden Beschäftigung (PvB) ausrichten kann.

Dem Leitparadigma *Rettung* liegt die Annahme zugrunde, dass mit länger andauernder Arbeitslosigkeit schier zwangsläufig Dynamiken der individuellen Verwahrlosung und des Verlusts sozialer Anerkennung verbunden sind. Die Teilnehmenden gilt es vor diesen Dynamiken zu „retten", indem ihnen die Möglichkeit geboten wird, weiterhin einer Beschäftigung nachzugehen. Die gebotenen Betätigungsmöglichkeiten sollen spezifisch das Potential besitzen, eine verloren gegangene Selbstachtung und den Glauben an die eigenen Fähigkeiten und Ressourcen wieder aufzubauen. Im Rahmen dieses Leitparadigmas wird deshalb ein besonderes Augenmerk auf die Sinnstiftungspotentiale der durch die Teilnehmenden zu verrichtenden Tätigkeiten gerichtet, und die Programmziele werden auf der Ebene basaler Momente psychosozialer Stabilität ausformuliert. Den professionellen Unterstützungsleistungen liegt nicht eine Defizit-, sondern eine Krisendiagnose zugrunde. Damit ist gemeint, dass die Eingeschränktheiten in der Arbeitsmarktfähigkeit nicht in Begriffen beispielsweise von Qualifikations-, Anpassungs-, Willens-

oder Charakterdefiziten gedeutet und ausformuliert werden. Es wird vielmehr mit der Möglichkeit gerechnet, dass sich die Teilnehmenden als ganze Menschen in einer lebenspraktischen Krise befinden. Diese hindert sie daran, dasjenige Maß an Selbstachtung, Engagement und Motivation aufzubringen, das für eine potentiell erfolgreiche Positionierung auf dem ersten Arbeitsmarkt erforderlich ist. Entsprechend zielen die professionellen Unterstützungsleistungen nicht darauf, durch Maßnahmen beispielsweise eines konditionierenden Arbeitstrainings, einer autoritären Disziplinierung oder der fachlichen Qualifizierung Defizite zu beseitigen. Sie bestehen vielmehr darin, mit Bedacht für ein Klima der Anerkennung, der Wertschätzung und der potentiell sinnstiftenden Betätigung zu sorgen, das es den Teilnehmenden ermöglicht, ihren krisenhaften Zustand der Lust- oder Motivationslosigkeit zu überwinden. Mit dem Leitparadigma der Rettung ist entsprechend ein radikal klientenzentriertes Mandatsverständnis verbunden. Das PvB-Angebot wird nicht als eine Dienstleistung zugunsten der zuweisenden, die Programmteilnahme finanzierenden Ämter aufgefasst. Vielmehr deutet das Programmpersonal die eigene Praxis als einen professionellen Dienst an den Teilnehmenden, bei dessen Erbringung und Ausgestaltung es die Besonderheiten in der Individuiertheit des je einzelnen Teilnehmenden respektive dessen je besonderes Ressourcen- und Beeinträchtigungsprofil systematisch zu berücksichtigen und zu würdigen gilt.

Diesem klientenzentrierten lässt sich ein zuweiserzentriertes Mandatsverständnis gegenüberstellen. Am deutlichsten liegt dieses bei Programmen vor, deren Praxis sich am Leitparadigma der *Disziplinierung* ausrichtet. Die Programmanbieter sehen sich hier in der Funktion eines „verlängerten Arms" der zuweisenden Stellen und erblicken ihren Auftrag darin, einen Beitrag zur Senkung der Finanzausgaben der Zuweiser zu leisten. Sie gehen davon aus, dass sich dies am effektivsten mittels einer konfrontativ disziplinierenden Sonderbehandlung der jeweiligen Leistungsbezüger bewerkstelligen lässt. Sie stützen sich hierbei auf die Annahme, dass für die Arbeitslosigkeit oder die Sozialhilfebedürftigkeit in erster Linie charakterliche Defizite wie Faulheit, fehlender Einsatzwille oder eine mangelnde Leistungsbereitschaft verantwortlich sind. Generalisierend wird außerdem unterstellt, dass die Teilnehmenden zu einem Missbrauch der sozialen Sicherungssysteme neigen. In der Perspektive des Disziplinierungsparadigmas fällt den Programmen entsprechend erstens eine polizeiliche Funktion der Verhaltensüberwachung, zweitens eine psychologische Funktion der Abschreckung, drittens eine strafende Funktion der öffentlichen Anprangerung und viertens eine pädagogische Funktion der Umerziehung zu. Mit der Orientierung des Handelns am Leitparadigma der Disziplinierung sind Interventionspraktiken verbunden, denen starke Momente der konfrontativen Pädagogisierung, Stigmatisierung und

Diffamierung anhaften. Diese stützen sich stärker auf wenig reflektierte Ressentiments oder autoritäre Dispositionen auf Seiten der Programmverantwortlichen als auf fachliche Begründungsquellen. Insbesondere bei gesundheitlich beeinträchtigten Personen kann sich die Teilnahme in einem Programm, das dominant als eine Disziplinierungsagentur funktioniert, lähmend auf das Selbstvertrauen und die Motivation auswirken. Die Arbeitsmarktfähigkeit der Teilnehmenden wird durch die Zuweisung in diese Programme also tendenziell weiter geschwächt.

Auch eine Praxis, die sich am Leitparadigma der *Qualifizierung* ausrichtet, deutet die auf Seiten der Teilnehmenden vorliegenden Problemlagen nicht in Begriffen der Krise, sondern in Begriffen des Defizits. Die während der Programmteilnahme zu überwindenden Defizite werden hier allerdings nicht alltagspsychologisch auf der sehr allgemeinen Ebene des Charakters, sondern auf der Ebene nachholend anzueignender Qualifikationen ausgemacht. Vom Disziplinierungsparadigma unterscheidet sich das Qualifizierungsparadigma zugleich auch darin, dass ersterem ein zuweiserzentriertes, letzterem ein klientenzentriertes Mandatsverständnis inhärent ist. Dem organisationalen Selbstverständnis nach geht es in den Programmen darum, den Teilnehmenden Qualifizierung zu ermöglichen. Das Spektrum der aneigen- und erlernbaren Qualifikationen wird dabei sehr breit gefasst. Als besonders förderungsbedürftig werden die sogenannten Schlüsselqualifikationen ausgemacht. Bei der Rekonstruktion der entsprechenden Argumentationspfade zeigt sich, dass der Feststellung eines Förderbedarfs spezifisch auf der Ebene der Schlüsselqualifikationen auch ein Moment der Verlegenheit und der Rationalisierung anhaften kann. Die Förderung von Schlüsselqualifikationen wird deshalb hervorgehoben, weil aufgrund des Konkurrenzierungsverbots fraglich bleiben muss, ob und inwieweit den Teilnehmenden auch auf einer handwerklich-technischen Ebene spezifische Qualifizierungschancen geboten werden können. Die Betonung der Schlüsselqualifikationsförderung erscheint aus zwei Gründen problematisch: zum einen impliziert sie die Annahme, dass es sich beim inneren Antrieb, bei der Auffassungsgabe, der Ausdauer, der Konzentrationsfähigkeit, der realistischen Selbsteinschätzung, der Kritikfähigkeit, der Sorgfalt oder der Pünktlichkeit um in ähnlicher Weise trainingslogisch erlernbare „Qualifikationen" handelt wie bei technischen, handwerklichen oder administrativen Kompetenzen. Zum anderen wird eher wenig berücksichtigt, dass die Qualität der gebotenen Beschäftigungsinhalte einen entscheidenden Einfluss darauf hat, ob jemand motiviert, konzentriert und mit Ausdauer an seine Arbeit herangeht. Programme, die nur geringe Qualifizierungschancen auf der handwerklichen, technischen oder administrativen Ebene bieten, begünstigen eher einen Abbau als den gewünschten Aufbau von „Schlüsselqualifikationen". Effekte einer zusätzlichen Demotivierung während der

Programmteilnahme können aber auch mit Tätigkeiten verbunden sein, die inhaltlich zwar herausforderungsreich und fachlich qualifizierend sind, die indes bloß zum Schein ausgeführt werden. Mit der Aufforderung zur Simulation können beispielsweise ernst zu nehmende Verletzungen eines bei früheren Tätigkeiten aufgebauten Berufsstolzes verbunden sein.

Wie mit dem Leitparadigma der Disziplinierung ist mit dem Leitparadigma der *Verwertung* nicht ein klienten-, sondern ein zuweiserzentriertes Mandatsverständnis verbunden. Die Programmverantwortlichen sehen ihre Aufgabe darin, die ihnen durch die Zuweiser zu Verwertungszwecken überlassene „Ware" Arbeitskraft – dem *work first*-Prinzip folgend – möglichst rasch auf dem ersten Arbeitsmarkt zu platzieren oder sie vorübergehend so einzusetzen, dass wenigstens ein Teil der durch ihre Inaktivität verursachten Kosten an die Zuweiser zurückfließt. Programme, die sich implizit oder explizit als Bürgerarbeitsagenturen verstehen, erblicken ihre Aufgabe darin, Arbeitseinsätze zu planen, zu organisieren und zu koordinieren, die dem Gemeinwesen zugute kommen. Sie richten ihr Handeln an der Denkfigur aus, dass von Bezügern finanzieller Unterstützungsleistungen auch Gegenleistungen erwartet werden dürfen. Im Versicherungskontext ist diese Denkfigur deshalb nur schwer nachvollziehbar, weil es sich bei Versicherungsbeiträgen per se schon um Gegenleistungen für im Krisenfall in Anspruch genommene Leistungen handelt. Im Sozialhilfekontext wiederum erscheint die Denkfigur problematisch, weil wenig nachvollziehbar erscheint, weshalb die für die Programmteilnehmenden reservierten Arbeiten nicht im Rahmen regulärer Anstellungsverhältnisse ausgeführt werden. Nebst dem organisationalen Selbstverständnis als Bürgerarbeitsagentur kann mit dem Verwertungsparadigma auch ein organisationales Selbstverständnis als Intensivstellenvermittler oder als Sozialfirma verbunden sein. Mit allen drei Selbstverständnissen geht der Anspruch einher, die Programmteilnehmenden möglichst arbeitsmarktnah zu beschäftigen. Mit diesem Anspruch ist die dezidierte Zurückweisung eines sozialpädagogischen, sozialberaterischen oder gar therapeutischen Mandats verbunden. Entsprechend liegen beim Personal in Programmen, deren Praxis auf Verwertung ausgerichtet ist, eher schwach ausgebaute professionelle Kompetenzen in den Bereichen Falldiagnostik oder Hilfeplanung vor.

Das Leitparadigma *Rehabilitation* wiederum impliziert ein klientenzentriertes Mandatsverständnis. Die Programmdurchführung zielt, ähnlich wie bei einer Ausrichtung des Handelns am Rettungsparadigma, auf die fachlich abgestützte behutsame Wiederheranführung an die Leistungsanforderungen des ersten Arbeitsmarktes. Die professionellen Interventionen stützen sich auf eine präzise Bestimmung des im jeweiligen Einzelfall vorliegenden Beeinträchtigungs- und Ressourcenprofils und können im Einzelfall auch Praktiken eines *Cooling Out* (Goffman 1952; vgl. auch Nadai 2007) mit einschließen. Die Teilnehmenden werden darin unterstützt, ihre subjektiven Erwartungen an das Niveau des für sie „objektiv" noch Möglichen anzupassen. Mit der sozialpädagogischen Fundierung des Handelns im Rahmen des Rehabilitationsparadigmas sind zwei zentrale Gefahren verbunden. Zum einen besteht die Gefahr, dass die vielfältigen professionellen Unterstützungsleistungen relativ abgespalten vom Beschäftigungsalltag erbracht werden. Nicht untypisch scheint die Situation zu sein, dass in der verbalen Kommunikation mit den Teilnehmenden ein auf Ermächtigung ausgerichtetes Arbeitsbündnis zu etablieren versucht wird, zugleich aber die konkret zu erledigenden Arbeitsaufträge wegen ihrer geringen Sinnstiftungspotentiale eher demotivierend wirken. Und zum anderen besteht bei einer allzu standardisierten Ausgestaltung von Diagnoseprozessen die Gefahr, dass sich die Teilnehmenden nicht mehr als Subjekte der Maßnahme erleben, die in einer Krisensituation professionelle Hilfe in Anspruch nehmen, sondern als Objekte einer nach der Logik der Materialprüfung vorgenommenen Testprozedur. In diesem Falle kann die Programmteilnahme eher passivierend als aktivierend wirken.

„Rettung", „Disziplinierung", „Qualifizierung", „Verwertung" und „Rehabilitation" – woher stammen diese Begriffe? Es sei hier noch einmal betont, dass diese fünf Leitparadigmen des Handelns in Programmen zur vorübergehenden Beschäftigung empirisch aus dem Datenmaterial rekonstruiert wurden. Die Analysearbeit zielte nicht darauf, Dokumente, Interviews oder Interviewpassagen unter im Voraus schon feststehende – entweder aus der Literatur bezogene oder am Schreibtisch ausgedachte – Begriffe zu subsumieren. Die Intention fallrekonstruktiver Sozialforschung besteht vielmehr darin, anhand nicht-standardisierter (also die zu untersuchenden Phänomene nicht schon vorklassifizierender) Daten den zu erforschenden Gegenstand einer Feinanalyse mit offenem Ausgang zu unterziehen (vgl. Oevermann 2000b). Entsprechend stand am Anfang der Untersuchung noch nicht fest, ob sich bei den zu untersuchenden Programmen unterschiedliche Muster der Praxisausgestaltung würden auffinden lassen, auf welchen Ebenen sich für relevant zu erachtende Differenzen zeigen würden, ob die allenfalls entdeckten Differenzen in der Praxisausgestaltung ausgeprägt genug sein würden, um die Bildung von Programmtypen zu ermöglichen, wie viele Typen dies sein würden, entlang welcher Hauptdimension sich die Typenbildung sinnvollerweise würde vornehmen lassen und auf welche Begriffe die typologischen Befunde zu bringen sein würden. Angesichts all dieser Offenheiten, die auf Seiten der Forschenden zunächst einmal eine Haltung der künstlichen Naivität voraussetzen, mögen die vorgenommenen begrifflichen Bestimmungen überraschend sein; dies allerdings nicht deshalb, weil sie von überraschender Neuartigkeit sind, sondern in erster Linie deshalb, weil sie gerade umgekehrt erstaunlich konventionell sind und möglicherweise höchst naheliegend erscheinen.

Hat die vorliegende Untersuchung, indem sie aufzeigt, dass sich das Handeln in Programmen zur vorübergehenden Beschäftigung an den Leitparadigmen „Rettung", „Disziplinierung", „Qualifizierung", „Verwertung" oder „Rehabilitation" ausrichten kann, also im Grunde nichts Neues zu Tage gefördert? Ist dieser Befund nicht derart naheliegend, dass der ganze Forschungsaufwand nutzlos war? Die Beantwortung dieser Frage bedarf gewisser Differenzierungen. Erstens gilt es festzuhalten, dass die Untersuchung unterschiedliche Orientierungsmuster des Handelns nicht nur etikettiert oder einer definitorischen Klassifikation unterzieht, sondern dass sie zugleich zu bestimmen versucht, welche Handlungsweisen mit den rekonstruierten Leitparadigmen typischerweise assoziiert sind und welche Konsequenzen mit diesen Handlungsweisen verbunden sein können. Zweitens muss mit dem Bestreben, fallrekonstruktiv erschlossene Sachverhalte begrifflich prägnant zu benennen, nicht zwingend das Ansinnen verbunden sein, möglichst vertrackte, schicke, wohlklingende und neuartige Begriffe zu kreieren. Die Entscheidung für bereits existierende Konzepte birgt, sofern sie denn angemessen erscheinen, vielmehr den Vorteil, dass mit ihr die gewonnenen Erkenntnisse zumindest implizit in existierenden Traditionen der Begriffs- und Theoriebildung verortet werden. Dass in den obigen Begriffen je unterschiedliche Traditionen der entweder praktisch-pädagogischen oder theoretisch-sozialwissenschaftlichen Theoriebildung anklingen, ist nicht zufällig, sondern unbedingt gewollt.

Die Verwendung des *Rettungsbegriffs* lässt anklingen, dass zwischen der Programmatik der evangelischen Rettungsanstalten des 19. Jahrhunderts und der Praxis des entsprechenden Typs von Beschäftigungsprogrammen Affinitäten und Kontinuitäten bestehen. Sie betreffen insbesondere das Bestreben, Personen, bei denen eine sittliche Gefährdung oder Anzeichen der inneren oder äußeren Verwahrlosung ausgemacht werden, in ein kombiniert sozialpädagogisches und arbeitsagogisches Setting einzubinden, das – zumindest auf der Ebene der Programmatik – auf die Läuterung oder Transformation der ganzen Person abzielt und in welchem ein spezifisch pietistisch unterlegter Gedanke christlicher Nächstenliebe konzeptionell von tragender Bedeutung ist (vgl. Chmelik 1986; Hochuli Freund 1999; Hauss 1995; Grubenmann 2007; Birnstein 2008). Damit wird freilich weder eine Aussage darüber gemacht, ob und wie die Heimeinrichtungen des 19. Jahrhunderts die Programmatik der Rettung tatsächlich umsetzten, noch wird unterstellt, dass Religiosität für die Ausgestaltung der Praxis in Beschäftigungsprogrammen, in denen der Rettungsgedanke zentral ist, von konstitutiver Bedeutung ist.

Die Verwendung des *Disziplinierungsbegriffs* für den zweiten Typus von Programmen soll anklingen lassen, dass sich die Praxis von Beschäftigungsprogrammen dieses Typs in historischen Traditionen der Sozialdisziplinierung oder der Normalisierung verorten lassen, deren Intention darin bestand, sozial Randständige für den Normalbetrieb der (früh-)kapitalistischen Wirtschaft nutzbar zu machen oder Personen mit auffälligem oder sozial abweichendem Verhalten mittels Einschließung in ein anstaltsförmiges Setting der Dauerüberwachung und der (repressiv-)rekonditionierenden Sonderbehandlung in normal und konform sich verhaltende Gesellschaftsmitglieder zurück zu verwandeln (vgl. Foucault 1975/2006; van der Loo/van Reijen 1992). Die Affinität entsprechender Beschäftigungsprogramme zu historischen Traditionen der Sozialdisziplinierung besitzt aber auch Grenzen. Denn was sich in Programmen dieses Typs eindeutig nicht auffinden lässt, sind Bestrebungen in Richtung einer insbesondere naturwissenschaftlich unterlegten Verwissenschaftlichung und Expertisierung des auf Normalisierung ausgerichteten Handelns – es sei denn, man erblicke in einem ökonomisch eingefärbten Alltagsbehaviorismus eine wissenschaftliche Begründungsquelle des Handelns. Entsprechend verweisen die Programme des Typs Disziplinierung auch eher auf die in der Schweiz lang andauernde Tradition der Arbeitserziehungsanstalten (vgl. Lippuner 2005) als auf die Tradition der Sonderbehandlung und Sonderüberwachung im naturwissenschaftlich unterlegten Milieu der Klinik.

Der Begriff der *Qualifizierung* wiederum soll auf Affinitäten hindeuten, die zwischen dem agogischen Credo in den entsprechenden Programmen und einem Bildungsverständnis bestehen, das sich wesentlich nicht etwa auf Befunde der sozial- und entwicklungspsychologischen Individuationsforschung, sondern auf Begriffsdebatten in der Personalwirtschaftslehre stützt. Schlüsselqualifizierung[15] wird hier in einer Weise konzipiert, in welcher zwischen Bildung und Lernen keine systematische Unterscheidung gemacht wird. Grundlegende Dynamiken der Persönlichkeits- und Autonomieentwicklung sowie der Herausbildung individueller Habitusformationen werden trivialisierend entweder als Prozesse der Wissensaneignung oder als Prozesse der Verhaltenskonditionierung konzipiert. Hierdurch gerät aus dem Blick, dass es etwas grundlegend anderes bedeutet, sich die Vokabeln einer Fremdsprache anzueignen oder die Bedienung einer Maschine zu erlernen, als im Sozialisationsverlauf jene innere Souveränität und Lebenstüchtigkeit zu erlangen, die vonnöten ist, um unverkrampft und selbstbewusst an einem Bewerbungsge-

---

[15] Es sei hier vermerkt, dass Mertens (1974) in seiner klassischen Bestimmung des Begriffs der Schlüsselqualifikationen diesen viel voraussetzungsreicher und differenzierter konzipiert, als er im Rahmen des Aktivierungsdiskurses aktuell aufgegriffen wird.

spräch teilzunehmen oder jenen inneren Antrieb respektive jene habituellen Dispositionen zu entwickeln, die es einem ermöglichen, einen Arbeitsauftrag, worin dieser auch immer bestehen mag, pflichtbewusst, korrekt, gewissenhaft oder gar mit Lust zu erfüllen.

Mit der Verwendung des *Verwertungsbegriffs* soll dem Umstand Rechnung getragen werden, dass es geradezu konstitutiv für das moderne Wirtschaftsleben ist, menschliche Arbeitskraft als eine abstrakte Ware zu behandeln, die es – wie andere Waren auch – zu verwerten gilt. Marx (1848/1969, 26) umreißt, ohne zu moralisieren oder den verflossenen Verhältnissen nachzutrauern, diesen Sachverhalt wie folgt: „Die Bourgeoisie, wo sie zur Herrschaft gekommen, hat alle feudalen, patriarchalischen, idyllischen Verhältnisse zerstört. Sie hat die buntscheckigen Feudalbande, die den Menschen an seinen natürlichen Vorgesetzten knüpften, unbarmherzig zerrissen und kein anderes Band zwischen Mensch und Mensch übriggelassen als das nackte Interesse, als die gefühllose ‚bare Zahlung'. Sie hat die heiligen Schauer der frommen Schwärmerei, der ritterlichen Begeisterung, der spießbürgerlichen Wehmut in dem eiskalten Wasser egoistischer Berechnung ertränkt. Sie hat die persönliche Würde in den Tauschwert aufgelöst und an die Stelle der zahllosen verbrieften und wohlerworbenen Freiheiten die *eine* gewissenlose Handelsfreiheit gesetzt. Sie hat, mit einem Wort, an die Stelle der mit religiösen und politischen Illusionen verhüllten Ausbeutung die offene, unverschämte, direkte, dürre Ausbeutung gesetzt. Die Bourgeoise hat alle bisher ehrwürdigen und mit frommer Scheu betrachteten Tätigkeiten ihres Heiligenscheins entkleidet. Sie hat den Arzt, den Juristen, den Pfaffen, den Poeten, den Mann der Wissenschaft in ihre bezahlten Lohnarbeiter verwandelt." Es liegt ganz auf der Linie der Behandlung von Arbeitskraft als „Ware", wenn einzelne Arbeitsintegrationsprogramme ihren Auftrag unverhüllt darin erblicken, die ihnen anvertraute (Rest-)Arbeitskraft ohne Ansehen der Person einer möglichst effizienten und möglichst raschen Verwertung zuzuführen. Die Kritik an dieser Praxis braucht nicht zwingend eine moralische zu sein. Sie lässt sich im Sinne von Weber (1904/1988a, 149f.) auch als eine „technische" ausformulieren: Wenn es in Beschäftigungsprogrammen darum gehen soll, die Marktfähigkeit einer Arbeitskraft dauerhaft zu verbessern und auf lange Frist optimal zu verwerten, ist es unter Umständen wenig zweckmäßig, sich für die Biographie, die Lebensumstände, die Entwicklungspotentiale, die besonderen Kompetenzen oder die besonderen Beeinträchtigungen der Trägerin oder des Trägers dieser Arbeitskraft nicht oder nur am Rande zu interessieren.

Der *Rehabilitationsbegriff* wiederum verweist auf ein klinisches Verständnis Sozialer Arbeit. Gemäß diesem ist professionelles Handeln in der Sozialen Arbeit in ähnlicher Weise auf die Unterstützung von Autonomisierungsprozessen ausgerichtet wie das professionelle Handeln in der Medizin. In den untersuchten Reintegrationsprogrammen lässt sich freilich ein Missverhältnis zwischen einerseits diesem klinischen Professionsverständnis und andererseits den Mitteln feststellen, die den Professionellen bei ihrer auf Rehabilitation ausgerichteten Arbeit zur Verfügung stehen. Eine mit den erforderlichen finanziellen und infrastrukturellen Ressourcen ausgestattete berufliche Rehabilitation scheint in der Schweiz ein Privileg derjenigen zu sein, die vor einer – beispielsweise unfallbedingten – berufsbiographischen Zäsur gut qualifiziert und solide ins Wirtschaftsleben eingebettet waren und bei denen ex ante davon ausgegangen werden kann, dass sich Investitionen in eine Rehabilitationsmaßnahme, beispielsweise den Aufenthalt in einer SUVA-Klinik oder den Aufenthalt in einer BEFAS-Einrichtung, langfristig auszahlen werden. Beschäftigungsprogramme werden demgegenüber Personen zugewiesen, bei denen geringe Entwicklungspotentiale auf der Ebene der Qualifikationen ausgemacht werden; dies mitunter mit der mehr oder weniger expliziten Aufforderung an die Programmanbieter, diese Personen „einfach nur zu beschäftigen". Wird vorübergehende Beschäftigung als ein Selbstzweck verstanden und erfolgt die Programmzuweisung auf Seiten der Ämter routinemäßig aus der Motivation heraus, sich ihrer schwierigsten und sperrigsten Fälle wenigstens vorübergehend zu entledigen, kann es Programmanbietern, bei denen genuin ein klinisches Verständnis Sozialer Arbeit vorliegt, auf Dauer schwer fallen, am für sie handlungsleitenden Rehabilitationsgedanken festzuhalten.

Die Frage, ob und inwiefern die vorliegenden Analysen etwas Neues zu Tage gefördert haben, besitzt eine weitere, nunmehr vierte Dimension. Es ist nämlich zu fragen, ob sie den bereits existierenden Befunden zur Ausgestaltung von Beschäftigungsprogrammen etwas spezifisch Neues hinzufügen. Weil ihnen ein ähnliches Forschungsdesign zugrunde lag wie den vorliegenden, interessieren in diesem Zusammenhang vor allem die Untersuchungen von Nadai und Maeder zur Praxis der aktivierenden Sozialhilfe in der Schweiz (Nadai 2005, 2006, 2007; Nadai/Maeder 2005, 2006; Maeder/Nadai 2004, 2005). Anhand exemplarischer Fallstudien befassen sie sich unter anderem mit der Frage, was in Programmen zur vorübergehenden Beschäftigung unternommen wird, um die Teilnehmenden bei der Verbesserung ihrer Arbeitsmarktfähigkeit konkret zu unterstützen. Das Bestreben, den Teilnehmenden verbesserte Strategien der Selbstvermarktung beizubringen, wird gemäß Maeder/Nadai (2005, 191) unter anderem dadurch unterminiert, dass die Teilnehmenden seitens der Zuweiser zugleich der oben genannten Abschiebelogik unterworfen sind: „Im Berufsalltag erhält ein als besonders sinnlos eingeschätztes Integrationsprogramm von den Sozialarbeitenden schon einmal den Namen ‚der Bauschutt' oder wird als ‚Lösung für unsere ekelhaftesten Klienten' bezeichnet." Gemäß Nadai (2006, 74) geht es in den

zwei exemplarisch untersuchten Erwachsenenprogrammen, einem PvB und einer Sozialfirma, weder um Qualifizierung noch um so etwas wie berufliche Rehabilitation. Stattdessen kommt die Programmteilnahme einem „Konformitätstest" gleich, bei welchem die Teilnehmenden sich angehalten sehen zu „zeigen, dass sie weiterhin arbeitswillig und arbeitsfähig sind. (...) Die Programmteilnahme ist vor diesem Hintergrund der Tatbeweis, dass der Arbeitslose kein Drückeberger ist, sondern sich nach wie vor der Norm der Arbeitsethik verpflichtet fühlt. Gleichzeitig kann er beweisen, dass er noch in der Lage ist, eine Tagesstruktur und eine Arbeitsdisziplin einzuhalten. Der wichtigste und oft einzige Nutzen, den die Teilnehmerinnen und Teilnehmer dem Programm attestieren, ist genau dieser Nachweis, dass sie trotz Arbeitslosigkeit ‚normal' funktionieren und in diesem Sinne ‚beschäftigungsfähig' sind."
An den untersuchten Programmen fällt insbesondere auf, dass sie sich weitgehend desinteressiert an den vielfältigen gesundheitlichen und psychosozialen Beeinträchtigungen zeigen, die bei den Teilnehmenden vorliegen und von denen angenommen werden darf, dass sie sich mindernd auf deren Arbeitsmarktchancen auswirken: „In den von uns untersuchten Programmen hat ein Großteil der Teilnehmer mit einem oder mehreren der folgenden Probleme zu kämpfen: Alkohol, Drogenabhängigkeit, eingeschränkte Arbeitsfähigkeit durch chronische körperliche oder psychische Krankheiten, traumatische Migrationserfahrungen, Analphabetismus, starkes Stottern oder andere Stigmata, Gewalt in der Familie, Scheidung und dergleichen. Unter diesen Umständen ist die fehlende Erwerbsarbeit nur eines und nicht zwingend das vordringlichste Problem der betroffenen Arbeitslosen." (Nadai 2006, 73) Die untersuchten Programme scheinen also weder auf Qualifizierung noch auf die professionelle Unterstützung der Teilnehmenden bei der Bewältigung von Problemstellungen ausgerichtet zu sein, die deren Arbeitsmarktfähigkeit negativ beeinträchtigen. – Was leisten sie auf der Förderseite denn dann? „Im untersuchten Beschäftigungsprogramm beschränkt sich die Förderung im Wesentlichen auf Techniken der Selbstvermarktung, während berufliche Qualifizierung kaum stattfindet. Zudem werden die Teilnehmer mit ihren allenfalls vorhandenen sozialen Problemen allein gelassen. Wenn indes weder Ressourcendefizite noch weitere persönliche Belastungen bearbeitet werden, führt Aktivierung sicherlich nicht zur Stärkung von Autonomiepotenzialen, sondern verstärkt vielmehr die soziale Verwundbarkeit der Betroffenen. Die eindimensionale Fokussierung auf die Verbesserung von Bewerbungsunterlagen und Selbstdarstellung suggeriert zudem, dass sich die Arbeitslosen die Schuld am Misserfolg ihrer Bewerbungsbemühungen selbst zuzuschreiben haben: sie verstehen es eben nicht, sich zu verkaufen. ‚Beschäftigungsfähigkeit' wird mit dem effektiven Erfolg der Stellensuche gleichgesetzt – im Umkehrschluss bedeutet dies, wer keine Stelle findet, ist nicht arbeitsmarkt-

tauglich. Damit werden strukturelle Ursachen von Arbeitslosigkeit individualisiert." (Nadai 2006, 75f.)

In unserem Sample von Beschäftigungsprogrammen finden sich drei Fälle, auf die die Charakterisierungen von Nadai (2006) ziemlich präzise zutreffen. Es sind dies die beiden untersuchten Sozialfirmen sowie ein Beschäftigungsprogramm, das für sich – wie die beiden Sozialfirmen – eine besondere Nähe zum ersten Arbeitsmarkt reklamiert. In den drei Fällen liegt gemäß unserer Terminologie dominant eine Ausrichtung des Handelns am Leitparadigma der Verwertung vor. Zugleich ist für diese Programme charakteristisch, dass mit den Teilnehmenden ein nüchterner und affektiv neutraler Umgang gepflegt wird; sich in ihnen also keine Tendenz der Dauerkonfrontation auffinden lässt, wie sie den Programmen mit Disziplinierungscharakter eigen ist. Letztlich ist es auf die größere Zahl von untersuchten Programmen zurückzuführen, dass die vorliegende Untersuchung den Befund von Nadai (2006) zwar weitgehend bestätigt, dem skizzierten Typ eines Beschäftigungsprogramms aber zugleich weitere Programmtypen zur Seite stellt.

Charakteristisch für Sozialfirmen ist insbesondere eine entschiedene Zurückweisung eines in irgendeiner Weise sozialarbeiterischen, sozialpädagogischen oder therapeutischen Hilfemandats. Repräsentanten von Sozialfirmen betonen bisweilen, dass der Auftrag zur professionellen Unterstützung der Beschäftigten in Belangen, die mit ihrem Status als Arbeitskräfte nichts zu tun haben, bei den jeweiligen Zuweisern, also beispielsweise bei den Sozialämtern, verbleibt. Nehmen diese ein nicht-finanzielles Hilfemandat aber tatsächlich wahr? Neuere Forschungen zur Sozialhilfepraxis in der Schweiz lassen diesbezüglich Zweifel aufkommen. Kutzner (2009b, 54) fasst die Befunde aus dem Forschungsprojekt *Sozialhilfe in der Schweiz. Integration und Ausschluss durch Segmentierung von Klienten* (vgl. Kutzner et al. 2009) wie folgt zusammen: „Jedenfalls, die zunehmende Ausbreitung des Aktivierungsgedankens bewirkt, dass weitergehende Probleme des Klienten nicht wahrgenommen werden und sein Problem reduziert wird auf seine Vermittelbarkeit auf dem Arbeitsmarkt. Genau diese Voraussetzung führt dazu, dass die Sozialhilfe Klienten mit schwerwiegenden Problemen nicht weiter betreut. Vielmehr ist es mancherorts das erklärte Ziel, die zusätzlichen Beratungsleistungen denjenigen Klienten zuteil werden zu lassen, welchen eine Aussicht auf einen künftigen Erwerbsarbeitsplatz attestiert wird. Diejenigen, die offensichtlich erhebliche Schwierigkeiten haben, werden finanziell zwar alimentiert, erhalten aber keine weitergehenden Hilfen. So trägt das Aktivierungsprinzip dazu bei, dass diejenigen Klienten mit den größten Problemen künftig weniger Hilfen erhalten. Privilegiert werden diejenigen, denen günstige Prognosen attestiert werden, als die minderschweren Fälle." Die Verfasser der Studie führen dies hauptsächlich darauf zurück, dass den Sozialämtern kaum mehr die erforderlichen zeitlichen, personellen und fachlichen Ressourcen zur Verfügung zu stehen, um bei steigenden Fallzahlen eine qualifizierte Falldiagnostik zu betreiben und, sich gegebenenfalls dem Primat der Aktivierung durch Arbeit widersetzend, falladäquate Interventions- und Unterstützungsstrategien zu entwickeln.

Die Befunde der vorliegenden Untersuchung lassen sich auch dahingehend lesen, dass einige Beschäftigungsprogramme, insbesondere diejenigen, die ihre Praxis am Leitparadigma der Rettung oder der Rehabilitation ausrichten, ihren Auftrag nicht unwesentlich darin erblicken, der oben skizzierten Tendenz kompensatorisch entgegenzuwirken. Ihre Praxis zielt darauf, denjenigen Klientinnen und Klienten ein professionelles Auffangnetz zu bieten, die von den Zuweisern in gewisser Weise fallen gelassen wurden. Freilich scheint es eher den Ausnahme- als den Regelfall darzustellen, dass ihnen für dieses Indie-Bresche-Springen seitens der Zuweiser Lob oder Anerkennung widerfährt. Denn gerade diese Programme scheinen sich des Öfteren mit der zurechtweisenden Aufforderung konfrontiert zu sehen, sie hätten die Zugewiesenen „doch einfach nur zu beschäftigen". Besonders fatal für Personen mit schwerwiegenden somatischen, psychischen oder psychosozialen Beeinträchtigungen ist die Konstellation, bei welcher weder die zuweisenden Stellen noch die Beschäftigungsprogramme oder Sozialfirmen sich für zuständig erachten, sich professionell mit ihrer spezifischen Problemlage auseinanderzusetzen. Es ist dies eine Konstellation, die bestens geeignet erscheint, bereits bestehende Beeinträchtigungen weiter zu verstärken.

Die Befunde von Maeder und Nadai (2004) zu unterschiedlichen Arrangements von Sozialhilfe in der Schweiz sowie die Befunde von Ludwig-Mayerhofer, Behrend und Sondermann (2009) zur Praxis der Arbeitsvermittlung in Deutschland legen die Vermutung nahe, dass dem Handeln der Mitarbeitenden der zuweisenden Stellen ähnliche Leitorientierungen zugrunde liegen können wie dem Handeln der Mitarbeitenden in Arbeitsintegrationsprogrammen. Ihre Befunde auf der Ebene von handlungsleitenden Deutungsmustern explizierend, unterscheiden Ludwig-Mayerhofer, Behrend und Sondermann (2009, 111ff.) zwischen einem aktivierenden Deutungsmuster des technokratischen Aktivierens; einem aktivierenden Deutungsmuster des einfühlsamen Aktivierens; einem aktivierenden Deutungsmuster eines „freundlichen und bestimmten Steuerns der Fälle, die zurückbleiben"; einem traditionell paternalistischen Deutungsmuster sowie einem sozialstaatskonservativen Deutungsmuster. Charakteristisch für das traditionell paternalistische Deutungsmuster ist eine fürsorgliche Haltung gegenüber den Klienten, mit der starke Tendenzen zur Übergriffigkeit verbunden sein können. Maeder und Nadai (2004, 153ff.) wiederum unterscheiden zwischen drei Formen der Organisation von Sozialhilfe, mit denen unterschiedliche Krisendeutungen und Handlungsmuster verbunden sind: die armutsverwaltende Sozialhilfe deutet Armut als individuelles Versagen und weist der Sozialarbeit die Funktion der sanktionsgesteuerten Kontrolle zu; die paternalistische Sozialhilfe fasst Armut als „Behinderung" auf und konzipiert Sozialarbeit als (pädagogisch unterlegte) Beistandsschaft; die teilprofessionalisierte Sozialhilfe in einer betriebswirtschaftlich modernisierten Variante bestimmt Armut als ein „persönliches Problem mit individuellen und strukturellen Ursachen" und konzipiert Sozialhilfe als eine Beratungs- und Vermittlungstätigkeit, die mit Anreizen operiert; die teilprofessionalisierte Sozialhilfe in einer betriebswirtschaftlich überlagerten Variante berücksichtigt bei der Falldeutung ihrerseits sowohl persönliche als auch strukturelle Ursachen, wobei Sozialarbeit auf effiziente Verwaltung und Vermittlung mittels „Regelanwendung" ausgerichtet ist und die teilprofessionalisierte, anwaltschaftliche Sozialhilfe setzt, von ähnlichen Ursachendeutungen ausgehend, auf sozialpädagogische Intervention. Es wäre sicherlich reizvoll, zu bestimmen, wo die Korrespondenzen und zugleich die Differenzen in den handlungsleitenden Deutungs- und Orientierungsmustern von einerseits primär beraterisch tätigen Professionellen der Sozialhilfe und andererseits primär agogisch tätigen Professionellen der Arbeitsmarktintegration im Einzelnen bestehen. Auf einen systematischen Einbezug der Praxis der Zuweisung in unsere Untersuchung musste aus pragmatischen Gründen indes verzichtet werden.

4. Die zu Aktivierenden. Teilnehmende in Beschäftigungsprogrammen

Viele der bisher durchgeführten Untersuchungen zu Instrumenten der aktivierenden Sozialpolitik befassen sich nicht oder nur am Rande mit der Frage, wie diejenigen Personen, an die die aktivierenden Maßnahmen gerichtet sind, diese deuten, erleben und sich zunutze machen. Die Analyse der Interviews, die wir mit Teilnehmenden in Beschäftigungsprogrammen (einschließlich Sozialfirmen und Übungsfirmen) führten, zielte in erster Linie auf die Rekonstruktion und Typisierung charakteristischer Ressourcen- und Beeinträchtigungsprofile. Des Weiteren wurde zu klären versucht, in welcher Weise sich die verschiedenen Typen von Teilnehmenden die Strukturen, die durch die Programme geboten werden, aneignen oder sich allenfalls subversiv zu diesen verhalten.

Es lassen sich fünf Typen von Programmteilnehmenden unterscheiden: Die Realisten, die Zukunftsorientierten, die Ämterkarrieristen, die Arbeitsmarktgeschädigten und die Schutzbedürftigen. Um ein möglichst differenziertes Bild der unterschiedlichen Typen von Teilnehmenden zu vermitteln, werden diese im Folgenden jeweils in ihren Fallkonstellationen, in ihrem Umgang mit den zuweisenden Stellen, sowie in ihrem Arrangement mit der Programmteilnahme ausführlich dargestellt.

4.1 Die Realisten. Transitorische Arbeitslosigkeit

Fallkonstellationen

Die Realisten zeichnen sich aus durch eine pragmatische Herangehensweise an ihre Arbeitslosigkeit und den damit verbundenen Aufenthalt in einem Beschäftigungsprogramm. Oft sind sie zum ersten Mal auf dem Arbeits- oder Sozialamt. Es sind Personen, die auf ihrem erlernten Beruf gearbeitet haben oder langjährige Berufserfahrung in verschiedenen Berufsfeldern vorweisen können. Ihre Arbeit mussten sie aus unterschiedlichen Gründen (oft Unfall, Krankheit oder Umstrukturierungen) aufgeben. Sie können diesen Bruch in der Berufsbiographie akzeptieren und versuchen, ihn reflexiv zu verarbeiten.

Der Verlust des Arbeitsplatzes wird oft rationalisiert und in eine Analyse der gegenwärtigen Arbeitsmarktsituation eingebettet. Daraus werden Handlungsmaßnahmen abgeleitet, um die Anschlussfähigkeit im ersten Arbeitsmarkt zu erhalten oder zu verbessern. Meist formulieren die Realisten klare Ziele. Sie streben eine Reintegration in den ersten Arbeitsmarkt an oder wollen arbeiten „um der Arbeit willen". Dabei legen sie sich nicht auf ein bestimmtes Segment fest. Sie sind flexibel. Falls die beruflichen Pläne im Vordergrund stehen, versuchen sie, in ihren angestammten Beruf zurück zu kehren oder sich einen länger zurück liegenden ursprünglichen Berufswunsch zu erfüllen. Die Arbeitslosigkeit ist in ihrer Einschätzung eine transitorische. Der Gang zum Arbeits- oder Sozialamt ist in diesen Erwerbsbiographien (noch) nicht moralisch belastet. Die Analyse der gesellschaftlichen Bedingungen ermöglicht es den Realisten, die eigene Erfahrung der Arbeitslosigkeit als „durchschnittliches" Ereignis im Erwerbsleben einzuordnen.

Ein zumeist ausgeprägtes Arbeitsethos, welches sich durch langjährige, oft engagierte und passionierte Mitarbeit in verschiedenen Betrieben oder Berufszweigen ausgebildet hat, ist für die Realisten nach wie vor handlungsleitend. Oft haben diese Teilnehmenden auf dem Arbeits- oder Sozialamt selbst darum gebeten, einem Beschäftigungsprogramm zugewiesen zu werden. Sie möchten in jedem Fall arbeiten.

S: Ich kann nicht zu Hause bleiben, ich habe in meinem Leben immer gearbeitet. Für mich ist zu Hause, ich kann ein Tag zwei Tage, aber dann ist für mich nicht gut.

Herr S. hat sein Leben lang als Schuhmacher gearbeitet. Als die Schuhfabrik, in der er über 20 Jahre tätig war, ihre Produktion ins Ausland verlagerte, verlor er seine Stelle. Aufgrund seines Alters war es ihm kaum möglich, noch eine Stelle zu finden. Nach einer kurzen Zeit auf der Baustelle musste er sich arbeitslos melden. Seither bittet er immer wieder darum, in Beschäftigungsprogrammen zu arbeiten, da er nicht ohne Arbeit sein möchte. Er kann sich einen Alltag, der nicht von Arbeit geprägt ist, nicht vorstellen und verfügt nicht über alternative Sinnstiftungsquellen. Dabei ist er sich im Klaren darüber, dass die Arbeit in Beschäftigungsprogrammen inhaltlich nicht befriedigend ist. Bei ihm steht das „tätig Sein" im Vordergrund. Die inhaltliche Ausgestaltung der Arbeit ist sekundär.

Auch Frau M. hat darum gebeten, einem Beschäftigungsprogramm zugewiesen zu werden, da sie unbedingt arbeiten möchte. Vor ihrem Einstieg in das Programm konnte sie sich diese Art von Arbeit nicht vorstellen. Frau M. hatte einen regelmäßigen, erfüllten Berufsalltag. Die plötzliche Konfrontation mit unbesetzter Zeit empfand sie als persönliche Katastrophe.

M: Ja jetzt will ich einfach wieder etwas tun, weil wenn Sie immer gearbeitet haben, das ist einfach eine Katastrophe, wenn Sie dann nichts mehr haben, alleinstehend sind, was machen Sie den lieben langen Tag, oder?

Frau M. identifiziert sich noch heute stark mit ihrer langjährigen Tätigkeit als Detailhandelsangestellte im Buchhandel. Im Beschäftigungsprogramm führt sie vornehmlich Reinigungsarbeiten aus. Obwohl die jetzige Tätigkeit sich völlig von ihrer früheren beruflichen Tätigkeit unterscheidet, ist Frau M. auch im Beschäftigungsprogramm überdurchschnittlich motiviert und versucht, die ihr übertragenen Aufgaben gewissenhaft zu erfüllen. Wie Herr S. weiß auch Frau M. nicht, wie sie ihren Alltag ohne Arbeit gestalten könnte.

Die Realisten setzen der Entfremdungsgefahr im Alltag der Arbeitslosigkeit (Entfremdung von der eigenen Motivation) eine am aktiv Sein an sich orientierte Arbeitsmotivation entgegen. Selbst sinnentleerte Tätigkeiten werden gewissenhaft und verbindlich ausgeführt. Die Tätigkeit an sich ist wichtiger als deren inhaltliche Ausgestaltung. Obwohl gerade die Realisten durchwegs berufliche Qualifikationen und Erfahrung in der Arbeitswelt vorweisen können und sich über einen Vergleich zur jetzigen Tätigkeit eine kritische Haltung gegenüber dem Angebot der Programme aufdrängen würde, steht dies in keinem der untersuchten Fälle im Vordergrund. Die frühere Arbeitsstelle und das Beschäftigungsprogramm stehen sich bei den Realisten nicht als vergleichbare Institutionen gegenüber. Arbeit steht im Zentrum der Lebensgestaltung. Bei Herrn S. und Frau M., deren Ruhestand in greifbarer Nähe ist, wird dies besonders deutlich. Das Herstellen von Engagement geschieht über eine gewisse Ethisierung des Tätigseins. Dabei wird die Hilfe des Fachpersonals kaum in Anspruch genommen. Die Realisten wollen nicht betreut werden, sondern arbeiten.

Die Realisten fokussieren in den Erzählungen auf ihr Arbeitsleben und betonen wiederholt und in unterschiedlichen Konstellationen ihren Arbeitswillen.

Frau N.: Oder zum Beispiel wenn morgen ich bin wenig besser, dieselbe Sache ich gehe da hin probieren, weißt du, wirklich ich gern zum arbeiten, so ist Mentalität. Oder wenn nur ich nicht gerne bleibe, so einfach oh mein Gott ich bin krank nur liegen, nein. Ich will probieren bis zum letzten Minute wenn geht, oder?

Frau N. wurde eine fortschreitende Arthrose diagnostiziert. Obwohl diese ihr massive Schmerzen bereitet, versucht sie immer wieder, die ihr zugetragenen Aufgaben durchzuführen. Für sie ist die Hingabe an Arbeit gewissermaßen unhinterfragbar. Sie bezeichnet das hohe Arbeitsethos als Teil ihrer kulturell geprägten Mentalität. Frau N. ist Mazedonierin. Dabei geht sie so weit, es „bis zum letzten Minute" zu versuchen. Assoziativ gewendet könnte dies bedeuten, dass sie bis zu ihrem Tod arbeiten möchte, obwohl ihre körperliche

Verfassung eben dies kaum zulassen wird. Dabei leistet sie vollen Einsatz, obwohl eine Reintegration unrealistisch scheint. Dieser Einsatz ist folglich unabhängig von einem zukünftigen Ziel einer Wiederanstellung.

Im Gegensatz zu den Schutzbedürftigen und den Arbeitsmarktgeschädigten konzentrieren sich die Realisten auf die Gegenwart. Dabei ist die Erzählweise persönlich, jedoch ohne starke emotionale Anteilnahme. In vielen Fällen steht die gegenwärtige Kernfamilie im Vordergrund. Das Bemühen um eine gute Zukunft für die eigenen Kinder ist wichtiger als die eigenen Bedürfnisse. Dieser Befund deckt sich mit den Ergebnissen der Studie von Ludwig-Mayerhofer, Behrend und Sondermann (2009), die besagt, dass die elterliche Fürsorge stark mit der Aufgabe verknüpft wird, den Kindern eine gute Ausbildung und ein abgesichertes Leben zu ermöglichen, um ihnen die Erfahrung von Arbeitslosigkeit zu ersparen. Die Hoffnung auf einen gesellschaftlichen Aufstieg und ein gutes (Berufs-)Leben für die Kinder bestimmen die gegenwärtigen Ziele. Die Mutter- oder Vaterrolle haben zentralen Stellenwert. Wenn die Zukunft der eigenen Kinder stärker gewichtet wird als die eigene berufliche Verwirklichung, kann eine erneute Anstellung vor allem dazu dienen, den Kindern über finanziell gesicherte Verhältnisse den Weg für ihre berufliche Zukunft zu ebnen. Gleichzeitig sind gerade die Sorge um die Kinder und der Wunsch, für diese da zu sein, bisweilen ein Hinderungsgrund für die vom Arbeitsmarkt verlangte totale Flexibilität.

Aneignung der Ämterpraxis
Generell haben die Realisten wenig Bedenken, die Hilfe des Arbeits- oder Sozialamtes anzunehmen. Entweder sie streben eine Reintegration in den ersten Arbeitsmarkt an und sehen ihren Aufenthalt in Beschäftigungsprogrammen als Zwischenstation. Bei einigen Teilnehmenden ist das Beschäftigungsprogramm selbst der Ort der Wahl. Bei denjenigen, deren Arbeitsmöglichkeiten klar umrissen sind, wird die Praxis der Ämter positiv beurteilt. Bei Teilnehmenden wie Herrn S. und Frau M., deren berufliche Reintegration aufgrund der nahen Pensionierung nicht mehr unbedingt anzustreben ist, sind die Zuweisung und ‚Verwaltung' meist unproblematisch. Die Schwierigkeiten treten dort auf, wo Unklarheiten darüber bestehen, inwiefern ein Teilnehmer oder eine Teilnehmerin noch arbeitsfähig ist, wie hoch die berufliche Belastbarkeit ist und welche privaten Bedingungen berücksichtigt werden müssen.

> T: Meine Problem ist schon vielmal hab ich schon Chance bekommen zum Arbeit bekommen aber mein Problem ist wirklich Arbeitszeit, weil meistens in Service oder Küche am Abend arbeiten. Das ist mein Problem, weil meine Kinder im Moment brauchen ganz groß Unterstützung beim Pubertät, muss viel Kontrolle oder viel, also ich muss mehr da sein für sie, kann nicht so viel alleine lassen. Am Tag

ok, sie gehen in die Schule, ein paar Stunden Aufgaben helfen, am Abend ich muss zu Hause sein unter der Woche immer.

Frau T. wurde und wird vom Sozialamt immer wieder aufgefordert, eine Stelle anzunehmen. Das Fachpersonal auf dem Sozialamt ist überzeugt, dass die Kinder nun alt genug sind, dass Frau T. auf einer Vollzeitstelle arbeiten kann, selbst zu familienunfreundlichen Zeiten. Für den Ausfall von Frau T. möchten sie eine Tagesmutter engagieren. Frau T. wehrt sich gegen diese Verfügung über ihren persönlichen Familienentwurf. Sie möchte während der nächsten Jahre noch zur Verfügung stehen, wenn die Kinder sie in einer heiklen Phase der persönlichen Entwicklung und Weichenstellung in der Wahl der Ausbildung brauchen. Uneinsichtig ist hier, inwiefern der Plan des Amts finanzielle Vorteile bringen sollte. Eine Tagesmutter kostet viel Geld. Frau T. könnte mit einer Teilzeitanstellung die Betreuung der Kinder selbst leisten und damit sehr wahrscheinlich einen finanziellen Ausgleich schaffen zur Anstellung einer Tagesmutter.

Teilnehmende, deren berufliche und private Möglichkeiten und Bedingungen eine differenzierte Auffächerung erfordern, kritisieren oft die Falleinschätzung der Ämter. Hier wird auch deutlich, dass Unklarheiten darüber bestehen, welche Stelle (Arbeitsamt, Sozialamt, Beschäftigungsprogramm, Therapeut usw.) die diagnostische Kompetenz hat, um die Arbeitsfähigkeit zu beurteilen. Die Teilnehmenden hoffen nicht selten, dass die Fachpersonen der Beschäftigungsprogramme, welche ihre Arbeit täglich begleiten, die Möglichkeit haben, sich beim zuständigen Amt für sie einzusetzen, d. h. eine Einschätzung des Falles bieten zu können, welche auf dem tatsächlichen Arbeitsalltag beruht. Die interinstitutionelle Zusammenarbeit IIZ (fallübergreifende Zusammenarbeit zwischen ALV, IV und Sozialhilfe), die in den meisten Schweizer Kantonen in den letzten Jahren lanciert wurde, scheint noch wenig Wirkung zu zeigen. Dabei besteht für die Teilnehmenden am häufigsten Unklarheit darüber, wer nun genau für einen Fall zuständig ist. Auch bei den Ämtern und den Fachleuten der Beschäftigungsprogramme scheint trotz der positiven Einschätzung der interinstitutionellen Zusammenarbeit keine Gewissheit darüber zu herrschen, welche Stimme wie gewichtet wird. Gerade im Falle der Beschäftigungsprogramme ist nicht einsichtig, inwiefern ihre Falleinschätzungen tatsächlich zur Geltung kommen.

Die Realisten finden jedoch einen eigenständigen Umgang mit den teilweise entmündigenden Anteilen der Ämterpraxis. Sie wehren sich gegen eine Vereinnahmung seitens der Ämter und pochen auf ihre Rechte. Bei einer nicht adäquaten Einschätzung des Amtes, beispielsweise einer Unterstellung von Simulantentum, ziehen sie notfalls medizinische Gutachten zur Unterstützung ihrer Argumentation bei. Auch wenn sie finanziell abhängig sind vom Amt, sind sie dies nicht als ganze Person. Damit sehen sie sich im Recht, auf Augenhöhe zu argumentieren.

Aneignung der Beschäftigungsprogramme
Obwohl die Realisten die Beschäftigungsprogramme als Zwischenstation zur Reintegration definieren oder sich im Klaren darüber sind, dass sie sich nicht mehr beweisen müssen, erledigen sie die ihnen aufgetragenen Tätigkeiten effizient und gewissenhaft. Sie beklagen sich nicht über die Art der ihnen zugewiesenen Tätigkeiten. Da die Realisten meist erst seit Kurzem auf dem Arbeits- oder Sozialamt sind, konnten sie ihr „früheres Arbeitsethos" aufrecht erhalten. Die Zersetzung der Arbeitsmoral, wie sie in vielen Fällen von Arbeitslosigkeit geschieht, hat noch nicht begonnen. Obwohl sie auch sinnentleerte, repetitive Tätigkeiten gewissenhaft ausführen, schätzen sie in den Beschäftigungsprogrammen herausfordernde Tätigkeiten. Sie ziehen es des Weiteren vor, eigenverantwortlich zu arbeiten und bevorzugen Gestaltungsfreiheit in den ihnen zugewiesenen Aufgaben. Sie haben eine positive Einstellung zu den Beschäftigungsprogrammen und vermögen daraus einen eigenen Profit zu ziehen.

> A: Gelernt, ou, eben ich habe viel gearbeitet schon in meinem Leben, also darum von wegen gelernt. Man lernt an jedem Arbeitsplatz wieder etwas Neues, so wie jetzt hier mit der Kontrolle und Teile zusammensetzen, das war für mich etwas Neues. Und eben auch eine gewisse Verantwortung haben ist auch noch neu für mich. Vorher war ich halt immer ganz normal, so wie jeder andere Arbeiter auch.

Obwohl Frau A. als ausgebildete Hotelfachfrau in den unterschiedlichsten Tourismus- und Gastronomiebetrieben gearbeitet hat und langjährige Erfahrung in eigenverantwortlicher Arbeitsgestaltung hat, kann sie einen Gewinn aus der jetzigen Tätigkeit ziehen. In ihrer Funktion als „Linienleiterin" in einer Sozialfirma ist sie verantwortlich für die Qualitätskontrolle einer kleinen Anzahl von Mitarbeitenden, welche im Auftrag von externen Firmen vor allem kleine Maschinenteile zusammensetzen. Frau A. hat keinen Einblick in die Aufträge. Sie kennt häufig den Endzweck der zu bearbeitenden Teile nicht. Trotzdem vermag die Verantwortung, die ihr zugewiesen wurde, ihr eine gewisse Befriedigung zu schenken. Sie übernimmt damit teilweise die Illusio[16] der ganz normalen Tätigkeit, welche besonders in Sozialfirmen ge-

---

[16] Unter Illusio versteht Pierre Bourdieu (1972/2009) den Glauben an den Sinn und die Sinnhaftigkeit eines Spiels. Als Spiel deutet er die Mechanismen bestimmter sozialer Felder und gesellschaftlicher Gruppen. Indem die Teilnehmenden die expliziten und impliziten Regeln des Feldes „Beschäftigungsprogramme" übernehmen, tragen sie zu dessen Reproduktion bei.

pflegt wird. Gleichzeitig trägt diese Stellung im Betrieb dazu bei, ihr Selbstvertrauen zu fördern und berufliche Perspektiven zu entwickeln.

Die Tätigkeiten innerhalb der untersuchten Beschäftigungsprogramme sind den Fähigkeiten (langjährig erworben im ersten Arbeitsmarkt, Positionen in früheren Anstellungsverhältnissen), der Haltung und den privaten Verantwortungsbereichen (z. B. Kinder erziehen oder Familie ernähren) im seltensten Fall angemessen. Zunächst scheinen die Ziele der jeweiligen Institutionen, den Teilnehmenden von Beschäftigungsprogrammen ein sinnvolles Übergangsangebot zu bieten, dort ein Stück weit als Zumutung, wo Fähigkeiten und Arbeitsangebot ganz besonders auseinanderklaffen. Die Realisten, welche eine bis zum jeweiligen Bruch befriedigende Berufsbiographie hatten, können den Alltag im Beschäftigungsprogramm jedoch für sich so umdeuten, dass er fruchtbare Effekte beinhaltet. An einigen Stellen besteht indes Unklarheit, ob die positive Identifikation nicht auch eine hilfreiche Verstärkung der Rolle des Fachpersonals und eine Übernahme von deren „Leitbildrhetorik" bedeuten. Die Realisten sind sich im Klaren darüber, dass angepasstes Wohlverhalten ihre Chancen erhöhen kann.

> S: Nein, der nichts lernen hier, der ist ein dumme Arbeiter, der ist schlecht, ist schlecht. Die lernen, in zehn Minuten kann er es lernen, oder. Ist nicht interessante, muss studieren, braucht nicht zu studieren.

Obwohl Herr S. die inhaltliche Ausgestaltung der Tätigkeiten kritisiert und sogar für dumm hält, ist er froh, einen Arbeitsalltag zu haben. Er hat einen pragmatischen Zugang zu den Beschäftigungsprogrammen. Da er auf seine Pensionierung hin arbeitet, muss er sich nicht mehr um eine Reintegration bemühen. Damit entschärfen sich wesentliche Bestandteile des Alltags im Beschäftigungsprogramm. Und es erlaubt quasi die Illusio, einer tatsächlichen Arbeit nachzugehen, auch wenn sie inhaltlich nicht interessant ist.

Herr K. ist in einer Übungsfirma tätig. Obwohl die verrichteten Tätigkeiten alle nur ein virtuelles Firmenziel bedienen, nutzt er die vorhandenen Möglichkeiten, um das Erlernte umzusetzen. In seinem Fall hat er in der von der IV finanzierten Umschulung zum technischen Kaufmann Fächer belegt, die nun in der Übungsfirma praktisch zur Umsetzung kommen.

> K.: Man hat die alle gehabt, die ich hier gehabt habe. In der Ausbildung hat man alle die Fächer gehabt, die ich jetzt hier habe. Ähm man lernt jetzt einfach das eins zu eins umsetzen, das man vorher in der Theorie gehabt hat, das ist schon ein Plus, dass wenn man jetzt die Chance hätte zum irgendwo reinzukommen, weil man kein Praktikum hat, dass man nicht gerade einfach mit nackten Hosen dasteht. Also dass man kann sagen, ja ich habe das einmal gearbeitet.

Obwohl er an anderer Stelle den tatsächlichen Nutzen des Programms anzweifelt und befürchtet, dass der Besuch eines Beschäftigungsprogramms bei der Arbeitssuche stigmatisierend wirken könnte, ist er vom Konzept „Übungsfirma" an sich überzeugt. Die dort ausgeübten Tätigkeiten entsprechen dem Erlernten sowie tatsächlichen kaufmännischen Betriebsabläufen. Auch wenn die virtuellen Abläufe bei einigen Teilnehmern zu Motivationsproblemen führen, ist Herr K. überzeugt, dass er sich praktische Fähigkeiten aneignen kann. Im vorliegenden Fall werden die vergleichsweise wirtschaftsnahen Tätigkeiten, die in einer Übungsfirma im Zentrum stehen, hervorgehoben. In seinem Schwanken zwischen Mutlosigkeit und Hoffnung, aufgerieben von den Anforderungen an einen vierfachen Familienvater, gewinnt er dem Aufenthalt im Beschäftigungsprogramm trotzdem viel ab. Die Übungsfirma ist, obwohl gerade die „Simulation" von Normalität immer wieder kritisiert wird, in seiner Wahrnehmung ein realitätsorientiertes Beschäftigungsprogramm. Die Simulation dient der Einübung realer Tätigkeiten, während in anderen Beschäftigungsprogrammen oft einfache, nicht qualifizierende Tätigkeiten zu wichtigen zu erlernenden Fähigkeiten stilisiert werden. Der Fall von Herrn K. zeigt exemplarisch, wie Teilnehmende des Typs *Realisten* versuchen, das in den Beschäftigungsprogrammen Gebotene vollumfänglich zu nutzen. Jedes Angebot dient ihrer persönlichen Weiterbildung, ohne dass sie dadurch ihre Integrationschancen notwendig gesteigert sehen.

Die Realisten konzipieren die Beschäftigungsprogramme für sich als (a) Dienstleistungsbetrieb, als (b) Übungsbetrieb für den ersten Arbeitsmarkt, als (c) Beschäftigungsgenerator oder als (d) Coaching. Als (a) Dienstleistungsbetrieb werden die Programme dann verstanden, wenn die hergestellten Produkte einen Bezug zur „Außenwelt" haben, verkauft werden oder anderweitig im Wirtschaftskreislauf integriert sind. Im Dienstleistungsbetrieb findet die höchste Identifikation mit den hergestellten Produkten statt. Diese klare Außenorientierung über Produkte ist jedoch nur in einem der untersuchten Beschäftigungsprogramme tragend. In der Sozialfirma, die versucht, eigenwirtschaftlich zu funktionieren, werden zwar Aufträge für unterschiedliche Firmen erledigt. Die Beschäftigten wissen aber selten, wozu ihre Arbeit letztendlich dient. Sie setzen Teilchen zusammen, kennen aber die Maschine nicht, für die diese Teilchen notwendig sind. Die Kenntnis des Wirtschaftskreislaufes, in dem Produkte zirkulieren, ist jedoch essentiell, um sich mit den damit verbundenen Aufgaben zu identifizieren.

Als (b) Übungsbetrieb werden die Beschäftigungsprogramme definiert, wenn die Tätigkeiten dazu dienen, die eigenen Fähigkeiten zu verbessern oder neue Fähigkeiten zu erlernen, wie dies in der emtsprechend angelegten „Übungsfirma" der Fall ist oder generell in Programmen, welche Bürotätigkeiten anbieten.

Als (c) Beschäftigungsgenerator dienen die Programme vor allem dann, wenn das Tätigsein an sich Grund für den Aufenthalt im Programm bietet.

Teilweise wird die (d) „Fallbegleitung" im Umgang mit den Ämtern aktiv genutzt. Die Realisten erhoffen sich durch die Arbeit im Beschäftigungsprogramm eine fachliche Attestierung ihrer Fähigkeiten durch die Professionellen in den PvB. Diese Qualifikation wird zur Argumentation auf den Ämtern beigezogen. In einigen wenigen Fällen wird trotz der hohen Eigenständigkeit die Hilfe des Fachpersonals in Anspruch genommen, um die Bewerbungschancen zu erhöhen (Coaching). Generell steht jedoch das Arbeitsbündnis mit dem Fachpersonal eher im Hintergrund. Besonders die sozialpädagogische Hilfe wird kaum beansprucht. Gewünscht ist vom Fachpersonal eine Form von Coaching, ein beratendes Zur-Seite-Stehen ohne zu starke Einmischung in die persönlichen Belange. Die Realisten können sich wehren, wenn ein Arbeitsbündnis problematisch ausgestaltet wird (z. B. Disziplinierung) bis hin zum Einleiten von rechtlichen Schritten. Trotz der relativen Unabhängigkeit wird engagiertes, menschliches Fachpersonal geschätzt.

Die Realisten setzen sich differenziert mit den Vor- und Nachteilen der jeweiligen Programme auseinander. Dadurch können sie die Programme selektiv nutzen, auch wenn die Tätigkeiten generell unterfordernd sind. Da sie berufliche Qualifikationen vorweisen können, die in den meisten Fällen weit über das in den Beschäftigungsprogrammen Angebotene hinaus reichen, sind die direkten Effekte der PvB eher gering. In keinem der Fälle haben die Programme qualifizierenden Charakter.

Für die Realisten ist die Tagesstruktur bedeutsam. Teilweise werden auch die Kursangebote oder die Infrastruktur sowie die Unterstützung zum Schreiben von Bewerbungen geschätzt. Gerade unter den Realisten ist es jedoch strittig, ob die Beschäftigungsprogramme die Reintegrationschancen erhöhen oder ob sie nicht auch einen stigmatisierenden Effekt haben.

4.2 Die Zukunftsorientierten.
Zwischen Autonomie und Anpassung

Fallkonstellationen
Bei den Zukunftsorientierten handelt es sich um junge Leute ohne oder mit gerade eben abgeschlossener Ausbildung ohne Erfahrungen im Berufsleben. Die meisten der jungen Teilnehmenden haben eine klare Zukunftsvorstellung und einen Glauben an das eigene Gestaltungspotential. Sie suchen keine pragmatischen Lösungen, sondern wollen sich ihren Berufswunsch erfüllen (vgl. Bühler 2005, 52 f.). Sie sind meist zum ersten Mal beim RAV/Sozialamt und sehen dies als kurzen Zwischenschritt in ihrer Erwerbsbiographie. Oft haben sie keine Mühe, die materielle Hilfe der Ämter in Anspruch zu

nehmen. Die Beziehung zum Fachpersonal auf den Ämtern wird jedoch krisenhaft, wenn sich die jungen Klienten nicht ernst genommen fühlen. Bei den meisten jungen Klienten steht die Reflexion der familiären Verhältnisse und Prägungen noch im Vordergrund. Die Einflüsse der Familie und des Herkunftsmilieus nehmen in den biographisch fokussierten Erzählungen einen wichtigen Platz ein. In den meisten Fällen waren die Bedingungen des Aufwachsens für die jungen Programmteilnehmenden schwierig. Die Beziehung zu den Eltern oder einem Elternteil gestaltete sich kompliziert, häufig verbunden mit fehlender Anerkennung. In manchen Familien führte auch die erlebte Arbeitslosigkeit des Vaters oder der Mutter zu einer schwachen Ausprägung der Erwerbsorientierung. Ein Phänomen, welches Schelsky schon in den 1950er Jahren in seiner umfassenden Analyse der Jugendarbeitslosigkeit im Nachkriegsdeutschland analysiert hat.[17]

Der Berufswunsch kann auf eine Hoffnung der Neugestaltung der eigenen Geschichte hindeuten. In einigen Fällen bedeutet der Einstieg ins Berufsleben und die damit oft auch räumlich verbundene Distanzierung vom Elternhaus die Möglichkeit der Versöhnung mit den elterlichen Haltungen. Die Realität des Arbeitslebens ersetzt zugleich die Allmachtsphantasien der adoleszenten Berufseinsteiger. Sie befinden sich meist in einer postpubertären Krise, die dadurch verstärkt wird, dass sie noch keine berufliche Zugehörigkeit entwickelt haben. So befinden sie sich im luftleeren Raum des „Noch-nicht", meist auch noch ohne familiäre Stabilität. Die Zukunft liegt jedoch offen vor ihnen und wird mit Hoffnung auf die passende Stelle und das schöne Leben gespeist. Bei der Berufswahl spielen auch die von der Gesellschaft vermittelten Vorstellungen einer Berufswelt voller Möglichkeiten eine entscheidende Rolle. Die nicht selten überhöhten Ansprüche an das zukünftige Berufsleben speisen sich aus den Bildern einer multimedialen Inszenierung, die den jungen Berufsanwärtern zu viel verspricht (vgl. Schelsky 1952, 246).

Trotz oft schwieriger Erlebnisse in der Vergangenheit ist das Vertrauen in die eigenen Kräfte hoch. Bezüglich des Umgangs mit Arbeitslosigkeit herrscht noch keine Ämter- oder Maßnahmenmüdigkeit vor. Dieser jugendliche Eifer kann zu einer Überschätzung der eigenen Fähigkeiten führen (vgl. Bühler 2005, 51). Durch die fehlende Arbeitserfahrung hat sich noch kein bestimmtes Arbeitsethos ausgebildet. Die jugendlichen Teilnehmenden möchten in den meisten Fällen lernen und arbeiten, auch wenn die Vorstel-

---

[17] „So werden auf der einen Seite Eltern und Sohn durch den Unterstützungsbezug von dem harten Zwang befreit, bedingungslos jede Arbeit anzunehmen, auf der anderen aber wird dadurch der Sohn in einer der entscheidenden Entwicklungsphasen seiner Berufspersönlichkeit von vornherein daran gewöhnt, dass man auch ohne Arbeit leben kann, mit der Unterstützung als Rückhalt. Damit wird er an der Entwicklung der Fähigkeit gehindert, sich selbst zu erhalten, und sei es durch einfachste Arbeit." (Schelsky 1952, 253)

lungen darüber nicht immer realistisch sind. Damit passen sie sich den engen Grenzen der gesellschaftlichen Anforderungen an die arbeitende Bevölkerung (noch) nicht an. Sie versuchen, ihre Wünsche dagegen zu setzen und schwanken zwischen Autonomie und Anpassung.

Aneignung der Ämterpraxis
Da die meisten der jungen Teilnehmenden noch keine Erfahrung auf Ämtern gesammelt haben, spielt die Ausgestaltung dieser Beziehung eine große Rolle für den Erfolg von Eingliederungsmaßnahmen. Der Gang auf das Amt ist der Beginn einer Bewusstwerdung der eigenen Abhängigkeit. Wenn der Kontrollfaktor auf den Ämtern zu hoch ist, kann dadurch ein generelles Misstrauen produziert werden. Da diese jungen Teilnehmenden meist eine Hilfestellung benötigen, um den Einstieg ins Berufsleben zu finden oder einen gangbaren Weg zu definieren, hat die beratende Funktion auf den Ämtern einen sehr hohen Stellenwert. Es ist wichtig, die Hoffnung, den jugendlichen Elan nicht zu zerstören und gleichzeitig die Möglichkeiten zur eigenständigen Gestaltung der Erwerbsbiographie realistisch aufzuzeigen. Wenn die jungen Klienten das Vertrauen in die sie betreuenden Fachpersonen verlieren, ist keine konstruktive Begleitung mehr möglich.

> E.: Am Anfang habe ich gemeint gehabt, ich kann ihr (Mitarbeiterin auf dem Sozialamt, Anm. BW) vertrauen. Aber mittlerweile, nein, ich vertrau ihr nicht mehr. Ich sage ihr das oberflächliche Zeug, aber das, was mich wirklich beschäftigt, geht wenn, entweder an den Psychotherapeuten, den ich wöchentlich auch besuche oder dann an den RAV-Mitarbeiter. Diese zwei Personen, gut beim RAV-Mitarbeiter muss ich langsam auch ein wenig aufpassen, weil er hat starken Kontakt zu der Frau K., Sozialamt M., und ja langsam wie ein Netz, das sich langsam, ja je länger je mehr ein wenig streckt. Ich weiß gar nicht, ob sie es überhaupt wissen, aber ich bekomme eigentlich meiner Meinung viel zu viel mit, also ich weiß nicht, ob ich da irgendwie hätte sollen mitbekommen, dass hier mein RAV-Mitarbeiter so stark involviert ist. Ja, jetzt weiß ich es und werde dementsprechend auch dort ein bisschen oberflächlicher werden.

Bei Herrn E. hat sich das anfängliche Vertrauen in die Mitarbeiterin des Sozialamts und den Mitarbeiter des Arbeitsvermittlungszentrums geschmälert. Er hat den Eindruck, permanent von allen Seiten kontrolliert zu werden. Da der Leiter des Beschäftigungsprogramms, in dem Herr E. tätig ist, die Teilnehmenden autoritär und teilweise verächtlich behandelt und jedes Vergehen sogleich dem Sozialamt meldet, hat sich mittlerweile ein disziplinierendes Netz um Herrn E. gespannt, in dem er bewegungsunfähig ist. Herr E. bemerkt an anderer Stelle selber, dass er klare Vorgaben braucht, um zuverlässig zu funktionieren. Im Rahmen der Programmteilnahme scheint die Kontrolle jedoch die Ausgestaltung eines tragfähigen Arbeitsbündnisses zu verhindern, da Herr E. begonnen hat, sich auf dem jeweiligen Amt strategisch zu verhalten. Wenn in der an sich sinnvollen Kooperation zwischen Ämtern und Beschäftigungsprogrammen statt einem Bündnis für den Fall ein Bündnis gegen den Fall geschmiedet wird, kann dies verheerende Konsequenzen für die Berufsbiographie haben. Herr E. hat seine Ausbildung abgebrochen und bräuchte in der gegenwärtigen Lebenslage aktive Unterstützung des Fachpersonals, um für sich eine realistische Perspektive zu entwickeln und vor allen Dingen konsequent dran zu bleiben. Er hat eine differenzierte Einschätzung der eigenen Fähigkeiten und sieht klar, dass er in gewissen Punkten Hilfe benötigt. Er erachtet selbst die disziplinierenden Maßnahmen teilweise als Hilfe, da er beispielsweise seine Finanzen nicht im Griff hat und die klaren Vorgaben vom Sozialamt ihn dabei unterstützen, die wenigen Mittel sinnvoll einzusetzen. Herr E. bräuchte, exemplarisch für die meisten Zukunftsorientierten, eine konstante, professionell ausgestaltete Fallbegleitung bis hin zu einer begleiteten Integration in den Arbeitsmarkt respektive in eine Lehrstelle. Es ist jedoch bei einigen der untersuchten Programmteilnehmenden unklar, wer diese Verantwortung übernehmen könnte, oder ob sie die Arbeitssuche eigenständig bewältigen müssen. Gerade bei jungen Klienten werden die Kontrollmechanismen auf den Ämtern und in den Programmen streng gehandhabt. Statt die spezifischen Schwierigkeiten der jugendlichen Teilnehmer fachlich zu begleiten, werden die altersspezifischen Omnipotenzphantasien und die daraus resultierende unrealistische Herangehensweise an die beruflichen Möglichkeiten im schlechten Fall zum Anlass genommen, die Kontrolle zu verschärfen. Solch ein Kreislauf der Missachtung der jugendlichen Persönlichkeiten verhindert ein konstruktives Arbeitsbündnis und letztlich wirkungsvolle Entwicklungsschritte hin zu einer eigenständigen Bewältigung des Lebens durch die jungen Klienten.

> H: Und habe dann einfach gekündigt oder? Und das ist dann einfach immer irgendwie, dort hat es dann einfach immer irgendwie einen Punkt gegeben, dann wieder ein bisschen Arbeitsamt, wieder ein bisschen Sozialamt, wieder ein bisschen Arbeitsamt, wieder ein bisschen Sozialamt, wieder ein bisschen arbeiten, das ist eigentlich so das, was so in den letzten Jahren eigentlich so mein Leben geprägt hat, also Arbeit, Arbeitsamt, Sozialamt, Arbeit, Arbeitsamt, Sozialamt.

Herr H. ist 24 Jahre alt und steckt im Gegensatz zu den anderen jungen Programmteilnehmenden schon in einem Ämterkreislauf, der gewissermaßen zur Normalität wurde. Da er eine Ausbildung in einer IV-Integrationswerkstatt absolviert hat, hatte er von Anfang an Mühe, im ersten Arbeitsmarkt eine Stelle zu finden. Aufgrund seiner psychischen Disposition war und ist Herr H. einer permanenten Stigmatisierung ausgesetzt, angefangen beim eigenen Vater. Herr H. hat Mühe, seine Fähigkeiten realistisch einzuschätzen und ein Ziel konsequent zu verfolgen. Er hat selbst zwei Stellen gekündigt, die ihm nicht ganz entsprachen. Herr H. hat sehr hohe Ansprüche hinsichtlich seiner beruflichen Entwicklung, die wahrscheinlich gegenwärtig nicht verwirklichbar sind. Gleichzeitig ist er hoch reflektiert und übernimmt im privaten Leben als „sozialer Vater" Verantwortung für eine kleine Familie. Die Reflexionsfähigkeit und das Verantwortungsbewusstsein sind wertvolle Ressourcen von Herrn H., die im Arbeitsleben und im Beschäftigungsprogramm kaum wahrgenommen werden. Seine Widerständigkeit gegenüber einer permanenten Verfügung über seine Entwicklung speist sich aus seinen biographischen Erfahrungen mit einem ihn permanent herabsetzenden Vater und der Lehre in einer IV-Werkstätte. Diese Widerständigkeit kann den Aufbau eines verlässlichen Arbeitsbündnisses erschweren. Der permanente Wechsel zwischen den Ämtern und einer Zwischenlösung verschärft die Unklarheit der Entwicklungsrichtung und erschwert die Lösungsfindung zusätzlich. Herrn H.'s Hilfsbedürftigkeit wird im Ämterkreislauf offenbar nur begrenzt wahrgenommen. Möglicherweise wehrt er sich auch gegen eine patronisierende Umgangsweise. Gegen jegliche Vorschläge von außen hält er seinen Berufswunsch, Chauffeur zu werden, mit einer gewissen Sturheit aufrecht, die ihm ein wichtiges Stück Unabhängigkeit sichert. Dieses Reaktionsmuster lässt sich auch im Typus der „Schutzbedürftigen" oder der „Ämterkarrieristen" wieder finden. Wenn die Teilnehmenden keine Möglichkeiten haben, sich aktiv gegen die Verfügungsgewalt von Arbeitsmarkt und Ämtern zu wehren, weil sie mit komplexen Problematiken konfrontiert sind, niedrige Qualifikationen aufweisen oder körperlich eingeschränkt sind, versuchen sie ihre Würde zu wahren, indem sie unrealistische Ansprüche aufrechterhalten oder z. B. körperliche Symptome verstärken, damit sie nicht einfach zu Tätigkeiten gezwungen werden können, welche dem Ressourcen- und Beeinträchtigungsprofil nicht entsprechen.

Kontrastierend zu Herrn H. ist Herrn A.'s Ämtererfahrung bislang positiv besetzt. Während Herr H. schon Strategien entwickelt hat, um mit den stets wechselnden Bezugspersonen und -systemen einen Umgang zu finden, begegnet Herr A. dem System unvoreingenommen.

> W: Also ist für dich das RAV quasi die Anlaufstelle wenn du Probleme hast oder sie beraten dich in allem eigentlich?
> A: Ja, genau, genau eigentlich in allem auch, nicht nur Arbeitssuche und so, sondern auch persönliche Probleme tun sie eigentlich auch mit dir selber anschauen. Das finde ich in dem Sinne noch gut, also sie sind in der Art eigentlich offen für alles. Also das ist bei meiner Beraterin auch so, die ich habe oder und das finde ich wirklich gut oder. Da tut man sich auch, auch wenn man arbeitslos ist oder, dass man nicht einfach irgendwie nur Personen hat, die für sich selber schauen, sondern dass sie dir auch helfen, dich mentalisch wieder aufbauen und psychisch. Dass es auch wieder voraus geht oder, dass du wieder kannst in die Zukunft sehen.

Im Fall von Herrn A. scheint die Fallverantwortung vollumfänglich beim RAV zu liegen. Herr A. hat ein vertrauensvolles Verhältnis zu seiner RAV-Beraterin, die ihn nicht nur in seiner Berufsfindung unterstützt. Auch persönliche Probleme kann er mit ihr besprechen. Er findet es hilfreich, dass die Beraterin dazu beiträgt, ihn psychisch wieder aufzubauen. Generell lässt sich sagen, dass gerade bei den Zukunftsorientierten eine klare Fallverantwortung definiert werden muss. Da sie intensive Hilfe benötigen, um in der Arbeitswelt verlässlich Fuß zu fassen und die Handlungen auf den Ämtern damit immer auch Weichenstellungen sind, ist es unerlässlich, dass hier die Funktionen der Berater und Beraterinnen auf den Ämtern ausgedehnt werden. Ansonsten besteht die Gefahr, dass die jugendlichen Erwerbslosen schon zu Beginn ihrer beruflichen Laufbahn im Kreislauf Arbeitsamt-Sozialamt-Tätigkeit-Arbeitsamt gefangen sind, wie dies bei Herrn H. der Fall ist. Eine solche Dynamik kann dazu führen, dass schon junge Erwerbslose die Berufswelt als Dauerprovisorium erfahren.

Aneignung der Beschäftigungsprogramme
In den Beschäftigungsprogrammen müssen die jungen Teilnehmenden mithilfe des Fachpersonals auf den Ämtern und in den Programmen eine Anpassungsleistung erbringen. Sie müssen lernen, was Arbeit bedeutet. Das Fachpersonal ist dabei gefordert, über der Förderung der Anpassung die Leidenschaft der jugendlichen Allmachtsphantasien nicht zu brechen, sondern diese Energie zu nutzen. Durch Orientierung an den eigenen noch nicht erfüllten Berufswünschen weisen die Tätigkeiten, Bewerbungen und Kurse immer schon über den Programmalltag hinaus. Dabei benötigen die jungen Teilnehmenden teilweise Hilfe von Fachpersonen außerhalb der Beschäftigungsprogramme (zukünftige Lehrstelle, psychologische Beratung), die sie auch danach weiter begleiten können. Die nicht abgeschlossene postpubertäre Entwicklungskrise erfordert einen hoch sensiblen Umgang mit den unterschiedlichen Fallkonstellationen.

Die Beschäftigungsprogramme können gerade bei jugendlichen Teilnehmenden ein Bindeglied zum ersten Arbeitsmarkt sein. Denn bei ihnen geht es im Gegensatz zu allen anderen Teilnehmern tatsächlich darum, gewisse Dinge überhaupt erst zu lernen. Dadurch erhalten auch inhaltslose Tätigkeiten eine andere Funktion. In allen Beschäftigungsprogrammen wird das Erlernen von Schlüsselqualifikationen als wichtiges Element des Aufenthalts definiert. Im Falle der jugendlichen Programmteilnehmenden ist dies tatsächlich ein Ziel. Pünktlichkeit, verlässliches Erscheinen und zuverlässiges Arbeiten gehören zum Kern des zu Erlernenden. In den meisten anderen untersuchten Fällen ist das Hochhalten von Schlüsselqualifikationen eine Degradation des bereits gelebten Arbeitslebens. Die Beschäftigungsprogramme haben jedoch eine ganz spezifische Bedeutung für junge Klienten. Sie sind, selbst wenn die Tätigkeiten den Fähigkeiten der Klienten nicht entsprechen, Lehrwerkstatt und zugleich Sozialisationsinstanz. Sie sind Lehrwerkstatt, wenn Schlüsselqualifikationen und das Ausüben von Tätigkeiten im generellen Sinn vermittelt werden. Sie sind Sozialisationsinstanz als Übungsfeld für den Arbeitsmarkt. Wie verhält man sich in einem Arbeitsteam, wie kann man eine Beziehung zu Vorgesetzten gestalten, wie bemüht man sich um ein gutes Arbeitsklima? Dabei ist das Verhältnis zu den Vorgesetzten sehr entscheidend. Da die Jugendlichen wenig Berufserfahrung aufweisen, kann hier der Grundstock von fruchtbaren Arbeitsbeziehungen gelegt werden. Ressourcenfokussiertes Fallmanagement, Förderansatz und Matronage werden positiv beurteilt. Die meisten Teilnehmenden schätzen eine Mischung von Unterstützung der Selbständigkeit und gleichzeitig eine klare Leitung, in der die emotionalen Bedürfnisse berücksichtigt werden. Eine gewisse familiäre Qualität, in der vorbehaltlos Unterstützung angeboten wird, kann helfen, die Brücke von der tatsächlichen familiären Eingebundenheit zur beruflichen und biographischen Selbständigkeit zu schlagen. Disziplinierung zerstört den jugendlichen Gestaltungswillen bis hin zur Minderung des Selbstbewusstseins. Ein disziplinierender Ansatz führt zur Demotivation der jungen Teilnehmenden. Da sie aus tendenziell schwierigen Familienverhältnissen stammen und mit der Organisation ihrer beruflichen und privaten Situation oft überfordert sind, hat ein Arbeitsbündnis ohne gegenseitigen Respekt unter Umständen verheerende Wirkungen.

> E: Und dann immer so: Herr E. schauen Sie, jetzt nehmen Sie dann diesen Rasenmäher aus dem Auto, stellen ihn hier hin und laden zuerst noch die Fässer aus, bevor Sie den Rasenmäher einstellen. Ja eigentlich schon klar. Einfach so irgendwie als die Idioten werden wir dargestellt.

Herr E. muss sich im Beschäftigungsprogramm immer wieder gegen die herabsetzende Behandlung durch seine Vorgesetzten wehren. Seiner Vorbildung und Fähigkeiten gemäß könnte Herr E. problemlos eine Lehre absolvieren. Er bräuchte jedoch eine verlässliche Begleitung, um die biographischen Verunsicherungen, die er zu bewältigen hat, aufzufangen. Stattdessen wird er im Beschäftigungsprogramm diszipliniert und entwertet. Die sensible Entwicklungsphase führt zu einer gewissen Schutzlosigkeit der jugendlichen Teilnehmenden. Sie kann überdeckt sein von einem Übermaß an Selbstsicherheit, was seinerseits Ausdruck der krisenhaften Befindlichkeit ist. Wird diese Befindlichkeit unreflektiert zum Anlass der Disziplinierung genommen, kann es dahin führen, dass die jungen Teilnehmenden beginnen, sich jeglicher Hilfe zu verschließen oder eine abgeklärte, strategische Position gegenüber dem Fachpersonal einzunehmen.

Sind die Programme fallangemessen ausgestaltet, können die Effekte bei den Zukunftsorientierten relativ hoch sein. Im besten Fall entwickeln die jungen Teilnehmenden während ihres Aufenthaltes eine realistische berufliche Zukunftsvorstellung. Die Vermittlung in entsprechende Praktikastellen, sowie generell die Herstellung von Kontakten zum ersten Arbeitsmarkt sind für die jungen Programmteilnehmenden besonders bedeutsam.

> A: Durch die Arbeit im Wald, durch den K., ist es eigentlich wirklich passiert. Ich habe am Anfang habe ich immer gedacht gehabt, ja so im Freien, bei jeder Witterung ausgesetzt und so, ja das ist Scheiße oder, aber das sind zum Teil eben auch Vorurteile, die man hat, weil man denkt es ist so. Aber das gibt es halt immer. Aber ich finde es schön, so zu arbeiten, also ich habe gemerkt, das ist eigentlich wirklich mehr für mich, als irgendwie drinnen arbeiten, irgendwie in einer „Bude" oder so.

Herr A. hat durch das Beschäftigungsprogramm entdeckt, dass er gerne eine Lehrstelle als Förster antreten würde. Obwohl er nicht damit gerechnet hätte, die anstrengende Arbeit im Wald tatsächlich zu mögen. Durch das Beschäftigungsprogramm wurde ihm ein ganz neues Tätigkeitsfeld eröffnet. Herr A. hatte während seines Aufenthalts im Beschäftigungsprogramm eine sehr schwierige Zeit. Seine Programmteilnahme wurde wegen Dealen von Marihuana von einem einmonatigen Gefängnisaufenthalt unterbrochen. Diese Erfahrung war für ihn initial, um seine bisherige Haltung zu überdenken und einen gangbaren beruflichen Weg für die Zukunft zu suchen. Das Fachpersonal im Programm sowie seine Beraterin auf dem RAV scheinen diesen Prozess professionell zu begleiten. Auch wenn gerade Herr A. wahrscheinlich auch unrealistische Vorstellungen über seine Möglichkeiten hegt, ist es in dieser wegbereitenden Zeit entscheidend, dass das ihn begleitende Fachpersonal positiv auf seine Vorstellungen reagiert, um den jugendlichen Mut nicht zu zerstören und gleichzeitig den Bezug zur Realität zu fördern.

Für die meisten Personen, die in Beschäftigungsprogrammen tätig sind, insbesondere aber für die jugendlichen Teilnehmenden, dient die gebotene Tagesstruktur als wichtige Stütze der Alltagsorganisation. Die Zukunftsorientierten sind sich bewusst, dass sie ohne diese klare Einbindung Mühe hätten, den Alltag sinnvoll zu strukturieren. Da sie in den meisten Fällen keine Betreuungs- und Versorgeraufgaben gegenüber einer Familie besitzen, ist es für sie besonders schwierig, den Alltag eigenständig zu strukturieren. Hier ist die begrenzte Aufenthaltsdauer in den Programmen ein Nachteil. Wenn, wie in den meisten untersuchten Fällen, keine Anschlusslösung in Sicht ist, besteht die Gefahr, dass die jungen Klienten das Erlernte gar nicht nutzen können und letztendlich vor denselben Problemen stehen wie vor dem Aufenthalt im Beschäftigungsprogramm. Um die Verwahrlosung, die für einige Klienten im beschriebenen Szenario droht, oder die beginnende Ämterkarriere zu stoppen, müssten die Programme gerade junge Teilnehmende so lange beschäftigen können, bis eine gute Anschlusslösung gefunden wurde.

4.3 Die Ämterkarrieristen. Leben im Dauerprovisorium

Fallkonstellationen
Menschen, die eine sogenannte Ämterkarriere absolvieren, sind seit längerer Zeit im Kreislauf Arbeitsamt-Sozialamt-Zwischenlösung gefangen. Es sind meist Personen ohne Ausbildung oder mit geringer Qualifikation. Aufgrund der schlechten Aussichten, im ersten Arbeitsmarkt eine Stelle zu finden, ist ihre Abhängigkeit vom Sozialsystem besonders hoch. Sie erleben sich als machtlos. Besonders die Verhältnisse auf den Sozialämtern werden oft als unmenschlich erfahren. Da momentan keine realistische Möglichkeit einer Reintegration in den ersten Arbeitsmarkt besteht, sind Ämterkarrieristen in dieser Hinsicht zukunftslos. Sie können ihre Situation nicht wirklich ändern und sind dennoch permanent mit den Forderungen des Systems nach Veränderung konfrontiert. Die fehlenden Qualifikationen oder auch altersbedingte Anpassungsschwierigkeiten verhindern die Entwicklung einer verwirklichbaren Zukunftsvorstellung im ersten Arbeitsmarkt. Die Anforderungen, sich eine Basis für tatsächliche Veränderung zu schaffen (Nachholen von Qualifikationen) sind oft unrealistisch hoch. Sie sind nicht selten gebrochen gegenüber den Anforderungen des Arbeitsmarktes und mithin der Gesellschaft an ein „funktionierendes Individuum". Dabei müssen sie einen Umgang finden mit einer Dauerstigmatisierung, der sie auf dem Sozialamt, aber auch in gewissen Beschäftigungsprogrammen ausgesetzt sind. Die Ämterkarrieristen erkennen in den meisten Fällen, dass es auf dem Arbeitsmarkt eigentlich keine passenden Stellen für sie gibt. Durch ihre reduzierte Arbeitsfähigkeit und die erforderliche Rücksichtnahme nach der langen Absenz wären nur sehr spezialisierte Arbeitsplätze verbunden mit einem kleinen Pensum sinnvoll, um einen Wiedereinstieg zu ermöglichen.

Tendenziell haben die Ämterkarrieristen schwierige biographische Hintergründe. Häufig bestehen komplexe Mehrfachproblematiken. Sie erläutern ausführlich und sehr persönlich die psychischen und physischen Beeinträchtigungen und benutzen dies bisweilen als Legitimation für die stagnierende Entwicklung der Berufsbiographie. Dabei folgen in vielen Fällen sich wiederholende Erklärungen, wie diese Einschränkungen vom Fachpersonal auf den Ämtern und in den Beschäftigungsprogrammen ignoriert oder zu wenig ernst genommen werden. Die langjährige Auseinandersetzung mit den persönlichen Einschränkungen führt in manchen Fällen zu einer wenig angemessen scheinenden Schuldzuweisung gegen außen. Nachvollziehbar ist diese Reaktion insofern, als das Hilfesystem tatsächlich keine dauerhaften Lösungen für derart gelagerte Fälle bieten kann und diese Teilnehmenden letztendlich nach einer Maßnahme wieder sich selbst überlassen werden. Dabei haben gerade die Ämterkarrieristen kaum eine Chance, sich selbst aus ihrer Situation zu befreien. Unterschiedslos wird von allen Arbeitnehmenden verlangt, sich selbst arbeitstüchtig oder „arbeitsmarktfähig" zu erhalten und alles zu tun, um die Ware Arbeitskraft, die ihnen zur Verfügung steht, zu pflegen und zu verkaufen – dies, obwohl „der bedürftige Arbeitsuchende diese Bedingungen an und für sich gar nicht herstellen kann, weil er gerade nicht über die Mittel verfügt, sich einen ‚Arbeitsplatz zu schaffen'" (Buestrich 2006, 437). Längere Arbeitslosigkeit schafft für die Klienten nicht nur eine finanziell prekäre Situation. Damit verbunden sind oft auch Anerkennungsdefizite und eine Schwächung der Zugehörigkeit zu sozialen Netzen (vgl. Dörre 2005). Teilweise bauen sie auch eine innere Distanz auf zu ihrem Ämteralltag, die wenig hilfreich ist. Sie widersetzen sich der notwendigen Zusammenarbeit auf dem Amt, um sich ein Stück Eigenständigkeit zu bewahren. Sie versuchen oft erfolglos und manchmal verzweifelt, ihre Ansprüche auf den Ämtern oder in den Programmen hochzuhalten. Die permanente Entwürdigung als Person, die sie durch die versagte Reintegration erfahren, führt zu Kraftlosigkeit und nicht selten zu einer Schicksalsergebenheit, einem Sich-Fügen in die Ausweglosigkeit.

>PS: Sind Sie auch so ein wenig am Schauen, was es noch so für andere Möglichkeiten gäbe oder so?
>R: Ich habe es aufgegeben.
>PS: Haben Sie es ein wenig aufgegeben? Ja, Gut, es ist wahrscheinlich auch noch schwierig von einem gewissen Alter an?
>R: Das denke ich, und ohne Auto, ja, mhm (weint).

Frau R. ist seit längerer Zeit von der Sozialhilfe abhängig. Sie ist 55 Jahre alt und sieht für sich wenig Chancen auf eine tatsächliche Reintegration. Sie hat jahrelang im Reinigungsdienst gearbeitet und musste dann aufgrund eines internen Konflikts die Arbeitsstelle aufgeben. Sie hat keine Ausbildung und lebt alleine. Sie arbeitet 50 % in einer Sozialfirma. Sie ist nicht unfroh über diese Beschäftigungsmöglichkeit. Gleichzeitig ist sie, nicht zuletzt durch die permanente Missachtung ihrer Problemlagen durch die sie begleitende Fachperson, psychisch und physisch so labil, dass sie keinen wirklichen Bezug mehr herstellen kann zur jetzigen oder einer vom Sozialamt verlangten zukünftigen Tätigkeit. Ihre fehlenden Reintegrationschancen macht sie vor allem daran fest, dass sie nicht Auto fahren kann. Frau R. schützt sich damit ein Stück weit vor der Generalverurteilung, dass auch mangelnde Qualifikationen die jetzige Situation verschärfen. Wie im ähnlich gelagerten Fall von Frau M. wäre sie froh, wenn nicht auf allen zuständigen Stellen ein penetranter Zukunftsoptimismus aufrechterhalten würde, der mit der Realität nicht übereinstimmt. Frau R. wie Frau M. sind sich im Klaren darüber, dass ihre Reintegrationschancen verschwindend gering sind. Somit wäre es für diese Klienten sinnvoller, gemeinsam mit dem Fachpersonal nach realistischen Lösungen zu suchen, statt ein unrealistisches Reintegrationsziel zu verfolgen, welches die eigene Chancenlosigkeit vor Augen führt und damit einer weiteren Stigmatisierung als Randständige der Gesellschaft Vorschub leistet.

Da die Zukunft „gemacht" scheint, d. h. die eigene Gestaltungsmacht nicht mehr erfahrbar ist, werden diese Teilnehmenden oft energielos. Dies kann so weit führen, dass sie nicht mehr in der Lage sind, Chancen wahrzunehmen, da sie jeglichen Glauben an Veränderung verloren haben.

Aneignung der Ämterpraxis

Die meisten Programmteilnehmenden im Typus *Ämterkarrieristen* werden zum Zeitpunkt der Untersuchung durch die Sozialhilfe unterstützt. Da es für sie nicht möglich ist, eine längerfristige Anstellung oder nur schon länger dauernde Zwischenlösung zu finden, können sie sich keine Rahmenfrist mehr erarbeiten. Trotz dieses Umstands wird vom Sozialamt her versucht, auch diese Teilnehmenden zu reintegrieren. Dieser Anspruch ist wahrscheinlich in vielen Fällen nicht einzulösen. Trotzdem versucht das Fachpersonal „Dienst nach Vorschrift" zu leisten und ihn aufrechtzuerhalten. Diese positive Bestärkung ist bei einem funktionierenden Arbeitsbündnis sicher eine gut gemeinte Inszenierung von Hoffnung. Dem Fachpersonal kann also nicht per se unterstellt werden, in diesen Fällen falsch zu handeln. Gleichwohl wird hier die Realität einer dogmatischen Reintegrationsformel untergeordnet. Diese ziellose Aktivierung kann auch entwürdigende, respektlose Anteile enthalten. Wenn das Arbeitsbündnis inadäquat ausgestaltet ist, d. h. auf dem Sozialamt eine Disziplinierungslogik vorherrscht, kann dies destruktive Ausmaße annehmen. Die Klienten sind in solchen Fällen permanent damit beschäftigt, sich gegen unrealistische Ansprüche des Amtes zu wehren, statt einen tatsächlichen Ausweg aus den meist komplexen Problemlagen zu suchen. Das Beispiel von Frau M. zeigt, dass sie in der Auseinandersetzung mit der Fachperson auf dem Sozialamt nicht wirklich ernst genommen wird und viel Energie darauf verwenden muss, sich gegen eine bevormundende, respektlose Behandlung zu wehren.

> M: Also es ist schon am Band gewesen, das ist da mit Papier, da haben sie mich wollen hinauf tun. Da haben sie mich wollen da hinauf tun und eben es ist einfach alles ein wenig, der Weg ist ein Scheißdreck, musst eine Stunde warten, bis du wieder kannst nach Hause und so, weil die Postautos nur stundenweise Kurse ha-

ben. Ja, eben es ist einfach ein wenig scheiße gewesen, auf Deutsch gesagt. Und da haben sie mich einfach wollen plagen, er hat mich wollen plagen, das Sozialamt M., K., hat mich wollen plagen. Und ich wehre mich natürlich nach Strich und Faden.

Frau M. ist seit mehreren Jahren abhängig vom Arbeits- oder Sozialamt. Abgesehen von einem kurzen Zwischenverdienst war sie arbeitslos oder arbeitete in verschiedenen Beschäftigungsprogrammen. Die Mitarbeiterin auf dem Sozialamt in M., welches, wie von zwei Fällen bestätigt, einen entwertenden, respektlosen Umgang mit der Klientel pflegt, versucht permanent, Frau M. zu 100 % in den Arbeitsmarkt einzugliedern. Frau M. ist jedoch 50 Jahre alt und hat einen lädierten Rücken und ein kaputtes Knie. Die angebotene Fließbandarbeit war für sie eine Zumutung. Selbst der potentielle Arbeitgeber lehnte eine Anstellung von Frau M. ab. Trotzdem befand das Sozialamt, dass Frau M. diese Stelle hätte annehmen müssen und bestrafte sie mit einer Kürzung der Gelder um 20 %. Frau M. wehrt sich „nach Strich und Faden" und versucht nun, mit einem Arztzeugnis gegen diese Verfügung vorzugehen. Für Frau M. erscheint eine Anstellung im ersten Arbeitsmarkt nicht völlig unrealistisch. Die jahrelange Abwesenheit muss jedoch in besonderem Masse berücksichtigt werden. Frau M. selbst führt mit dem stündlichen Postautokurs ein wenig plausibles Argument ein, weshalb diese Stelle u. a. eine Zumutung sei. Dabei zeigt sich auch, wie weit sich Frau M. während ihrer langen Arbeitslosigkeit von „Normalitätsvorstellungen" entfernt hat. Die Erwartungen von Seiten des Sozialamtes scheinen jedoch in manchen Fällen die Ansprüche auf Seiten der Bezüger zu verstärken. Falls es nämlich (was in den meisten Fällen zutrifft) tatsächlich nicht möglich ist, die Ämterkarrieristen wieder in den ersten Arbeitsmarkt zu reintegrieren, fällt die Verantwortung auf die Klienten zurück. Ihnen wird ein weiteres Mal aufgezeigt, dass sie es nicht mehr schaffen. Es ist nachvollziehbar, dass sie eine Wiederholung dieser Inszenierung des Scheiterns vermeiden möchten.

Statt einer gemeinsamen Lösungssuche muss Frau M. auf dem Sozialamt um ihre Rechte kämpfen. Während sie ihres Erachtens auf dem RAV sehr gut beraten wurde, ist sie nun auf doppelte Weise einer permanenten Entwürdigung ausgesetzt, auf dem Sozialamt und auch im Beschäftigungsprogramm, dessen Leiter eng mit der Sozialbehörde zusammenarbeitet und gegenüber den Teilnehmern eine klar autoritäre Haltung einnimmt.

Bei den Ämterkarrieristen führt der jahrelange Ausnahmezustand mitunter zu einer Realitätsverschiebung, so dass tatsächliche Chancen nicht mehr als solche wahrgenommen werden können. Die durch die persönliche Situation erzwungene Entwöhnung von einem geregelten Arbeitsleben kann auch zu einer Kraftlosigkeit führen, die einen Wiedereinstieg in eine normale Tätigkeit verhindert.

Z.: Ich habe im Dezember ein Praktikum angefangen in der Küche in B. im Altersheim, und dann bin ich dort achteinhalb Stunden dort gestanden und geschnetzelt und gemacht und getan und habe eigentlich so nach zwei Tagen so gedacht für mich, das kann es nicht sein, oder? Einfach weil, es kann es eigentlich nicht sein, aber ich habe eigentlich eben die Auflage eben von der Fürsorge, dass ich das habe müssen annehmen, die Praktikumsstelle, weil es sei wieder ein Zeugnis, zum wieder ins berufliche Leben können einsteigen, also wissen Sie was ich meine oder?

Frau Z. betont während des gesamten Interviews wiederholt ihren Arbeitswillen. Sie bewirbt sich an vielen Orten und versucht intensiv eine Stelle zu finden. Gleichzeitig hat sie mehrere Stellenangebote zurückgewiesen. Bei jeder Stelle, die sie ausprobiert, geschehen nach einigen Tagen Dinge, die sie davon abhalten weiterzuarbeiten oder sie findet vorher plausible Gründe, ein Angebot abzulehnen. Die Stelle im Altersheim war zu anstrengend für sie. Offenbar war sie auch nicht selbst gewählt, sondern es wurde vom Sozialamt verfügt, dass Frau Z. ein Praktikum zu absolvieren habe. Frau Z. hat keine körperlichen Beschwerden, war jedoch längere Zeit alkoholabhängig und musste mehrmals einen Entzug machen. Sie scheint, wie sich dies an mehreren Stellen zeigt, innerlich nicht bereit, wieder in den ersten Arbeitsmarkt einzusteigen. An sich könnte sie sich vorstellen, länger im Beschäftigungsprogramm zu bleiben, wo sie sich gut aufgehoben fühlt. Bei Frau Z. zeigt sich eine typische Verhaltensweise von Ämterkarrieristen. Sie haben sich durch ihre sehr geringen Reintegrationschancen gezwungenermaßen im Ämterkreislauf eingerichtet. Man könnte von einer Chronifizierung sprechen. Der Vergleich mit einer chronischen Krankheit ist nicht unpassend, da sich diese Personen den Kreislauf Arbeitsamt-Sozialamt-Zwischenlösung nicht selber ausgesucht haben, sich jedoch damit arrangieren müssen. Durch diese Chronifizierung können sich die Gewichtungen verschieben. Eine Wiederanstellung im ersten Arbeitsmarkt ist durch die psychischen oder physischen Einschränkungen oft in weite Ferne gerückt oder wird nicht mehr angestrebt. Die gesellschaftlichen Forderungen an den ‚normalen Arbeitnehmer' erscheinen als zu hoch.

M: Also wenn du ausgesteuert bist, dann musst du, dann musst du, ist halt eben ein wenig ein Kreisel.
BW: Ein Kreislauf, ja.
M: Wenn's einmal anfängt, wirst du fast nicht mehr fertig. Gut oder ich meine, wenn du Fünfzig bist, dann ist einfach schon schwierig, so irgendwo, wegen den Sozialleistungen und allem, dass du irgendwo unterkommst. Und das wissen die genau, alle vier, die hier sind, wie ich, nur sagen sie das nicht.

Viele der als Ämterkarrieristen bezeichneten Teilnehmenden sind sich im Klaren darüber, dass sie längerfristig keine Chance auf eine richtige Stelle haben. Für Frau M. ist es wie ein Kreisel. Ein Kreisel dreht sich zu Beginn ganz schnell wird dann langsamer, bis er zum Stillstand kommt. Sinnbildlich könnte dies für den Kreislauf Amt-Beschäftigungsprogramm-Amt stehen. Bei einer Maßnahme wird Hoffnung geschürt, dass sich tatsächlich etwas verändert, möglicherweise sogar eine Reintegration in den ersten Arbeitsmarkt in Aussicht steht. Damit wird die Dynamik beschleunigt. Das Beschäftigungsprogramm ist dann die Auskühlstation, in der die Hoffnung verlangsamt wird. Der Stillstand ist das Sich-erneut-Einreihen in die Arbeits- oder vielmehr Beschäftigungslosigkeit bis zur nächsten Maßnahme. Teilweise hoffen die Ämterkarrieristen natürlich doch auf eine Veränderung der Arbeitssituation, teilweise scheinen sie den Jargon des Fachpersonals aufgenommen zu haben und die Reintegration in einer gemeinsamen Inszenierung wiederholt zu beschwören. Diese Inszenierung ist möglicherweise notwendig, um das Provisorische der Abhängigkeit vom Sozialsystem auf Teilnehmendenseite zu unterstreichen. Gleichzeitig ist sie notwendig, um die Illusio zu fördern, dass der Staat sich für alle um eine Reintegration bemüht. Dies ist aber nicht der Fall. Faktisch werden im besten Fall die Reintegrationschancen erhöht. Selbst dies kann jedoch in den meisten Fällen nicht nachgewiesen werden.

Teilweise wird auf den Ämtern (eher als in Beschäftigungsprogrammen, weil diese ohnehin auf eine begrenzte Zeit festgelegt sind, was den Teilnehmenden auch bewusst ist) zu wenig berücksichtigt, welche Art von Entmündigung bei längerer Unterstützungsbedürftigkeit entstehen kann. Diese Abhängigkeit wird dann oft so plötzlich aufgelöst, dass die Teilnehmenden sich hilflos fühlen. Herr K. hat nach einem Arbeitsunfall mit einer schweren Rückenverletzung nicht in seinen angestammten Beruf als Maler zurückkehren können. Die IV bot ihm eine Umschulung zum technischen Kaufmann an. Er absolvierte diese zweijährige Ausbildung. Seine 5-köpfige Familie unterstützte ihn dabei in der Hoffnung, dass sich eine Anschlusslösung findet.

> K: Weil das ist fertig, das ist für die abgehakt gewesen, einer weniger und fertig. So sind wir uns auch etwa vorgekommen unsere Klasse, also wir haben das manchmal diskutiert. Das ist, auch wenn du eine Frage gehabt hast, ist fertig also und ich habe auch während den zwei Jahren keine große Unterstützung gehabt.
> I: Also keine Beratung oder?
> K: Nein hä.

Nach seiner Umschulung fühlte sich Herr K. allein gelassen. Da er aufgrund seines Alters und der großen Familie relativ hohe Sozialleistungen erhält, ist eine Anstellung für einen potentiellen Arbeitgeber zunächst nicht lukrativ. Hier wirkt sich die Ämterlogik „wir haben unseren Dienst getan" besonders verheerend aus. Herr K. bleibt bei der Arbeitssuche auf sich allein gestellt. Obwohl er hoch motiviert ist und zwei Ausbildungsabschlüsse vorweisen kann, ist er in der Ämtermühle gestrandet. Er fühlt sich „vom Staat" allein gelassen und sieht nicht, wie er sich selbst aus dieser Situation befreien kann.

Auch hier wirken die strukturellen Zwänge. Es ist davon auszugehen, dass Herr K. in Zusammenhang mit dem Umschulungsentscheid eine wenig qualifizierte Beratung erhielt.

Die professionelle Begleitung der Ämterkarrieristen ist ein sensibles Feld, da die Reintegrationsschancen meist gering sind. Gleichzeitig haben die Fachpersonen die Aufgabe, eine Reintegration zu motivieren. D. h. dass in einigen Fällen dieses Arbeitsbündnis auf der aufrechtzuerhaltenden Fiktion der Reintegration beruht, welche eine tatsächliche kooperative Zusammenarbeit erschwert. Man könnte von einer Aktivierung ins Nichts sprechen. Die strukturellen Zwänge der Sozialhilfe können durch ein gutes Arbeitsbündnis Klient-Fachperson ein Stück weit durchbrochen werden. Die würdige Behandlung dieser Langzeitklienten kann eine Stabilisierung des beschädigten Selbstbewusstseins bewirken. Das Fachpersonal hat jedoch eigene Zielvorgaben, denen es folgen muss und die den Ansprüchen der Klientel entgegengesetzt sein können.

Effekte der Beschäftigungsprogramme
Für viele der Ämterkarrieristen bieten die Beschäftigungsprogramme eine hilfreiche Struktur. Gerade weil diese Klienten für sich selten eine reelle Chance des Wiedereinstiegs sehen, schätzen sie die Möglichkeit des „geschützten" Tätigseins in den Programmen. Das PvB ist für diese Klientel ein Beschäftigungsgenerator und bietet Tagesstruktur. Dies bezeichnen die meisten Teilnehmenden als wichtigsten Faktor innerhalb der Programme. Da die berufliche Entwicklung und die Integration durch die Ämterkarriere und die eingeschränkten spezifischen Möglichkeiten der Teilnehmenden erschwert sind, kann der beschäftigende Charakter der PvB als positives Ausgestaltungsmerkmal gedeutet werden. Versuche, in den Programmen die Illusion der Chancenerhöhung herzustellen, werden durch das hohe Bewusstsein der Leute für die eigene Position und die eigenen Möglichkeiten verhindert. Ein zielorientierter, geregelter Tagesablauf kann jedoch die Teilnehmenden darin unterstützen, ihr Engagement aufrechtzuerhalten oder wiederherzustellen. Die geforderten Tätigkeiten müssen ohne Druck ausgeführt werden dürfen. Im Vordergrund steht nicht der Inhalt der Tätigkeiten, sondern die Frage, ob die Klienten würdig und respektvoll in Rücksichtnahme auf die persönliche Geschichte und die jeweiligen Beeinträchtigungen behandelt werden.

Obwohl das Reintegrationsziel für die meisten Ämterkarrieristen nicht erreicht werden kann, ist für diese Teilnehmenden der Aufenthalt im Beschäftigungsprogramm hilfreich. Sofern das Arbeitsbündnis klientenzentriert ausgestaltet ist, können sie darin etwas an Würde wiedererlangen, welche durch die permanente Ausgrenzung aus dem ersten Arbeitsmarkt schwierig aufrechtzuerhalten ist. Für diese Teilnehmenden spielt auch das Team und die darin erfahrene Unterstützung eine große Rolle, während für die Realisten oder die Zukunftsorientierten diese Arbeitsverhältnisse auf Zeit keine große Bedeutung haben. Widersprüchlich bleibt, dass die Teilnehmenden sich in den ermächtigend ausgestalteten Beschäftigungsprogrammen zwar gut aufgehoben fühlen und eine persönliche Stabilisierung erreicht wird, die trotzdem notwendige Qualifizierung für den ersten Arbeitsmarkt jedoch nicht stattfindet.

Wünschenswert wäre für die Ämterkarrieristen eine stärkere Fallabklärung und Begleitungsfunktion innerhalb der Beschäftigungsprogramme. Da ihnen auf den Ämtern nicht selten Simulantentum unterstellt wird, benötigen sie eine anwaltschaftliche Abklärung mit dem Nachweis, dass sie nicht mehr so leistungsfähig sind, wie dies eine Reintegration in den ersten Arbeitsmarkt (gefordert vom Sozialamt) verlangen würde.

Im schlechtesten Fall fungiert das Beschäftigungsprogramm als Züchtigungsbetrieb und als Anstalt für Arbeitsscheue (in Zusammenarbeit mit den Sozialämtern). Dabei wiederholt sich die zerstörerische Entwürdigung der Personen. Durch die lange Ämter- und Programmerfahrung reagieren diese Klienten besonders sensibel auf eine derartige Behandlung. Der Vorwurf des Arbeitsscheu-Seins und des Sozialschmarotzertums ist in diesen Programmen latent präsent. Wie bereits beschrieben, ist tatsächlich in vielen Fällen eine gewisse Energielosigkeit da, die aus der Zukunftslosigkeit resultiert. Diese Energielosigkeit kann als Faulheit gedeutet werden, ist aber in den meisten Fällen eine resignative Bewältigungsstrategie für tatsächlich unlösbare Probleme.

Die größten Effekte können folglich erzielt werden, wenn die psychischen und physischen Möglichkeiten der Teilnehmenden genau abgeklärt werden. Sie benötigen Unterstützung beim Aufrechterhalten ihrer Arbeitsfähigkeit. Auch hier wäre ein langfristiger Aufenthalt bis hin zur freiwilligen dauerhaften Teilnahme in einem Beschäftigungsprogramm eine Möglichkeit, die Entwicklungsdynamik einer Ämterkarriere zu durchbrechen.

4.4 Die Arbeitsmarktgeschädigten.
Die angstbesetzte Arbeit

Fallkonstellationen

Die Arbeitsmarktgeschädigten haben in ihrer früheren Anstellung auf dem ersten Arbeitsmarkt Erfahrungen gemacht, die sie nachhaltig seelisch und psychisch beeinträchtigen. Es sind meist niedrig oder nicht qualifizierte Personen, die über lange Jahre im selben Betrieb gearbeitet haben und dann eine

Kündigung erhielten. Der Kündigungsentscheid erfolgte im Erleben dieser Leute willkürlich und ungerechtfertigt. Eine Wiederanstellung scheint wegen des fortgeschrittenen Alters und der fehlenden Qualifikation, respektive einer sehr spezifischen Qualifikation in einem Berufsfeld, sehr unwahrscheinlich. Diese Personen müssen folglich damit rechnen, die letzten Jahre bis zur Pensionierung vom Arbeits- und Sozialamt abhängig zu sein. Mit dieser Aussicht gehören sie quasi zu den zukünftigen Ämterkarrieristen, sie sind hinsichtlich ihres Habitus und Arbeitsethos jedoch noch vollständig im ersten Arbeitsmarkt verankert. Zugleich war die Berufsarbeit im Leben dieser Leute der zentrale Ankerpunkt. Sie haben sich unhinterfragt mit ihrer Arbeit identifiziert. Ihnen stehen wenig oder keine alternativen Gestaltungsmöglichkeiten für ihren Alltag zur Verfügung.

> H.: Weil ich habe schon psychisch seit ich die Kündigung bekommen habe, bin ich auch immer in Behandlung oder? Seit eineinhalb Jahren mit der Psychiaterin ja. Weil das hat mich, es ist genau auf den Tag drei Wochen vor meinem Dreißigjährigen, habe ich die Kündigung bekommen. Dann habe ich das Geld auch nicht bekommen, gar nichts, gar kein Geld bekommen, es hätte ja pro Jahr hundert Franken sollen geben. Ich habe nichts bekommen. Genau drei Wochen vor meinem dreißigjährigen Jubiläum haben sie mir gekündigt.

Frau H. hat dreißig Jahre lang in derselben Firma gearbeitet. Sie ist ungelernt und hat sich dort eine Position erarbeitet, in der sie ihre Tätigkeiten selbstständig ausführen konnte. Sie ist 55 Jahre alt und hat damit gerechnet, bis zu ihrer Pensionierung in der Firma zu arbeiten. Drei Wochen vor ihrem 30jährigen Jubiläum wurde ihr die Stelle gekündigt. Dies führte überdies dazu, dass das Jubiläumsgeld, das in 30 Jahren fast einen Monatslohn ausgemacht hätte, ebenfalls nicht ausbezahlt wurde. Frau H. erzählt diese Erfahrung in der Eröffnungssequenz des Interviews und wiederholt die traumatische Auswirkung immer und immer wieder. Es ist, als ob sie es nach wie vor unglaublich findet, dass das überhaupt geschehen konnte. Sie hat sich Hilfe bei einer Psychiaterin gesucht, bei der sie seither in Behandlung ist. Diese Erfahrung hat sie aus ihrem organisierten und fixen Alltag gerissen. Mit dem Arbeitsalltag fiel nicht nur die zeitliche Strukturierung des Alltags weg, sondern auch die hohe Identifikation mit der Firma.

> H.: Weil ich habe mich wirklich wie so in einem Schneckenloch drin verkrochen und von den Kolleginnen nichts mehr wollen hören, von den eigenen Leuten nicht, nicht einmal von den Enkeln habe ich etwas mögen verleiden. Und dann habe ich gedacht, das kann es einfach nicht sein.

Die Kündigung führte bei Frau H. zeitweilig zu einer lähmenden Handlungsunfähigkeit. Sie hat sich völlig aus ihrem sozialen Umfeld zurückgezogen. Selbst der Kontakt zu den Enkelkindern veränderte sich durch ihr Befinden.

Damit hat sich nicht nur der Arbeitsalltag radikal verändert. Die psychische Belastung erlaubte es Frau H. nicht, Beziehungen zu pflegen, welche auch einen gewissen Halt hätten bieten können. Nach einem Jahr hat sie sich jedoch aus eigenen Stücken entschieden, die Situation zu ändern. Sie hat im RAV darum gebeten, ihr irgendeine Beschäftigung zu vermitteln.

Die Arbeitsmarktgeschädigten haben ein hohes Arbeitsethos und hatten meist eine enge Bindung zu ihrem Arbeitsplatz. Bei Frau H. wurde die Firma lange Jahre von einem allseits respektierten Patron geführt, der sich für „seine" Leute einsetzte und gleichwohl Leistung verlangte. Die Arbeitsmarktgeschädigten sind nicht selten Opfer von Firmenübernahmen, bei denen ein auf die Mitarbeiter bezogener Führungsstil verloren ging respektive nicht weitergeführt wurde.

H: Was ich durch diese Kündigung bekommen habe ist wahnsinnig Angst auf einen neuen Arbeitsplatz.

Durch die Willkürmacht der Vorgesetzten verlieren die Arbeitsmarktgeschädigten das Vertrauen in Arbeitgeber gänzlich. Da sie aufgrund ihrer spezifischen Qualifikationen von einem ganz bestimmten Arbeitsplatz abhängig sind und dabei davon, dass die Vorgesetzten dies ermöglichen, ist eine Kündigung gleichbedeutend mit einem vollumfänglichen und nicht selten definitiven Arbeitsverlust. Nach jahrelanger stabiler Anstellung, in der die fehlenden Qualifikationen kein Thema waren, werden diese plötzlich wieder relevant. Die Arbeitsmarktgeschädigten fürchten einen Wiedereinstieg gleichermassen wie die Aussicht auf eine Ämterkarriere bis zur Pensionierung. Bei einem Wiedereinstieg in den ersten Arbeitsmarkt droht unter Umständen erneut autoritäre Willkür, der sie sich nicht ein zweites Mal aussetzen möchten. Gleichzeitig bedeutet ein Wiedereinstieg, in einem neuen Umfeld eine neue Tätigkeit zu erlernen. Die jahrelange Selbstverständlichkeit des Berufsalltags kann diese ungewohnte Situation des Lernens bedrohlich erscheinen lassen. Falls ein Wiedereinstieg realistisch sein sollte, muss diese Angst unter Zuhilfenahme professioneller Unterstützung aufgearbeitet werden. Dafür könnten auch die PvB einen geeigneten Rahmen bieten.

Aneignung der Ämterpraxis
Die Arbeitsmarktgeschädigten nehmen meist zum ersten Mal die Hilfe eines Amtes in Anspruch. Aufgrund ihres hohen Arbeitsethos und der Identifikation mit Arbeit an sich bekunden sie Mühe, nun staatliche Unterstützung zu beanspruchen. Es ist eine völlig neue Rolle, vor der sie sich früher geschützt wähnten. Die Plötzlichkeit des Rollenwechsels zusammen mit der zu verarbeitenden Traumatisierung erschwert den Aufbau eines konstruktiven Ar-

beitsbündnisses. Die Arbeitsmarktgeschädigten brauchen Zeit, um sich in die Praxis der zuweisenden Stellen einzufügen.

> F: Es ist eben schon ein Druck. Ich hätte das nie geglaubt. Mir ist schon gesagt worden, früher sei das ganz einfach gewesen, also Arbeitslosigkeit. Aber heute, der kleinste Brief, den du vom Arbeitsamt bekommst, tun sie dich sofort mit Einstelltagen bedrohen. Und das ist das, was mir schaurig an die Nerven geht.

Für Frau F. ist die Drohung mit Einstelltagen besonders belastend. Die dahinter stehende Annahme, dass nur strenge Kontrolle die Arbeitslosen motiviert, die eigene Stellensuche voranzutreiben, kränkt die Arbeitsmarktgeschädigten in ihrem Berufsstolz. Die latente Unterstellung, dass die Arbeitslosen selbst nicht wirklich „wollen", steht konträr zur jahrelangen zuverlässigen Berufstätigkeit. Die Rolle des Sozialschmarotzers ist den Arbeitsmarktgeschädigten (wie überdies dem Großteil der Klienten) völlig fremd. Obwohl Frau F. sich menschlich und fachlich bei ihrer Fachperson auf dem RAV sehr gut aufgehoben fühlt, empfindet sie diese gesetzlich verankerten Kontrollmechanismen, welche unterschiedslos bei allen Arbeitslosen angewandt werden, als Schikane.

Eine besondere Schwierigkeit liegt für die Arbeitsmarktgeschädigten darin, die Vergangenheit zu bewältigen ohne Zukunftsvorstellung. Es ist unklar, an welchem Ort das beschädigte berufliche Selbstbild wieder rehabilitiert werden kann. Für die Arbeitsmarktgeschädigten gibt es keine der Arbeitstätigkeit äquivalente Tätigkeit.

> M.: Das ist dann ein großes Glück, wenn man wieder etwas findet. Nachher habe ich dann gefunden, ja jetzt will ich einfach wieder etwas tun, weil wenn Sie immer gearbeitet haben, das ist einfach eine Katastrophe, wenn Sie dann nichts mehr haben, alleinstehend sind, was machen Sie den lieben langen Tag oder? Eben nicht viel und das ist eben grundfalsch, finde ich.

Menschen, bei denen die Arbeit den Alltag bisher vollumfänglich strukturierte, bekunden Mühe, plötzlich eigentätig Ideen zu entwickeln, wie sie mit der Zeit umgehen könnten. Wenn sie gerade in höherem Alter keine persönlich erfüllende Rolle als Ersatz für die Berufstätigkeit finden (wie z. B. die Rolle als Großmutter oder Großvater) stellt sich die Frage, was sie „den lieben langen Tag" tun könnten. Die finanziellen Mittel reichen meist nicht aus, um ein aufwendigeres Hobby zu betreiben oder beispielsweise eine Weiterbildung zu absolvieren. So ist das Fachpersonal auf den Ämtern in hohem Masse gefordert, neben dem Bemühen um eine Regeneration Alternativszenarien zu entwerfen, wie ihre Klienten den Alltag gestalten können.

Frau H. fühlte sich trotz eines für sie einschneidenden Betreuerwechsels auf dem RAV von beiden zuständigen Fachpersonen jeweils sehr ernst genommen. Die Beratung war hilfreich und führte nicht zuletzt dazu, dass Frau

H. eigenständig entschied, in ein Beschäftigungsprogramm zu gehen. Die freiwillige Teilnahme an einer Maßnahme ist besonders im Fall von Arbeitsmarktgeschädigten entscheidend, damit sie keine Retraumatisierung durch willkürliche Entscheide von außen erfahren.

Effekte der PvB
Die Thematisierung der Beschäftigungsprogramme findet bei den Arbeitsmarktgeschädigten quasi am Rande statt. Im Zentrum der Erzählungen stehen die Aufarbeitung der traumatischen Kündigungserfahrung und die Auseinandersetzung mit den veränderten Lebensbedingungen. Da der Berufshabitus sehr stark über eine langjährige Identifikation mit einer Firma geformt wurde, können sie sich (noch) nicht mit den Tätigkeiten und Organisationsweisen eines Beschäftigungsprogramms anfreunden. Die Tagesstruktur und das soziale Netz ermöglichen jedoch eine Stabilisierung der erschwerten Alltagsbewältigung. Da die Arbeitsmarktgeschädigten sich trotz fehlender beruflicher Qualifikation über die langjährige Tätigkeit eine selbstständige Stellung in einer Firma erarbeitet haben, können die Tätigkeiten im Beschäftigungsprogramm auch entwürdigende Anteile enthalten.

> F: Ja, ja. Weil ich bin mir das schon nicht so gewohnt, weil eben dort wo ich gewesen bin, ich habe genau gewusst was ist meine Arbeit. Jeden Freitag haben wir eine Sitzung gehabt und dann ist das gesagt worden, was am Montag, was dann alles läuft und dann hast du genau gewusst, wenn du am Morgen gekommen bist, hast du deine Arbeit gehabt. Hast deine Maschine eingestellt und hast gearbeitet an der Maschine.

Für Frau F. ist es besonders schwierig, dass die Tätigkeiten im Beschäftigungsprogramm keine Konstanz haben. Zügelaufträge, Recyclingarbeiten, Sortieraufträge und Putzen wechseln sich ab. Frau F. weiß nie genau, wann sie wo zugeteilt wird. Die Arbeitsmarktgeschädigten sind, was mögliche Arbeitsfelder anbelangt, unflexibel, weil ihr berufsbiographischer Hintergrund keinen Spielraum für Flexibilität lässt. Die jahrelange Tätigkeit am alten Arbeitsplatz garantierte eine selbständige Arbeitsweise in geregeltem Rahmen. Wenn sie nun im Beschäftigungsprogramm ständig wechselnde Tätigkeiten ausführen müssen, kann dies zu einer Verunsicherung führen. Damit wird gleichzeitig eine gewisse Verfügungsgewalt markiert, die sich negativ auf die Motivation auswirken kann.

Ein zielorientierter, geregelter Tagesablauf kann helfen, die persönliche Arbeitsbereitschaft wiederherzustellen. Für die Arbeitsmarktgeschädigten ist es wichtig, dass im Beschäftigungsprogramm eine konstante Arbeitsgestaltung möglich ist. Das heißt, dass die auszuführenden Aufträge bekannt sind und die Teilnehmenden wissen, wie sie die geforderten Tätigkeiten ausführen müssen. An erster Stelle stehen jedoch die psychische Stabilisierung und der Abbau von Ängsten. In diesem Sinne ist die Ausgestaltung eines Beschäftigungsprogramms als geschützte Werkstatt keine demotivierende Form. Die Arbeitsmarktgeschädigten brauchen einen gewissen Schutzraum, um das Vergangene aufzuarbeiten. Im besten Fall finden die Arbeitsmarktgeschädigten dadurch einen neuen Zugang zu Arbeit überhaupt, welcher unabhängig von der früheren beruflichen Einbettung ist. Dabei sollte auch die Möglichkeit bestehen, disqualifizierende Arbeiten abzulehnen, um die beschädigte berufliche Integrität nicht noch weiter zu schwächen. Für die Arbeitsmarktgeschädigten ist es Ziel, sich wieder als Teil der arbeitenden Bevölkerung zu erfahren und damit einen Teil ihrer „alten" Identität wiederzuerlangen.

Obwohl Frau H. sich freiwillig für das Beschäftigungsprogramm entschied, hat die anfängliche Einbindung nicht funktioniert. Die Arbeit war, nach einem Jahr schwerer psychischer Belastung, zu schwer für sie. Frau H. hat sich ein ärztliches Zeugnis besorgt, welches bescheinigt, dass sie nur leichte Arbeiten ausführen darf. Es ist nicht in jedem Fall der Arbeitsmarktgeschädigten vorauszusetzen, dass gewisse Arbeiten sie überfordern. Problematisch ist eher, dass in gewissen Fällen eine psychologische Diagnosekompetenz vonnöten wäre, um die Fälle richtig einzuschätzen. Dies übersteigt jedoch den Rahmen eines Beschäftigungsprogramms in den meisten Ausgestaltungsformen. Die Voraussetzung, dass die Tagesstruktur und Tätigkeit an sich eine „heilsame" Wirkung auf die Teilnehmenden ausüben, ist in vielen Fällen unrealistisch.

Nebst der meist hilfreichen Tagesstruktur ist das Beschäftigungsprogramm für die Arbeitsmarktgeschädigten manchmal jedoch auch Rettungsanstalt, um vor der Einsamkeit der Arbeitslosigkeit zu bewahren. Das Arbeitsbündnis zum Fachpersonal sowie die Kontakte im Team stehen über der inhaltlichen Ausgestaltung des Alltags. Die Arbeitsmarktgeschädigten nehmen die Betreuung aktiv in Anspruch. Sie sind froh um psychologisch-fachliche Begleitung, die jedoch im besten Fall ausgelagert werden müsste, damit sie nicht nach Beendigung des Programms wieder aussetzt. Die Arbeitsmarktgeschädigten müssen lernen, Vorgesetzten neu zu vertrauen. Matronage im Sinne einer unbedingten Unterstützung und klaren Rahmensetzung ist hilfreich. Bei weniger belasteten Klienten ist ein Coaching angebracht. Wichtig ist es, die Eigenverantwortung zu stärken, um das Gefühl des Ausgeliefertseins zu minimieren. Wenn die Fachpersonen angemessen auf die traumatisierenden Arbeitsmarkterfahrungen und den dadurch erfahrenen Verlust von Würde reagieren, kann eine psychische Stabilisierung erreicht werden. Die Tagesstruktur hilft, nicht ausschließlich das erfahrene Unrecht gedanklich zu reproduzieren. Die gegenseitige Unterstützung im Team kann als hilfreich erfahren werden bis hin zu familialistischer Solidarisierung nach der Logik: „Wir sitzen im gleichen Boot".

4.5 Die Schutzbedürftigen. Gesundheitlich bedingter Ausschluss

Fallkonstellationen
Die Schutzbedürftigen sind Teilnehmende, die aufgrund physischer Beeinträchtigungen in ihrer Arbeitsfähigkeit massiv eingeschränkt sind. Sie können mit oder ohne Ausbildung nicht mehr wirklich Fuß fassen in der Arbeitswelt. In vielen Punkten ähneln die Schwierigkeiten denjenigen der Ämterkarrieristen. Der Unterschied besteht vor allem darin, dass diese Klientel aufgrund ihrer körperlichen Einschränkungen an der Grenze zu IV-Fällen steht oder schon eine attestierte Teilrente bezieht. Die Reintegrationschancen sind aufgrund der körperlichen Beschwerden noch geringer als bei den Ämterkarrieristen. Die Abhängigkeit von den Ämtern ist in diesem Sinne gleich groß, da die Reintegration in absehbarer Zeit eher unwahrscheinlich scheint. Die Auswirkungen der Aktivierung sind jedoch noch gravierender. Die Schutzbedürftigen werden oft trotz massiver körperlicher Einschränkungen und Schmerzen zur Arbeit verpflichtet.

> P: Am Anfang haben wir Problem, ich habe nicht Problem, ich kann recht sagen, wie Ihnen jetzt: Ich kann nicht arbeiten, bewegen oder. Wenn er schicken in den Bahnhof, um zu putzen oder im Bahnhof und sagt: Da, ist leichte Arbeit. Habe ich gesagt: Ich kann nicht bewegen, habe ich Problem. Sagt er: Ja, das keine Arbeit, wo Du musst. Zwei-, dreimal wegen so Sachen haben wir schon ein bisschen Streit, einmal muss sagen.
> PS: Also am Anfang haben sie überhaupt kein Verständnis gehabt?
> P: Ja, weißt Du, die haben gemeint, ich will nicht arbeiten. Habe ich gesagt: Du kannst meine Papiere schauen, habe nie ein Tag arbeitslos, bin ich nicht gewesen. So lange in jedes Firma, zehn Jahr oder sieben Jahre, habe ich selber gewechselt.

Herr P. ist nach einem Arbeitsunfall, bei dem ein Teil seines rechten Armes gelähmt wurde, und einer Bypassoperation in seiner Arbeitsfähigkeit massiv eingeschränkt. Obwohl er zu 25 % bei der IV berentet ist, wird er im Beschäftigungsprogramm, respektive durchs Sozialamt verpflichtet, 100 % zu arbeiten. Er ist, wie seine Teamkollegen bestätigen, motiviert und möchte unbedingt arbeiten. Seine körperliche Verfassung erlaubt dies jedoch nur sehr eingeschränkt. Trotzdem wird er von der Programmleitung zu Putz- und Zügelarbeiten beordert, bei denen er sich ständig bei seinen Kollegen entschuldigen muss, weil er nicht voll einsatzfähig ist. Er muss immer wieder darum kämpfen, dass seine Einschränkungen wahrgenommen werden und selbst an einem eigentlich geschützten Ort um Anerkennung ringen. Herr P. ist zwar selbst unter diesen Bedingungen froh, eine Tätigkeit zu haben. Gleichwohl scheint hier, als werde „Aktivierung" in einem unzuträglichen Masse betrieben. Das beschriebene PvB stellt unter den untersuchten Programmen mit seiner extrem ausgeprägten Disziplinierungslogik zwar einen Sonderfall dar. Bei Herrn P. scheint jedoch die gesamte Fallbegleitung in unangemessener Weise zu verlaufen. Der latente Vorwurf des Sozialschmarotzertums kommt dadurch zum Ausdruck, dass die Leitung des PvB Herrn P. unterstellt, er wolle gar nicht arbeiten.

Im Gegensatz dazu wird Frau N., die wegen einer fortschreitenden Arthrose mit großen Schmerzen zu kämpfen hat, in ihrem Beschäftigungsprogramm unterstützt.

> N: Ja ja, ich bin sehr zufrieden, mit dem Personal und dem Kollegen. Zum Beispiel sagen, du jetzt probieren in der Küche, ich arbeite eine Stunde und dann geht bisschen wieder und dann sagen, tut mir leid, kann nicht mehr machen, bin ich sehr müde, ich habe keine Kraft, alle Gelenk schmerzt oder? Dann geht und wechseln mit eine Frau.

Die körperlichen Einschränkungen von Frau N. werden im Programm anerkannt. Sie darf eine Tätigkeit beenden, wenn sie Schmerzen hat oder müde wird. Sie fühlt sich sowohl vom Personal wie auch den Teamkolleginnen unterstützt und ernst genommen. Der Schutzbedürftigkeit von Frau N. wird Rechnung getragen, während Herr P. sie permanent unter Beweis stellen muss.

Teilweise hegen die Schutzbedürftigen unrealistische Hoffnungen auf Arbeitsmarktintegration, auch wenn sie selber oft gar nicht genau wissen, welche Tätigkeit für sie überhaupt noch in Frage käme. Es kann sein, dass diese Hoffnungen – ähnlich wie bei den Ämterkarrieristen – durch die Verpflichtung zur Reintegration seitens der Ämter genährt werden, und diese Reaktion die durch die Klienten verinnerlichte Logik der Aktivierung widerspiegeln. Natürlich besteht die Hoffnung auf Besserung der physischen Konstitution. Die Entwicklung der Gesundheit ist jedoch unabsehbar. Da eine Besserung gegenwärtig nicht erwartet werden kann, haben die Schutzbedürftigen keine Möglichkeit, klare Zukunftspläne zu schmieden. Sie sind damit stärker noch als die Ämterkarrieristen in einer relativ ausweglosen Situation. Die Ämterkarrieristen können trotz ihrer sehr geringen Integrationschancen zumindest in einem geschützten Rahmen wie dem der Beschäftigungsprogramme „normale" Tätigkeiten wie Zügelarbeiten oder Reinigungsaufträge erledigen. Die Schutzbedürftigen sind auch dort eingeschränkt. Die jahrelangen Schmerzen führen überdies zu einer psychischen Fragilität. Dies zeigt sich auch in den ausführlichen Schilderungen der körperlichen Einschränkungen. Die Schutzbedürftigen erzählen die eigene Krankengeschichte und erläutern detailreich ihre Schmerzen und Diagnosen. Trotzdem betonen sie gleichzeitig den eigenen Arbeitswillen. Sie versuchen in den Beschäftigungsprogrammen mitzuarbeiten und solidarisch als Teammitglieder zu agieren.

Ämterpraxis
Für die Schutzbedürftigen sind medizinische Gutachten wichtig, um sich auf den Ämtern gegen allfällige Vorhaltungen des Simulantentums zu wehren. In beiden klar den Schutzbedürftigen zugeordneten Fällen müssen die Klienten um ihre Glaubwürdigkeit kämpfen. Die durch medizinische Gutachten belegten Diagnosen und Schmerzen werden immer wieder in Frage gestellt.

BW: Ja, haben Sie da lange Gespräche geführt dann mit der Beraterin?
N: Ja viele, viele. Weißt Du, zuerst Problem ist ein Jahr schon ja gezahlt Taggeld und noch eine Jahre haben sie am 26. September ein Termin in S. Ein Rheumatolog, das sind von Krankentaggeld und ich bin gewesen und nur mit dem zwanzig Minuten sprechen in eine Woche, er schon mir geschickt eine Brief und sage, tut mir leid, die muss gehen zum Arbeiten. Du bist ganz gesund. Und automatisch hat mir gestoppt die Geld. Du musst gehen zum Arbeiten. Zwei Monate ich habe keine Geld vom Krankentaggeld, auch vom RAV weißt du, RAV wartet vom Versicherung oder? Kannst du ihm sagen ja, du bist ganz gesund, du gehst zum Arbeiten oder? Und dann Hausarzt hat, ja viel Schmerzen, hat mir geschickt in W. Er mir sagen ja ich weiß nicht, kann ich was weiter machen mit dir, du musst, ich versprech mit dem Hausarzt und schicke in den Universitätsspital Zürich. Und dann ich bin drei Mal in Zürich, und dann die eben haben gesagt, ja du hast Arthrose, was ist angefangen jetzt alle Finger, die Knochen außen oder? Und dann hat geschickt eine Brief bei Versicherung oder? Sage ich ja muss noch weiter zahlen. Aber auch mit dem, mit dem Anwalt aber hundert Prozent zahlt das Zürich Versicherung. Nicht nur fünfzig. Aber er weiß, dass ich bin zum Beispiel ich bin nicht fünfzig, ich bin viel Mal ich bin hundert Prozent krank, oder? Passiert einmal bin ich fünfzig, aber jedes, jedes Tag ich bin ein Fall.

Frau N. muss ihre eingeschränkte Arbeitsfähigkeit unter Beweis stellen. Die Ausführlichkeit, in der Frau N. die Odyssee der Beweisführung darstellt, zeigt auf, dass sie als „Fall", wie sie sich selber bezeichnet, nicht ernst genommen wird. Aufgrund eines nach einer Kurzkonsultation erstellten Befundes eines Rheumatologen wird ihr das Krankentaggeld gestrichen. Das Zürcher Unispital stellt nach genaueren Untersuchungen eine andere Diagnose. Daraufhin kämpft Frau N. mit einem Anwalt um das nicht ausbezahlte Geld. Es wird ihr zugesprochen und die ausgefallenen Monate werden ihr zurückerstattet. Diese latente Unterstellung von Simulantentum verbunden mit einer kontrollierenden Verfügungsgewalt zwingt Frau N. zu einer ständigen Legitimation, die ebenso persönliche wie materielle Ressourcen aufzehrt. Obwohl sie in dieser Auseinandersetzung recht bekam und ihr sechs Monate Krankentaggeld zurückerstattet wurden, wurde sie zu 100 % Arbeit in einem Beschäftigungsprogramm verpflichtet. Damit wird erneut zementiert, dass Frau N. von der zuweisenden Stelle nicht ernst genommen wird. Frau N. hatte indes Glück mit dem Programm; sie wird, im Gegensatz zu Herrn P., dort mit ihrer Krankheit sehr ernst genommen.

> P: Ja, die mit dem haben wir manchmal schon Problem, weißt Du. Wenn dreimal oder hier, nicht streiten, aber ich habe gesagt: Ich kann nicht machen, ich kann nicht bewegen Arbeit, das habe ich Euch auch gesagt. Und die hat mir gesagt: Wenn nicht gehst oder dort, ich abziehe zwanzig Prozent vom Sozialamt. Ich habe ihm gesagt: Du kannst schon abziehen, ich muss essen oder, ich kann nicht Wasser und Brot essen; wenn die sowieso sind wenig und zwanzig Prozent weg. Dann sagt er: Willst Du unterschreiben oder so. Dann sage ich: Nein, nein, ich gehe schon dort, aber ich kann nicht machen. Ja gut, dort hast Du leichte Arbeit. Wenn er mir sagt, ich muss, ich kann nicht unterschreiben, wegen zwanzig Prozent weg oder vom Sozialamt, sie wissen schon, was ist Sozialamt und zwanzig Prozent weg das ist ... kannst nicht leben oder.

Auch Herr P. wird auf dem Sozialamt mit seinen Einschränkungen nicht ernst genommen. Auch er wird 100 % in einem Beschäftigungsprogramm eingesetzt, obwohl er zu 25 % invalid ist. Der Mitarbeiter auf dem Sozialamt drohte ihm mit einer 20-prozentigen Reduktion der Gelder, falls er dieses Angebot nicht wahrnimmt. Legitimiert wird diese Entscheidung mit der Begründung, dass es leichte Arbeit sei. Dies trifft aber im betreffenden Beschäftigungsprogramm nicht zu. Die meisten zu verrichtenden Arbeiten sind Zügel- und Reinigungsaufträge, was für Herrn P. eine Überforderung bedeutet. Herr P. möchte arbeiten. Die Schmerzen sind an einem langen Tag zuhause schwierig zu ertragen.

Hier muss man davon ausgehen, dass die Zusammenarbeit der Ämter nicht funktioniert hat oder dass auf den zuständigen Stellen unprofessionell agiert wird. Falls alle Informationen der IV dem Sozialamt zur Verfügung stünden, hätte Herr P. unmöglich zu einer 100-prozentigen Arbeit verpflichtet werden können. Der Eindruck bleibt haften, dass hier eine schikanöse, autoritäre Haltung gegenüber dem Klienten P. zum Tragen kommt. In den Fällen der Schutzbedürftigen handelt es sich um eine Frau aus Mazedonien und einen Mann aus dem Kosovo. Es lässt sich nicht ausschließen, dass bei der unangemessenen Behandlung auch fremdenfeindliche Motive eine Rolle spielen.

Effekte der PvB

Für die Schutzbedürftigen ist die Arbeit in einem Beschäftigungsprogramm an sich eine positive Erfahrung. Selbst Herr P., der in einer Institution mit dem Charakter einer disziplinierenden Internierungsmaßnahme arbeitet, ist froh, nicht den ganzen Tag zuhause sitzen zu müssen. Obwohl der Programmleiter ganz auf der Linie des Beraters auf dem Sozialamt liegt und die körperlichen Beschwerden von Herrn P. nicht wirklich gelten lässt, ist Herr P. froh um die tägliche Ablenkung. Außerdem versteht er sich gut mit seinen Teamkollegen, was ihm eine gewisse Stütze bietet.

Für Teilnehmende wie Herr P. und Frau N. ist es von höchster Bedeutung, dass ihre körperlichen Beeinträchtigungen ernst genommen werden und sie nicht auch noch in diesem geschützten Rahmen einem permanenten Legitimationsdruck ausgesetzt sind. Generell lässt sich sagen dass die PvB dann effektvoll sind (abgesehen vom Bereitstellen einer Tagesstruktur), wenn die Arbeitsbedingungen den körperlichen Möglichkeiten vollständig angepasst werden. Dies erhöht den Aufwand des Fachpersonals, da dieses den Klienten täglich oder mehrmals täglich eine andere Aufgabe geben muss. Da die Klienten mit körperlichen Beschwerden meist weder lange stehen noch lange sitzen dürfen, brauchen sie unterschiedliche Einsatzfelder. Gleichzeitig erfordert es auch die Solidarität des Teams, wenn ein Teilnehmer oder eine Teilnehmerin begonnene Aufgaben nicht zu Ende führen kann.

Da sich die Schutzbedürftigen ihrer Möglichkeiten bewusst sind und nicht wirklich eine Reintegration in den ersten Arbeitsmarkt anstreben, spielt der Qualifizierungsgrad der ausgeübten Tätigkeiten eine untergeordnete Rolle. Die Klienten müssen die Möglichkeit haben, anstrengende Arbeiten abzulehnen. Ansonsten reproduziert sich die Legitimationsschlaufe erneut. Das Arbeitsbündnis steht über der inhaltlichen Ausgestaltung des Alltags. Das Fachpersonal muss den Klienten gegebenenfalls Schutz gewähren vor den Anmaßungen der durchlaufenen Stationen und dem latenten Vorwurf des Simulantentums.

Wie für die Ämterkarrieristen ist für die Schutzbedürftigen eine anwaltschaftliche Fallabklärung sinnvoll und notwendig. Die Fallabklärungen innerhalb der Beschäftigungsprogramme können dazu beitragen, dass sich die Klienten des Stempels des Simulantentums entledigen können. Im schlimmsten Fall denunziert das Fachpersonal die Teilnehmenden erneut und bezichtigt sie explizit oder durch Zuteilen zu schwerer Tätigkeiten der Simulation, wie dies im Fall von Herrn P. und dem als repressive Eingliederungsmaßnahme kategorisierten PvB geschieht.

Wenn die zu verrichtenden Tätigkeiten fallangemessen sind und die physischen Beeinträchtigungen respektiert werden, können die Leute Motivation zurückgewinnen und im Aufenthalt im PvB eine befristete Alternative zu einer hoffnungslosen Wiedereingliederung sehen. Gerade für die Schutzbedürftigen müsste es eine langfristige Möglichkeit der Beschäftigung geben, falls sie tatsächlich noch arbeitsfähig sind und arbeiten möchten.

4.6 Zusammenfassung und Diskussion der Befunde

Betrachtet man die Fälle insgesamt, ergibt sich ein sehr heterogenes Bild von Teilnehmenden in Beschäftigungsprogrammen. Dabei wird deutlich, dass für die unterschiedlichen Beeinträchtigungs- und Ressourcenprofile spezifische Herangehensweisen vonnöten sind, um die Arbeitsmarktfähigkeit zu steigern oder eine tatsächliche Reintegration in den ersten Arbeitsmarkt zu erreichen.

Diese Heterogenität der Fallkonstellationen stellt eine Herausforderung für das Fachpersonal der zuweisenden Ämter und das Fachpersonal in Beschäftigungsprogrammen dar. In der Gesamtschau lassen sich jedoch für bestimmte Typenkonstellationen übergreifende Gemeinsamkeiten herausschälen, welche eine Reflexionsfolie für die Komplexität der Fallbearbeitung bieten können. In der folgenden Diskussion der Befunde werden die grundlegenden Probleme skizziert, welche für die unterschiedlichen Typen mit Arbeitslosigkeit generell, aber auch mit dem Aufenthalt in den Beschäftigungsprogrammen verknüpft sind.

Das von der aktivierenden Sozialpolitik als höchste Priorität definierte Reintegrationsziel wird hinsichtlich seiner Auswirkungen auf die unterschiedlichen Typen diskutiert (Abschnitt 4.6.1). Im Anschluss daran stellt sich die Frage, welchen Stellenwert Arbeit und gesellschaftliche Teilhabe für die einzelnen Typen haben (Abschnitt 4.6.2). Dies wiederum ist eng mit der Thematik verknüpft, ob und inwiefern die einzelnen Typen oder Typengruppen ihre Identität über die Arbeit definieren, oder ob ihnen alternative identitätsstiftende Optionen offen stehen (Abschnitt 4.6.3). Abschliessend wird die den meisten Beschäftigungsprogrammen inhärente Schwierigkeit diskutiert, ob und wie beschäftigende Tätigkeiten die Arbeitsmarktfähigkeit der Teilnehmenden tatsächlich steigern können (Abschnitt 4.6.4).

Vor der thematischen Einordnung werden die Typen noch einmal zusammenfassend skizziert.

Die Realisten. Transitorische Arbeitslosigkeit: Die Realisten zeichnen sich durch eine pragmatische Herangehensweise an ihre Arbeitslosigkeit und den damit verbundenen Aufenthalt in einem PvB aus. Ein zumeist ausgeprägtes Arbeitsethos ist für sie nach wie vor handlungsleitend. Der Verlust des Arbeitsplatzes wird rationalisiert und in eine Analyse der gegenwärtigen Arbeitsmarktsituation eingebettet. Daraus leiten sie Maßnahmen ab, um ihre Anschlussfähigkeit im ersten Arbeitsmarkt zu erhalten oder zu verbessern. Obwohl oder gerade weil die Realisten die PvB als Zwischenstation zur Reintegration definieren, führen sie auch sinnentleerte, repetitive Tätigkeiten gewissenhaft aus. Sie haben eine positive Einstellung zu den PvB und vermögen aus der Teilnahme einen persönlichen Profit zu ziehen.

Die Zukunftsorientierten. Schwanken zwischen Autonomie und Anpassung: Die Zukunftsorientierten sind junge Leute ohne oder mit gerade eben abgeschlossener Ausbildung. Sie haben eine klare Zukunftsvorstellung und einen Glauben an das eigene Gestaltungspotential bis hin zu jugendlichen Allmachtsphantasien. Da sie meist eine Hilfestellung benötigen, um den Einstieg ins Berufsleben zu finden oder einen gangbaren Weg zu definieren, besitzt die beratende Funktion auf den Ämtern einen sehr hohen Stellenwert. Die nicht abgeschlossene postpubertäre Entwicklungskrise erfordert vom Fachpersonal in den PvB einen hoch sensiblen Umgang mit den unterschiedlichen Fallkonstellationen. Die Beschäftigungsprogramme können jedoch gerade bei jugendlichen Teilnehmenden im besten Fall wichtiges Bindeglied zum ersten Arbeitsmarkt sowie Sozialisationsinstanz und Lehrwerkstatt sein.

Die Ämterkarrieristen. Leben im Dauerprovisorium: Menschen, die eine sogenannte Ämterkarriere durchlaufen, sind seit längerer Zeit im Kreislauf Arbeitsamt-Sozialamt-Zwischenlösung gefangen. Die fehlenden Qualifikationen oder auch altersbedingte Anpassungsschwierigkeiten verhindern die Entwicklung einer verwirklichbaren Zukunftsvorstellung. Tendenziell haben diese Teilnehmenden schwierige biographische Hintergründe mit meist komplexen Mehrfachproblematiken. Trotz der erschwerenden Ausgangsbedingungen herrscht auf den zuweisenden Ämtern oft eine gewisse Reintegrationsdogmatik vor, welche entwürdigende und demotivierende Anteile enthalten kann. Gerade weil die Ämterkarrieristen für sich selten eine reelle Chance des Wiedereinstiegs sehen, schätzen sie die Möglichkeit des „geschützten" Tätigseins im PvB. Ein zielorientierter, geregelter Tagesablauf kann helfen, das Arbeitsengagement zu erhalten oder wiederherzustellen.

Die Arbeitsmarktgeschädigten. Die angstbesetzte Arbeit: Die Arbeitsmarktgeschädigten haben in ihrer früheren Anstellung Erfahrungen gemacht, die sie nachhaltig seelisch und psychisch beeinträchtigen. Es sind meist niedrig oder nicht qualifizierte Personen, die über lange Jahre im selben Betrieb gearbeitet haben und dann eine subjektiv als willkürlich und ungerechtfertigt erlebte Kündigung erhielten. Eine Wiederanstellung scheint wegen des fortgeschrittenen Alters sowie der fehlenden oder zu spezifisch auf die vormalige Arbeitsstelle zugeschnittenen Qualifikationen unwahrscheinlich. Aufgrund ihres hohen Arbeitsethos und der Identifikation mit Arbeit an sich bekunden sie Mühe, staatliche Unterstützung zu beanspruchen und die Rolle als Arbeitslose zu akzeptieren. Die Tagesstruktur und das soziale Netz in Beschäftigungsprogrammen ermöglichen eine Stabilisierung in der fragilen Alltagsbewältigung, auch wenn für die Arbeitsmarktgeschädigten die begleitete psychische Aufarbeitung der traumatischen Erfahrung zentraler ist als die inhaltliche Ausgestaltung des Programmalltags.

Die Schutzbedürftigen. Gesundheitlich bedingter Ausschluss aus dem Arbeitsmarkt: Die Schutzbedürftigen sind Teilnehmende, die aufgrund physischer Beeinträchtigungen in ihrer Arbeitsmarktfähigkeit massiv eingeschränkt sind. Die Reintegrationschancen sind aufgrund der körperlichen Beschwerden noch geringer als bei den Ämterkarrieristen. Die Schutzbedürftigen werden oft trotz massiver körperlicher Einschränkungen und Schmerzen zur Arbeit verpflichtet. Die Auswirkungen solch übersteigerter Aktivierung können gravierend sein. Wie für die Ämterkarrieristen ist für die Schutzbedürftigen eine professionelle Fallabklärung auf den Ämtern und in den PvB sinnvoll und notwendig. Wenn die zu verrichtenden Tätigkeiten fallangemessen sind und die physischen Beeinträchtigungen respektiert werden, können sie Motivation zurückgewinnen und im Aufenthalt im PvB eine befristete Alternative zu einer hoffnungslosen Wiedereingliederung sehen.

4.6.1 Die Auswirkungen des Reintegrationszieles

Offiziell sind die Beschäftigungsprogramme Wegbereiter für eine rasche berufliche Wiedereingliederung. Der Besuch eines Beschäftigungsprogramms soll als Sprungbrett in den ersten Arbeitsmarkt dienen. Was in den Leitbildern der untersuchten Programme prominent vermarktet wird, erfährt in den direkten Aussagen des Fachpersonals und der Teilnehmenden allerdings eine deutliche Relativierung. Das gesetzlich verankerte Ziel einer raschen Reintegration in den ersten Arbeitsmarkt ist nicht für alle Teilnehmenden zu erreichen. Aktuelle Studien (z. B. Aeppli/Ragni 2009) konstatieren überdies, dass die Reintegrationschancen für Sozialhilfebezüger aufgrund des Besuchs eines Beschäftigungsprogramms nicht steigen, sondern eher sinken. Die Faktoren, die darüber entscheiden, welche Teilnehmenden Beschäftigungsprogrammen zugewiesen werden, welche positiven Wirkungen nebst einer Reintegration von Beschäftigungsprogrammen ausgehen, sowie die konjunkturelle Situation werden in diesen Studien allerdings nur am Rande berücksichtigt. Gleichwohl geben diese Befunde, welche die Ergebnisse früherer Studien (vgl. Abschnitt 1.2) bestätigen, Anlass, das Reintegrationsziel zu überdenken.

Während die Realisten und die Zukunftsorientierten aufgrund ihrer Fähigkeiten, ihrer beruflichen Erfahrungen oder schlicht aufgrund ihres jungen Alters konkrete Chancen auf eine Reintegration haben, bleibt sie für die Ämterkarrieristen, die Schutzbedürftigen und die Arbeitsmarktgeschädigten bei der aktuellen konjunkturellen Lage in den wenigsten Fällen realisierbar. Obwohl die Realität zum politischen Anspruch im Widerspruch steht, bleibt es Aufgabe des Fachpersonals, das Erreichen des Reintegrationszieles anzustreben und durch intensive Bewerbungscoachings die Hoffnung auf eine Reintegration aufrecht zu erhalten. In vielen Beschäftigungsprogrammen ist es jedoch nicht möglich, den Teilnehmenden die Chance zu bieten, ihr Qualifikationsprofil, welches in vielen Fällen nicht den Erfordernissen des ersten Arbeitsmarktes entspricht, tatsächlich zu verbessern. Dies wäre jedoch letztlich entscheidend, um die Möglichkeiten einer Wiederanstellung zu erhöhen. Die in Beschäftigungsprogrammen durchaus zu erzielende Steigerung der Arbeitsmarktfähigkeit wird zusätzlich unterminiert durch die fehlende reale Gegenseite, die Arbeitgeber im ersten Arbeitsmarkt. Für die Ämterkarrieristen, die Schutzbedürftigen und die Arbeitsmarktgeschädigten fehlen die spezifisch auf ihr Profil zugeschnittenen Stellen im ersten Arbeitsmarkt. Die „gesetzlich" geforderte Selbstaktivierungsleistung, die von den Programmteilnehmenden in den meisten Fällen erbracht wird, steht somit in eklatantem Widerspruch zu den abnehmenden Integrationschancen auf dem Arbeitsmarkt (vgl. Wyss 2007, 12f.). Damit verdichten sich für die Ämterkarrieristen, die Schutzbedürftigen und die Arbeitsmarktgeschädigten in Beschäftigungsprogrammen gewissermaßen die Probleme des aktivierenden Wohlfahrtsstaats. Die in der Aktivierungspolitik „neu" geschaffenen Maßnahmen wirken in vielen Fällen unterstützend. Die meisten Teilnehmenden bewerten den Aufenthalt in den Beschäftigungsprogrammen grundsätzlich positiv. Die gebotene Tagesstruktur, die Bewerbungscoachings und die Weiterbildungsangebote ermöglichen für eine begrenzte Zeit einen geregelten Alltag. Auch ein ermächtigend ausgestaltetes Arbeitsbündnis zwischen Fachpersonal und Teilnehmenden kann zur Stabilisierung in der oft prekären Erfahrung von Langzeitarbeitslosigkeit beitragen. Wenn die geforderte und oft auch erhoffte Reintegration in den ersten Arbeitsmarkt jedoch nicht klappt, bleiben Beschäftigungsprogramme für die Teilnehmenden auf sich selbst bezogene Systeme. Castel (2009, 358) beschreibt, wie prekär Beschäftigte sehr wohl eine „schmerzliche Ahnung" haben, dass die Aussicht auf ein sicher geregeltes Arbeitsverhältnis gering ist. Ebenso sind sich die meisten Ämterkarrieristen, Schutzbedürftigen und Arbeitsmarktgeschädigten im Klaren darüber, dass die Beschäftigungsprogramme keine wirkliche Perspektive schaffen. Gerade die Ämterkarrieristen und die Schutzbedürftigen betonen trotz der Hoffnung auf einen regulären Arbeitsplatz, dass die gesellschaftliche Realität auf den zuweisenden Stellen und in den Programmen nicht ausgeblendet werden darf. Für sie besteht realistischerweise die Aufgabe darin, sich in einem prekären Dauerprovisorium zu arrangieren, falls keine längerfristigen Hilfen oder andere Formen der Unterstützung geschaffen werden. Dafür fehlen professionelle Konzepte. Die einstige Idee von Sozialfirmen, die Arbeitslosen mit sehr geringen Reintegrationschancen einen langfristigen Arbeitsplatz bieten, wird kaum mehr diskutiert.

4.6.2 Arbeit und gesellschaftliche Teilhabe

In der Gesamtschau der Interviews wird deutlich, dass der Wunsch zu arbeiten bei allen Teilnehmenden vorhanden ist. Bei den meisten herrscht eine ausgeprägte Erwerbsorientierung vor. Übereinstimmend mit den Ergebnissen der aktuellen Untersuchung von Ludwig-Mayerhofer, Behrend und Sondermann (2009) für deutsche *ALG-II*-Empfänger zeigt sich bei den Teilnehmenden von Beschäftigungsprogrammen, dass sie selbst angesichts einer aussichtslosen Reintegration in den ersten Arbeitsmarkt die Normen der Arbeitsgesellschaft weiterhin teilen. Ebenso vertreten sie zumeist die Ansicht, dass nur Lohnarbeit auf dem ersten Arbeitsmarkt tatsächliche gesellschaftliche Teilhabe ermöglicht. Dieses Ergebnis widerspricht jener der Aktivierungspolitik zugrunde liegenden Vorstellung, dass eben dieser Arbeitswille bei den Arbeitslosen wiederhergestellt werden müsse (vgl. Wyss 2007, 12f.). Der hohe Arbeitswille und das hohe Arbeitsethos der befragten Teilnehmenden verdeutlichen, dass eine Aktivierung, die auf der Haltungsebene ansetzt, d. h. davon ausgeht, dass man diese Leute erst lehren muss, was arbeiten überhaupt bedeutet, wirkungslos bleiben muss.

Die Frage nach gesellschaftlicher Teilhabe hat für verschiedene Typen nicht nur im Hinblick auf eine Wiederanstellung, sondern auch im gegenwärtigen Erleben der Arbeitslosigkeit eine unterschiedliche Gewichtung. Teilnehmende wie die Realisten und die Zukunftsorientierten, die ihre Arbeitslosigkeit als Zwischenstation definieren, haben in ihrer Eigenwahrnehmung (noch) keinen gesellschaftlichen Statusverlust erlebt. Die Realisten und Zukunftsorientierten definieren sich nach wie vor über das gelebte Berufsleben. Ihre gesellschaftliche Teilhabe wird nicht oder nicht ausgeprägt durch die Situation der Arbeitslosigkeit bestimmt. Besonders für die Ämterkarrieristen und die Arbeitsmarktgeschädigten ist jedoch der gesellschaftliche Statusverlust evident. Gerade dieser Statusverlust erhöht das Bewusstsein darüber, dass es für tatsächliche gesellschaftliche Teilhabe (zumindest gegenwärtig) keine wirkliche Alternative zu einer Anstellung im ersten Arbeitsmarkt gibt. Die schon durchlaufenen Programme, Maßnahmen und Weiterbildungen haben keine Wiederanstellung bewirkt. Die Hoffnung hat sich in vielen Fällen erschöpft. Diese erlebte Zukunftslosigkeit kann dazu führen, dass die alltägliche Motivation, engagiert am Programm teilzunehmen, nicht besonders hoch ist. Jegliche Bemühungen bleiben ziellos. Bei einer kleinen Gruppe besonders innerhalb der Ämterkarrieristen kann es auch sein, dass biographisch bedingt keine wirkliche Erwerbsorientierung ausgebildet, oder aber nach jahrelanger erfolgloser Arbeitssuche mittlerweile aufgegeben wurde.

Diese unterschiedlichen Bewältigungsmuster verstärken teilweise die negativen Zuschreibungen von außen. Wie Pelizzari dies für prekäre Beschäftigungsverhältnisse generell aufzeigt, wirken die Bewältigungsmuster selbst teilweise ungleichheitsverstärkend auf die Sozialstruktur (Pelizzari 2009, 14f.). Wenn ein Ämterkarrierist weniger motiviert arbeitet als jemand, der erst vor kurzem arbeitslos geworden ist, wird dies fälschlicherweise als Bestätigung für die Annahmen der Aktivierungspolitik verstanden, dass man die Arbeitslosen erst wieder Mores lehren müsse, bevor eine Reintegration möglich wird. Die destruktiven Mechanismen längerer Arbeitslosigkeit sowie die komplexen Problemlagen, welche in den meisten der untersuchten Fälle von Langzeitarbeitslosigkeit vorliegen, werden im politischen Diskurs ausgeblendet.

Obwohl der Wunsch, im ersten Arbeitsmarkt zu arbeiten, für die befragten Teilnehmenden Priorität hat, teilen die wenigsten die der Aktivierungsprogrammatik ebenfalls zugrunde liegende Vorstellung, dass Arbeit an sich schon gesellschaftliche Teilhabe ermöglicht. Statt die ungleichen Ausgangsbedingungen und damit verknüpften Bildungschancen zu thematisieren, wird in der aktivierenden Sozialpolitik die materielle Existenzsicherung in den Mittelpunkt der Aufmerksamkeit gestellt (vgl. Kutzner 2009b, 51). Diese Existenzsicherung soll die Normalisierung des gesellschaftlichen Status ermöglichen. Die Teilnehmenden jedoch widerstehen gewissermaßen dieser Täuschung, dass der erste Arbeitsmarkt auch in prekären Beschäftigungsverhältnissen gesellschaftliche Integration garantiert. Die meisten der untersuchten Teilnehmenden erhalten die Vorstellung aufrecht, dass eine gelungene Integration nicht an irgendeine, sondern an bestimmte Arbeitsstellen geknüpft ist.[18] Viele verfügen zwar nicht über reelle Möglichkeiten, ihre Vorstellungen einer geeigneten Arbeit zu verwirklichen. Dieser zumindest innere Widerstand widerspiegelt jedoch die realen Verhältnisse: prekäre Arbeitsverhältnisse ermöglichen zwar im besten Fall Existenzsicherung, jedoch keinen tatsächlichen sozialen Status.

4.6.3 Arbeit und Identität

Bei den Realisten, aber auch den Arbeitsmarktgeschädigten ist die Identität stark vom Arbeitsleben geprägt. Sie nehmen sich nach wie vor als Teil der arbeitenden Gesellschaft wahr. Während für die Realisten eine Reintegration möglich scheint, ist diese für die Arbeitsmarktgeschädigten aufgrund ihres Alters eher unwahrscheinlich. Trotzdem teilen beide Typen die Normen der Arbeitsgesellschaft in hohem Masse und definieren sich über diese Normen.

---

[18] Die Vorstellungen qualitativ guter Arbeit sind sehr wahrscheinlich länderspezifisch unterschiedlich ausgeprägt. Da Billiglohnjobs wie 1-Euro-Jobs und andere prekäre Anstellungsbedingungen in der Schweiz (noch) nicht dieselbe Verbreitung haben wie beispielsweise in Deutschland, lassen sich diese Ansprüche an eine „gute" Arbeit aufrechterhalten.

Obwohl auch langzeitarbeitslose Teilnehmende die Normen der Arbeitsgesellschaft nach wie vor teilen, ist die Bezugnahme auf diese Normen nur mehr lose an die persönliche Situation geknüpft. Bei langzeitarbeitslosen Klienten verknüpft sich die an Arbeit gekoppelte Identität nicht mehr konkret mit einer vergangenen Arbeitserfahrung, sondern eher mit abstrakten Vorstellungen darüber, was es bedeutet, im ersten Arbeitsmarkt zu arbeiten. Besonders bei den Ämterkarrieristen ist die Vorstellung einer Arbeitsstelle häufig an die „beste" je bekleidete Stelle geknüpft, welche in der Erinnerung einen prominenten, identitätsstiftenden Platz einnimmt. Durch die lange Arbeitslosigkeit, jedoch auch durch zumeist komplexe Mehrfachbelastungen (psychische oder physische Probleme, Suchtkrankheiten etc.) schwinden die Möglichkeiten, wieder eine solche Stelle zu finden und auszufüllen. Die meisten der untersuchten Ämterkarrieristen erkennen den Graben zwischen persönlichem Wunsch und Realität, so dass die Entscheidung, die eigene Identität nicht mehr so stark an Arbeit zu knüpfen, einen sinnvollen Bewältigungsmechanismus darstellen kann. Da jedoch andererseits die gesellschaftliche Teilhabe wiederum stark an eine Arbeitsstelle geknüpft ist und in der gegenwärtigen Arbeitsgesellschaft nur wenige alternative Bewährungsmodelle (z. B. anerkanntes Künstlertum) bestehen, bleibt die Identitätsstiftung schwierig.

Die Ausbildung oder der Erhalt von Identität im Arbeitsleben sind immer auch damit verknüpft, ob überhaupt Wahlmöglichkeiten bestehen, d. h. ob die subjektiven Bedürfnisse mit den objektiven Gegebenheiten übereinstimmen (vgl. Volmerg 1978, 48). Bei den Ämterkarrieristen, den Schutzbedürftigen und den Arbeitsmarktgeschädigten ist die Vermittlung subjektiver Bedürfnisse (Reintegration) mit der arbeitsmarktlichen Realität unrealistisch. Die Aktivierungspolitik verlangt von jedem Arbeitslosen, diese Differenz selbst zu beheben respektive zu bewältigen. Bei den Ämterkarrieristen, den Schutzbedürftigen und den Arbeitsmarktgeschädigten ist diese Differenz jedoch teilweise so groß, dass sie die Synthesefähigkeit der Einzelnen übersteigt. Diese Individualisierung der Verantwortung kann gerade für Teilnehmende, die nur einen sehr geringen Handlungsspielraum haben, destruktiv werden.

Die Möglichkeit, innerhalb der Beschäftigungsprogramme eine zumindest kurzzeitige Zugehörigkeit und dabei auch Identifikation mit dem Programm zu erarbeiten, scheint aufgrund verschiedener Rahmenbedingungen begrenzt. Dazu fehlt einerseits oft das identitätsstiftende Potential der Tätigkeiten. Auch erschwert die meist fehlende Freiwilligkeit der Teilnahme die Ausbildung von Zugehörigkeit. Andererseits ermöglichen es die zeitliche Beschränkung der Teilnahme und die hohe Fluktuation der Teilnehmenden, die kein stabiles, zumindest für die Dauer der Programmteilnahme bestehendes Team garantieren, den Teilnehmenden nicht, stabile Beziehungen zu ihren Kollegen und Kolleginnen aufzubauen. Selbst wenn der Aufenthalt im Beschäftigungsprogramm positiv bewertet wird, bleibt die Identifikation damit gering.

4.6.4 Beschäftigung versus Qualifizierung

Eine berufliche Qualifizierung ist in Beschäftigungsprogrammen aufgrund verschiedener Rahmenbedingungen erschwert. Das Konkurrenzierungsverbot erlaubt es den Programmverantwortlichen nur sehr begrenzt, wirtschaftsnahe Tätigkeiten anzubieten. In der Wirkungsanalyse ist deutlich geworden, dass Arbeiten, die in einen Wirtschaftskreislauf eingebunden sind, die Arbeitsmotivation und das Selbstbewusstsein der Teilnehmenden bedeutend stärker fördern als Tätigkeiten mit reinem Beschäftigungscharakter. Die rein beschäftigende Qualität entspricht vom Gehalt und dem Differenzierungsgrad der angebotenen Tätigkeiten her betrachtet jedoch bei einigen der untersuchten Beschäftigungsprogramme der Realität. Qualifizierung als Effekt der Beschäftigungsprogramme wird von der Mehrzahl der Teilnehmenden denn auch gar nicht erwähnt. Nur die Teilnehmenden *eines* spezifischen Programmes, in welchem alle hergestellten Produkte auch verkauft werden, betonen die qualifizierende Qualität ihrer Arbeit. Ansonsten sind die typenspezifischen Unterschiede in der Beurteilung von Qualifizierung in PvB gering. Die meisten befragten Teilnehmenden sind sich im Klaren darüber oder haben sich im Verlaufe ihres Aufenthalts ein Bewusstsein dafür geschaffen, dass die spezifischen Wirkungen der Beschäftigungsprogramme eher andere sind: beispielsweise psychische Stabilisierung, Erhalt einer Tagesstruktur, Unterstützung bei der Arbeitssuche.

Die vom Fachpersonal oft betonte Förderung von *Schlüsselqualifikationen* deutet ebenfalls auf die beschäftigende Qualität der Tätigkeiten in den Programmen hin. Mit dieser leicht missverständlichen Begrifflichkeit werden Fähigkeiten wie Pünktlichkeit, Zuverlässigkeit, Kooperationsbereitschaft oder Arbeitsbereitschaft umschrieben. Diese Schlüsselqualifikationen werden als Grundbedingung für eine Anstellung im ersten Arbeitsmarkt definiert.

Die Annahme, dass Menschen durch Arbeitslosigkeit ihre Schlüsselqualifikationen verlieren, trifft nur in wenigen der untersuchten Fälle zu. Aus den Aussagen eines Teils der Teilnehmenden geht hervor, dass längere Arbeitslosigkeit demotivierend ist und gewisse Bemühungen, den Alltag ohne äußere Verpflichtung klar zu strukturieren, sinnlos erscheinen. Dies trifft vor allem auf Alleinstehende zu. Arbeitslose mit familiären Verpflichtungen bemühen sich im Gegenteil in den meisten Fällen darum, den Alltag nach wie vor klar zu strukturieren, damit die Kinder möglichst wenig von den Auswirkungen der Arbeitslosigkeit tangiert werden (vgl. Sondermann/Ludwig-Mayerhofer/Behrend 2009). Doch selbst wenn Teilnehmende ihre Schlüsselqualifikationen nicht mehr pflegen, muss man zunächst davon ausgehen, dass es sich um einen zwischenzeitlichen, durch die Arbeitslosigkeit bedingten Verlust oder Verzicht handelt und nicht um einen generellen Verlust. Vielmehr stellt sich die Frage, ob nicht eine für die Einzelnen sinnvolle Arbeit eine Schlüsselqualifizierung mit sich brächte. Damit ist nicht nur die inhaltliche Ausgestaltung gemeint, sondern z. B. auch die Identifikation mit der Firma, einem Team oder beispielsweise einem Produkt. Die Vorgaben der aktivierenden Sozialpolitik (die in den Beschäftigungsprogrammen nicht notwendigerweise unterstützt werden) legen teilweise den Umkehrschluss nahe: erst wenn jemand pünktlich, verlässlich, höflich und sorgfältig ist, kann er oder sie wieder in den ersten Arbeitsmarkt integriert werden. Den Teilnehmenden wird quasi abverlangt, unter den künstlichen Bedingungen eines Beschäftigungsprogrammes (kein Lohn, keine Anerkennung, vollständige finanzielle Abhängigkeit, keine kollegiale Vergemeinschaftung, keine identitätsstiftenden Tätigkeiten) so „normal" zu funktionieren wie ein Arbeitnehmer des ersten Arbeitsmarktes. Dass die Teilnehmenden diesen Widerspruch nicht umstandslos akzeptieren können, zeigt sich in der teilweise fehlenden Motivation, die eigenen Schlüsselqualifikationen unter Beweis zu stellen. Dabei ist es selten die Arbeit, die abgelehnt wird. Der Widerstand richtet sich vielmehr gegen die Überhöhung der an sich relativ bedeutungslosen Beschäftigungsform, die überdies keine wirkliche Basis für eine Wiederanstellung schafft (vgl. Castel 2000, 358). Die Arbeitsbereitschaft ist in den meisten Fällen hoch bis sehr hoch. Es ist jedoch für einige Teilnehmende schwierig, die tägliche Motivation für repetitive, monotone Tätigkeiten in stark fluktuierenden Teams ohne Zukunftsperspektive aufrechtzuerhalten.

5. Effekte und Erfolgsfaktoren von Arbeitsintegrationsprogrammen

In den vorangehenden Kapiteln wurde ausgehend von Fallanalysen zum einen erörtert, an welchen unterschiedlichen Leitparadigmen die Anbieter von Arbeitsintegrationsprogrammen sowie die in ihnen tätigen Professionellen ihr Handeln typischerweise ausrichten. Zum anderen wurde dargelegt, welche biographischen Hintergründe und Problemkonstellationen bei Arbeitslosen vorliegen, die durch die Fallverantwortlichen der regionalen Arbeitsvermittlungszentren (RAV) sowie der kommunalen Sozialämter den Programmen zugewiesen werden. In den nun folgenden Ausführungen werden die bisher ausformulierten Befunde zu den Potentialen und Gefahren, die mit der Teilnahme in einem Programm verbunden sein können, sowie zu Erfolgs- oder Misserfolgsfaktoren gebündelt. Dabei wird exkursorisch ein Blick auf das Konzept der sogenannten Sozialfirma gerichtet, dem es in der Schweiz gegenwärtig zu gelingen scheint, sich als die bessere Alternative zu „klassischen" Programmen zur vorübergehenden Beschäftigung (PvB) darzustellen.

Die Bestimmung von Erfolgsfaktoren verlangt nach einer vorgängigen Klärung der Frage, was im Rahmen der Programmteilnahme überhaupt als Erfolg gewertet werden kann. Ausgehend von den Befunden zu den Problemkonstellationen auf Seiten der Programmteilnehmenden erscheint es wenig sinnvoll, den Erfolg oder Misserfolg der Programme einzig daran bemessen zu wollen, wie vielen Arbeitslosen im Anschluss an die Teilnahme die Rückkehr in den ersten Arbeitsmarkt gelingt. Stattdessen gilt es in jedem einzelnen Fall zu klären, ob die Programmteilnahme ermächtigend in dem Sinne gewirkt hat, dass mit ihr eine psychosoziale Stabilisierung, eine Qualifizierung oder irgendeine andere Form der direkten oder indirekten Verbesserung der Arbeitsmarktfähigkeit verbunden war, oder ob der jeweilige Einzelfall zusätzlich frustriert, demotiviert oder entmutigt aus dem Programm austritt. Diese Fokussierung auf den Ermächtigungserfolg im Einzelfall mag insofern unbefriedigend sein, als mit ihr weder die Benennung eines allgemeingültigen Erfolgskriteriums noch die Festlegung einer unbedingt anzustrebenden Erfolgsquote verbunden ist. Indes lassen sich im Falle professionalisierten Handelns, eines Handelns also, bei welchem die soziale Handlungsfähigkeit, die Autonomie und die Integrität menschlicher Subjekte auf dem Spiel stehen (vgl. Oevermann 1996), Vagheiten bei der Benennung von Erfolgskriterien nicht vermeiden.

Um sich die Schwierigkeit einer allgemeingültigen Benennung von Erfolgskriterien zu vergegenwärtigen, stelle man sich einen Unfallchirurgen vor, der nach einer misslungenen Bruchoperation bemerkt, das Ziel, den Patienten am Leben zu erhalten, habe er doch ohne Zweifel erreicht oder der den Vorwurf, in der Vergangenheit wiederholt Kunstfehler begangen zu haben, mit dem Hinweis kontert, in 77 %, also mehr als drei Vierteln der Fälle, seien seine Operationen bisher doch erfolgreich verlaufen. Worin der Ermächtigungserfolg professionellen Handelns konkret besteht, hängt von der Art der Krise ab, bei deren Bewältigung es den Klienten professionell zu unterstützen gilt, was zugleich bedeutet, dass sich die konkreten Ziele der professionellen Hilfeleistung immer nur einzelfallbezogen ausformulieren lassen. Außerdem haben sich professionelle Unterstützungsleistungen, um als erfolgreich gelten zu können, nicht in einem bestimmten Prozentsatz von Fällen, sondern konkret in jedem einzelnen Fall zu bewähren. Jede anderslautende Zielformulierung wäre zynisch und käme einer Dementierung von Professionalität ex ante gleich.

5.1 Anbieterseitig beeinflussbare Erfolgsfaktoren

Zumindest teilweise hängt der Ermächtigungserfolg von Arbeitsintegrationsprogrammen unmittelbar davon ab, wie diese Programme ausgestaltet sind respektive an welchem Leitparadigma sich das Handeln ihrer Mitarbeitenden ausrichtet. Die wichtigsten Erfolgsfaktoren, auf die die Programme direkt Einfluss nehmen können, werden im Folgenden zusammenfassend skizziert.

5.1.1 Klientenzentriertes Mandatsverständnis

Positiv auf den Ermächtigungserfolg wirkt sich erstens ein klientenzentriertes Mandatsverständnis auf Seiten der Programmanbieter aus. Ein zuweiserzentriertes Mandatsverständnis birgt demgegenüber die Gefahr, dass sich die Teilnehmenden als Objekte einer passiv zu erduldenden staatlichen Zwangsmaßnahme erleben. Ihre einzige Chance, sich dieser Objektivierung und Passivierung zu widersetzen und einen Rest von Autonomie geltend zu machen, kann mitunter darin bestehen, sich gegenüber dem ihnen Widerfahrenden offen oder verdeckt subversiv zu verhalten. In Programmen, die sich als staatlich mandatierte Disziplinierungsagenturen verstehen, lassen sich auf Seiten der Teilnehmenden ähnliche Strategien einer „sekundären Anpassung" beobachten, wie sie in Goffmanns Studien zu totalen Institutionen beschrieben werden: Rückzug, innere Verweigerung, Überangepasstheit, verzweifelte

Aufmüpfigkeit, Disabilität usw. (vgl. Goffman 1961/1995, 185ff.). Das vom Programmpersonal als querulatorisch, renitent oder lethargisch wahrgenommene Verhalten hat dabei, anders als das Personal dies selber unterstellt, seine Ursprünge nicht in dem vermeintlich schwierigen Charakter der Teilnehmenden, sondern in der Ausgestaltung der Programmpraxis selbst. Anbietern mit einem konsequent klientenzentrierten Mandatsverständnis gelingt es demgegenüber weit besser, den Teilnehmenden das Gefühl zu vermitteln, dass es in der Maßnahme nicht um die Durchsetzung staatlicher Sanktionen geht, sondern darum, sie bei ihren Bemühungen um die Verbesserung ihrer Arbeitsmarktfähigkeit professionell zu unterstützen. Freilich können auch diese Anbieter nur dann erfolgreich operieren, wenn ihr Versprechen auf verbesserte Arbeitsmarktchancen auf Dauer nicht leer bleibt. Denn durch Aktivierung allein – hierauf gilt es immer wieder hinzuweisen – werden auf dem Arbeitsmarkt noch keine neuen Stellen geschaffen.

5.1.2 Professionshabitus und falldiagnostische Kompetenzen

Begünstigend auf den Ermächtigungserfolg wirkt sich zweitens ein solide herausgebildeter Professionshabitus (vgl. Becker-Lenz/Müller 2009) auf Seiten des Programmpersonals aus. Professionalität vermag beispielsweise zu verhindern, dass die Kooperation zwischen den Programmmitarbeitenden und den Programmteilnehmenden in unkontrollierte und beiderseits frustrierende Machtspiele ausartet. Allgemeiner ausformuliert verhindert ein solide herausgebildeter Professionshabitus, dass die in ihrer Autonomie beeinträchtigten Programmteilnehmenden dazu missbraucht werden, neurotische Dispositionen auf Seiten des Programmpersonals zu bedienen – seien diese nun voyeuristischer, narzisstischer, autoritärer, sadistischer, messianischer oder helferischer Natur. Die professionelle Unterstützung von Personen, bei denen schwerwiegende somatische, psychische oder psychosoziale Beeinträchtigungen vorliegen, verlangt nach fundierteren fachlichen Qualifikationen sowie nach einem gefestigteren professionellen Habitus, als sie im Rahmen kurzer Weiterbildungssequenzen in den Bereichen Personalführung, Arbeitsagogik, Arbeitsintegration oder Krisenintervention erworben respektive herausgebildet werden können. Denn weder durch Nichtzuständigkeitsdeklarationen noch durch schlichte Ignoranz lässt sich dem Umstand angemessen begegnen, dass bei einer Vielzahl von Programmteilnehmenden krisenhafte Problemkonstellationen vorliegen, die sich durch ein Allheilmittel, das „Arbeit", „Tagesstruktur" oder „Führung" heißt, so ohne Weiteres nicht aus der Welt schaffen lassen.

Professionalität impliziert insbesondere fundierte Kenntnisse auf dem Gebiet des diagnostischen Fallverstehens. Für die Hilfeplanung ist es entscheidend, dass die Programmmitarbeitenden in der Lage sind zu erkennen, worin die Beeinträchtigungen und die Ressourcen der einzelnen Teilnehmenden konkret bestehen. Auf einer sehr allgemeinen Ebene lassen sich zwei Grundtypen von Beeinträchtigungen unterscheiden (vgl. auch Oevermann 2000a).

Die Konstellation einer lebenspraktischen *Krise* liegt dann vor, wenn sich der jeweilige Teilnehmende als ganzer Mensch in seiner Autonomie und Handlungsfähigkeit eingeschränkt sieht und seine Gehemmtheiten, Ängste, Antriebsschwächen oder Frustrationen als Ausdruck einer tieferliegenden Krise zu deuten sind. Ein systematisches Arbeitstraining sowie die Schaffung einer Tagesstruktur stellen in diesem Falle für sich allein noch keine angemessene Form der professionellen Unterstützung dar. Die Konstellation eines *Defizits* liegt demgegenüber vor, wenn die Qualifikationen des Teilnehmenden suboptimal auf die Erfordernisse des Arbeitsmarktes abgestimmt sind, oder er aufgrund unzureichender Praxiserfahrungen gewisse Handlungsroutinen noch nicht herausbilden konnte. Allerdings gilt es auch bei Teilnehmenden, bei denen keine Autonomiekrise im obigen Sinne vorliegt, behutsam zu klären, ob es sich beim jeweiligen Integrationsprogramm um eine geeignete Unterstützungsmaßnahme zur Überwindung ihrer qualifikatorischen Defizite handelt. Denn es sind Umstände denkbar, unter denen die Programmteilnahme selber zum Krisengenerator wird. Dies kann beispielsweise dann der Fall sein, wenn Teilnehmende, die sich aufgrund eines Arbeitsunfalls zu einer beruflichen Neuorientierung gezwungen sehen, während der Programmteilnahme die Erfahrung machen müssen, dass ihnen für das, was sie in der Vergangenheit geleistet haben, kaum Respekt entgegengebracht wird, sie also gewissermaßen ihrer Biographie beraubt werden, oder wenn sie in den zu verrichtenden Tätigkeiten kein requalifizierendes Moment ausmachen können.

Für den Erfolg der Programmteilnahme ist es in jedem einzelnen Fall entscheidend, dass die professionellen Unterstützungsleistungen nicht auf Fehldiagnosen aufruhen. Ein in hohem Masse lebenstüchtiger Mensch, der sich durch das Programmpersonal wie ein Kranker oder Gestörter behandelt fühlt, wird von der Programmteilnahme genauso wenig profitieren wie eine lebenspraktisch zutiefst verunsicherte Person, die unter Androhung von Sanktionen und mit dem vagen Versprechen auf Schlüsselqualifizierung in ein enges Setting der Arbeitsdisziplin hineingezwängt wird.

Professionelle diagnostische Operationen, die auf ein integrales Fallverstehen ausgerichtet sind, haben dabei mit dem, was in der Lehrbuchliteratur mittlerweile als *Profiling* bezeichnet wird, recht wenig gemein. Eine fundierte Auseinandersetzung mit der je besonderen Individuiertheit des einzelnen Falles bedeutet etwas anders als das abwicklungslogische und klassifikatorische Ausfüllen von Checklisten zu den „beruflichen" und „persönlichen

Merkmalen" des Falles oder zu den „Umständen, welche die Eingliederung erschweren" (Scheller 2005, 303f.). Eine solcherart technokratische Bezugnahme auf die Teilnehmenden birgt akut die Gefahr, dass sich diese zu Objekten einer demütig zu erduldenden Amtsprozedur degradiert sehen, die sie unter Umständen des Rests ihrer Hoffnung beraubt, die Programmteilnahme berge für sie in irgendeiner Weise eine Chance. Der Begriff des *Profiling*, der in neuester Zeit vor allem in der Kriminalistik Karriere gemacht hat, ist für Operationen dieser Art insofern stimmig, als er gültig zum Ausdruck bringt, dass in ihnen Arbeitslose in ähnlicher Weise in den Fokus staatlicher Aufmerksamkeit geraten wie mutmaßlich Kriminelle.

5.1.3 Potentiell sinnstiftende Tätigkeiten

Als entscheidend für den Ermächtigungserfolg von Programmen zur vorübergehenden Beschäftigung erscheint drittens, dass die bereitgestellten oder akquirierten Arbeitsaufträge den Teilnehmenden echte Bewährungschancen bieten, und dass mit ihnen Qualifizierungs- und Sinnstiftungspotentiale verbunden sind. In den Interviewanalysen hat sich gezeigt, dass Tätigkeiten, die von den Teilnehmenden als sinnlos wahrgenommen werden, eher den Abbau als den Aufbau von Arbeitsmotivation zur Folge haben. Viele Programmteilnehmende machen den Sinn einer Tätigkeit allerdings nicht daran fest, ob sie ihnen spezifische Fertigkeiten oder gar Kreativität abverlangt. Es interessiert sie vielmehr, ob das hergestellte Produkt einen substanziellen Gebrauchswert besitzt, und ob die von ihnen verrichtete Tätigkeit in eine wirtschaftliche Wertschöpfungskette eingebettet ist. So kann beispielsweise die relativ monotone Tätigkeit des Verpackens von Stromkabeln für einen Großverteiler als weit sinnvoller und sinnstiftender wahrgenommen werden als die kreative und feinmotorisch anspruchsvolle Tätigkeit des Bemalens von Dekor-Holzkatzen. In Programmen, in denen in kleinen Serien sowie unter Zeit- und Qualitätsdruck Gegenstände des alltäglichen Bedarfs hergestellt werden, kann die Programmteilnahme in einzelnen Fällen gar den Aufbau eines zuvor noch nicht entwickelten Handwerkerstolzes zur Folge haben. Zwar sind der Akquisition entsprechender Arbeitsaufträge durch das Konkurrenzierungsverbot enge Grenzen gesetzt. Das Bestreben der Programmanbieter kann es indes sein, die gleichwohl gegebenen Handlungsspielräume voll auszuschöpfen oder auszureizen.

Als wichtigste Voraussetzung für den Ermächtigungserfolg von Arbeitsintegrationsprogrammen erscheint somit, dass die professionelle Unterstützung des einzelnen Klienten spezifisch da ansetzt, wo eine Unterstützungsbedürftigkeit tatsächlich besteht. Im Übersichtsschema auf der folgenden Seite wird dies durch die Pfeile, die zu den einzelnen Programmtypen hinführen, zur

Darstellung gebracht. Dies impliziert, dass sich Maßnahmenziele immer nur einzelfallbezogen ausformulieren lassen, und dass bei der Ausformulierung der Ziele Etappierungen sinnvoll sein können. Weder kann Beschäftigung per se schon ein Ziel der Programmzuweisung sein, weil die hinter dem Rücken des Klienten ausgesprochene Aufforderung „Beschäftige ihn mal!" der bevormundenden Einrichtung eines Zwangsarbeitssettings gleich käme, noch ist die sehr allgemeine Zielformulierung „Reintegration in den ersten Arbeitsmarkt" spezifisch genug, um Anhaltspunkte für eine falladäquate Förderpraxis liefern zu können.

5.2 Erschwerende rechtliche und institutionelle Rahmenbedingungen

Die oben aufgelisteten Einflussfaktoren auf den Ermächtigungserfolg von Beschäftigungsprogrammen betreffen Momente der Programmausgestaltung, über die die Programmanbieter weitgehend autonom entscheiden können. Etwas enger umgrenzt sind die Handlungsspielräume der einzelnen Programme, wenn es um die Optimierung des Passungsverhältnisses zwischen Programm- und Teilnehmendenprofilen geht, in der Lehrbuchliteratur *Matching* genannt (vgl. Egle/Nagy 2005). Denn normalerweise suchen sich die Programme ihre Teilnehmenden nicht selber aus, sondern erhalten diese durch die RAV oder die kommunalen Sozialämter zugewiesen. In diesem Zusammenhang stellt sich die Frage, ob es Personengruppen gibt, für die es sich bei der Zuweisung in ein Arbeitsintegrationsprogramm generell um eine wenig geeignete Unterstützungsmaßnahme handelt. Des Weiteren kann sich der Umstand, dass die Programmteilnahme amtlich verfügt wird, ihr also formal der Charakter der Unfreiwilligkeit anhaftet, erschwerend auf den Ermächtigungserfolg auswirken. Die folgenden Ausführungen beziehen sich zusammenfassend auf rechtliche und institutionelle Regelungen, die die Erzielung eines Ermächtigungserfolgs erschweren können. Auf eine nochmalige Erörterung der problematischen Implikationen, die mit dem Konkurrenzierungsverbot verbunden sind, wird allerdings verzichtet.

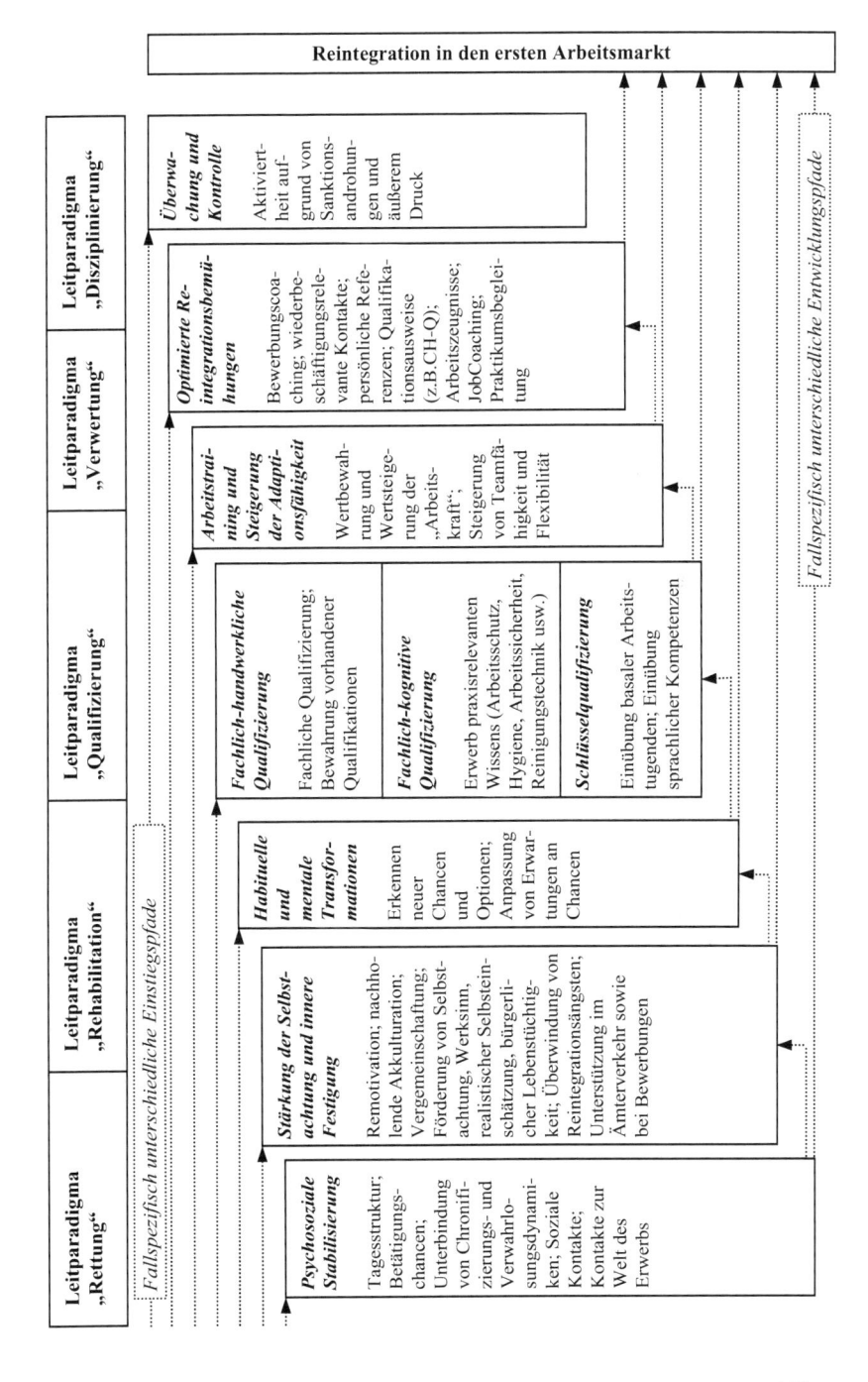

Reintegration in den ersten Arbeitsmarkt

Leitparadigma „Rettung"	Leitparadigma „Rehabilitation"	Leitparadigma „Qualifizierung"	Leitparadigma „Verwertung"	Leitparadigma „Disziplinierung"
				Überwachung und Kontrolle
				Aktiviertheit aufgrund von Sanktionsandrohungen und äußerem Druck
			Optimierte Reintegrationsbemühungen	
			Bewerbungscoaching; wiederbeschäftigungsrelevante Kontakte; persönliche Referenzen; Qualifikationsausweise (z.B.CH-Q); Arbeitszeugnisse; JobCoaching; Praktikumsbegleitung	
			Arbeitstraining und Steigerung der Adaptionsfähigkeit	
			Wertbewahrung und Wertsteigerung der „Arbeitskraft"; Steigerung von Teamfähigkeit und Flexibilität	
		Fachlich-handwerkliche Qualifizierung		
		Fachliche Qualifizierung; Bewahrung vorhandener Qualifikationen		
		Fachlich-kognitive Qualifizierung		
		Erwerb praxisrelevanten Wissens (Arbeitsschutz, Hygiene, Arbeitssicherheit, Reinigungstechnik usw.)		
		Schlüsselqualifizierung		
		Einübung basaler Arbeitstugenden; Einübung sprachlicher Kompetenzen		
	Habituelle und mentale Transformationen			
	Erkennen neuer Chancen und Optionen; Anpassung von Erwartungen an Chancen			
	Stärkung der Selbstachtung und innere Festigung			
	Remotivation; nachholende Akkulturation; Vergemeinschaftung; Förderung von Selbstachtung, Werksinn, realistischer Selbsteinschätzung, bürgerlicher Lebenstüchtigkeit; Überwindung von Reintegrationsängsten; Unterstützung im Ämterverkehr sowie bei Bewerbungen			
Psychosoziale Stabilisierung				
Tagesstruktur; Betätigungschancen; Unterbindung von Chronifizierungs- und Verwahrlosungsdynamiken; Soziale Kontakte; Kontakte zur Welt des Erwerbs				

Fallspezifisch unterschiedliche Einstiegspfade

Fallspezifisch unterschiedliche Entwicklungspfade

5.2.1 Das Unfreiwilligkeitsproblem

Die verstreut bereits genannten Argumente, weshalb es problematisch erscheint, dass im Rahmen der aktuell geltenden Gesetzgebung die Programmteilnahme amtlich verfügt wird und mittels Sanktionsandrohungen durchgesetzt werden kann, lassen sich zu drei Thesen verdichten.

Erstens wird mit der amtlichen Verfügung den Programmteilnehmenden eine intrinsische Motivation und ein intrinsischer Wille, eine Neuanstellung zu finden oder sich für die Anforderungen des Arbeitsmarkts fit zu machen oder fit zu halten, kurzerhand abgesprochen. Es wird ihnen bescheinigt, dass sie, wenn man sie nicht dazu zwingen würde, nichts unternähmen, um sich verbesserte Chancen auf dem Arbeitsmarkt zu erarbeiten. Dem Verdacht ausgesetzt zu sein, sich unzureichend um sich selbst zu kümmern; Dinge anbefohlen zu bekommen, die man nach eingehender Prüfung oder im Anschluss an eine professionelle Beratung auch von sich aus tun würde, (wenn sie einem denn sinnvoll erscheinen); Hilfeleistungen verfügt zu bekommen, um die man im Krisenfall selber ersucht hätte, um gerade hierdurch sich eines Rests autonomer Handlungsfähigkeit zu vergewissern, all dies kann (zusätzlich) frustrierend, lähmend oder demotivierend wirken. Es sind zwei fundamental unterschiedliche Dinge, ob sich jemand von sich aus um die Teilnahme an einer Umschulung, einer Weiterbildung oder einem Beschäftigungsprogramm bemüht, oder ob er oder sie einer staatlichen Verfügung Folge zu leisten hat. Im ersten Fall bewährt sich die gesuchstellende Person als ein zumindest partiell noch handlungsmächtiges Subjekt. Im zweiten Fall wird sie zum Objekt einer staatlichen Sonderbehandlung, mit der strukturell betrachtet eine Dementierung der Handlungsautonomie, um deren Stärkung es eigentlich gehen soll, verbunden ist.

Zweitens bildet die Nichtfreiwilligkeit der Teilnahme das Einfallstor für die vielfältigen Formen eines autoritären, pädagogisierenden, infantilisierenden Verhaltens, die sich insbesondere in Integrationsprogrammen beobachten lassen, die ihre Praxis am Leitparadigma der Disziplinierung oder der Verwertung ausrichten. Im Extremfall werden die Programmangebote dahingehend pervertiert, dass nicht mehr die Unterstützung und Förderung der Teilnehmenden im Vordergrund steht, sondern dass diese dazu missbraucht werden, autoritäre oder narzisstische Neigungen auf Seiten der Programmverantwortlichen oder Programmmitarbeitenden zu bedienen. Der Umstand, dass sich die Programmteilnehmenden nicht um die Teilnahme am Programm beworben haben, sondern diesem zugewiesen wurden, wird von Fachkräften ohne soliden Bildungshintergrund und ohne gefestigten Professionshabitus leicht dahingehend missverstanden, mit einem Vollzugsmandat ausgestattet zu sein, das es ihnen erlaubt, den Teilnehmenden zu begegnen, wie wenn es sich bei diesen um Unmündige handelte. Aber selbst wenn bei den Programmmitarbeitenden ein konsequent klientenzentriertes Mandatsverständnis, solide professionelle Handlungskompetenzen sowie ein gefestigter Professionshabitus vorliegen, kann sich der Unfreiwilligkeitscharakter der Programmteilnahme erschwerend auf die Erzielung eines Ermächtigungserfolgs auswirken. Denn so sehr sich die entsprechenden Professionellen auch darum bemühen mögen, ein professionelles Arbeitsbündnis aufzubauen, das es den Teilnehmenden im Krisenfall erlaubt, ohne innere Zensur Schwierigkeiten und Widerstände offen zu artikulieren: Es lässt sich unter der Bedingung der Unfreiwilligkeit ein Restmoment der Furcht, durch Offenheit Blößen zu zeigen, die zum Anlass staatlicher Sanktionen – sprich: von Leistungskürzungen – werden könnten, nie ganz aus dem Weg räumen. Eine fallangemessene Förderung und Unterstützung der Teilnehmenden in ihren Bestrebungen, sich verbesserte Arbeitsmarktchancen zu erarbeiten, setzt diese Offenheit aber gerade voraus. Fördernd und unterstützend kann nur aktiv werden, wer die Schwierigkeiten und gegebenenfalls auch die Blockaden und Gehemmtheiten des Gegenübers kennt. Unter den gegenwärtigen rechtlichen Bedingungen hängt der Ermächtigungserfolg von Arbeitsintegrationsprogrammen entscheidend davon ab, ob es den einzelnen Professionellen gelingt, die mit dem amtlichen Aufgebot dementierte Freiwilligkeit der Teilnahme sekundär wiederherzustellen. Sie arbeiten aktuell also unter Bedingungen, die ihnen permanent „charismatische Sonderleistungen" (Oevermann 1996) abverlangen.

5.2.2 Das Passungsproblem

Während Anbieter mit einem breit gefächerten Angebot an unterschiedlich profilierten Einsatzprogrammen nach der erfolgten Zuweisung ein anbieterinternes Matching vornehmen können, besteht bei kleineren Anbietern gesteigert die Gefahr, dass die Teilnehmenden aufgrund der Zuweisung in ein für sie ungeeignetes Programm keine auf ihr spezifisches Ressourcen- und Beeinträchtigungsprofil abgestimmte Förderung erhalten. Eine optimale Programmselektion setzt also bereits bei den Zuweisern hohe professionelle Kompetenzen auf dem Gebiet des diagnostischen Fallverstehens voraus. In unserem Sample finden sich mehrere Fälle, bei denen offenkundig eine Fehlzuweisung vorliegt. Sie betreffen insbesondere Personen, die trotz einer gesteigerten psychischen Vulnerabilität Programmen zugewiesen wurden, in denen ein – die Individuiertheit der Problemlage des Falles missachtender – Geist der Disziplinierung vorherrscht. Bei RAV-Beratenden und Mitarbeitenden in Sozialämtern scheinen auf dem Gebiet des diagnostischen Fallverstehens also weiterhin Entwicklungspotentiale zu bestehen. Zugleich muss fraglich erscheinen, ob sich die diesbezüglichen Defizite dadurch beheben lassen, dass die zuweisenden Professionellen bei der Programmselektion durch Computerprogramme unterstützt werden, die auf der Grundlage eingespeister statistischer Erfahrungswerte nach der Eingabe weniger biographischer Eckwerte die für den zu bearbeitenden Fall vermeintlich „passende Maßnahme zum geeigneten Zeitpunkt" ausspucken. Dass sich das an der Universität St. Gallen entwickelte Programm *Saps* (für Statistisch assistierte Programmselektion) in der RAV-Beratungspraxis nicht durchzusetzen vermochte, hat entgegen der Vermutung der Programmentwickler nicht viel damit zu tun, dass RAV-Beratende „wenig Neigung zur Umsetzung der Empfehlungen von (externen) beratenden Hilfsmitteln zeigen" (Behncke/Frölich/Lechner 2008, 42). Viel eher ist der Verzicht auf die Verwendung des *Saps*-Tools auf eine gesunde Restwiderständigkeit der RAV-Beratenden gegen den Einzug der totalen Technokratie in die Praxis der Fallbearbeitung und Fallberatung zurückzuführen.[19] Man stelle sich wiederum den bereits erwähnten Arzt vor, der den vom ihm begangenen Kunstfehler damit rechtfertigt, er habe sich in seinem Tun auf statistische Erfahrungswerte gestützt, und diese seien doch, weil in Form von Zahlen objektivierbar, einer fallrekonstruktiv verfahrenden und spezifisch die Individuiertheit des einzelnen Falles ins Blickfeld rückenden Diagnostik in jedem Falle überlegen. Eine Diagnostik, die nach der Logik statistischer Diskriminierung (zu verstehen als Diskriminierung aufgrund von Statistik) verfährt, stellt keine geeignete Grundlage für professionelle beraterische Praktiken dar, was selbstverständlich nicht bedeutet, dass Erfahrungswerte in der diagnostischen Praxis bedeutungslos wären.

Eine optimale Programmselektion setzt nicht nur die detaillierte Kenntnis der fallspezifischen Förderpotentiale, sondern zugleich eine genaue Kenntnis dessen voraus, was die einzelnen Programme an Unterstützungs- und Förderinstrumenten zu bieten haben. Bei mehreren der untersuchten Fälle zeigte sich, dass beim Zuweisungsentscheid weniger die Frage nach der optimalen Unterstützung des Falles handlungsleitend war, als vielmehr die Frage, welcher Anbieter von der Zuweisung profitieren soll, oder welches Programm

---

[19] Nur am Rande sei hier erwähnt, dass die selbst bei einer raschen Lektüre Irritationen evozierende Formulierung „Empfehlungen von (externen) beratenden Hilfsmitteln" diese technokratische Logik stimmig nachbildet. Es ist nicht mehr von Beratenden die Rede, die sich in ihrem Handeln gewisser Hilfsmittel bedienen oder in ihrem Handeln externe Empfehlungen berücksichtigen. Stattdessen wird das technische Hilfsmittel selbst zum Subjekt des Handelns. Nimmt man die Formulierung wörtlich, tritt *Snaps*, also das Computerprogramm, gegenüber den Mitarbeitenden der RAV als Berater auf und gibt diesen Empfehlungen ab.

dem Wohnort des Teilnehmenden geographisch am nächsten liegt. Aus der Perspektive von Gemeinden, die ein eigenes Programm unterhalten, erscheint es zwar naheliegend, zuerst die eigenen Kapazitäten auszulasten. Ob hierdurch dem jeweiligen Einzelfall am besten gedient ist, muss indes fraglich erscheinen. Welches Programm sich für welche Person eignet, lässt sich nur im Einzelfall bestimmen. Dennoch lassen sich einige Fallkonstellationen angeben, bei deren Vorliegen beim Zuweisungsentscheid eine gesteigerte Achtsamkeit angezeigt ist.

Für Personen, bei denen schwerwiegende somatische, psychische oder psychosoziale Beeinträchtigungen vorliegen, also für die Gruppen der Arbeitsmarktgeschädigten und der Schutzbedürftigen, eignen sich ausschließlich Programme, die ihre Praxis entweder am Leitparadigma der Rettung oder am Leitparadigma der Rehabilitation ausrichten. Umgekehrt sind diese beiden Programmtypen eher ungeeignet für Personen, die sich ohne eine tieferliegende Krise schlicht auf Stellensuche befinden und während der Zeit der Arbeitslosigkeit eine überbrückende Beschäftigungsmöglichkeit nutzen wollen.

Für die Gruppe der Zukunftsorientierten, junger Erwachsener also, die aufgrund von Komplikationen in der Autonomieentwicklung noch keinen festen Tritt in der Arbeitswelt gefunden haben, erscheint die Zuweisung in ein Beschäftigungsprogramm per se als eine wenig geeignete Unterstützungs- und Fördermaßnahme. Denn die Zuweisung in ein Beschäftigungsprogramm birgt die Gefahr, dass die Chance auf eine nachholende Berufsausbildung für immer verbaut bleibt. Die professionelle Arbeit mit jungen Erwachsenen setzt eine Sensibilität für jugendaltersspezifische Entwicklungskrisen voraus. Diese Sensibilität ist bei einigen interviewten Programmmitarbeitenden zwar vorhanden. Eine angemessene institutionelle Einbettung findet sie im Rahmen der rekonstruierten Programmtypen indes nur bedingt.[20] Außerdem handelt es sich bei einer Vielzahl von Teilnehmenden in Beschäftigungsprogrammen, insbesondere bei den Ämterkarrieristen, den Arbeitsmarktgeschädigten und den Schutzbedürftigen um Personen, die in besonderer Weise gesellschaftlichen Marginalisierungsdynamiken ausgesetzt sind. Ein Milieu sozialer Randständigkeit, mitunter auch der Hoffnungslosigkeit, erscheint wenig geeignet, jungen Erwachsenen den Einstieg ins Berufs- und Erwerbsleben zu erleichtern. Von den untersuchten Programmen scheinen für junge Erwachsene mit gesteigert krisenhafter Autonomieentwicklung am ehesten

---

[20] Es ist hier noch einmal zu betonen, dass unser Fallsample keine Programme enthält, die spezifisch für Jugendliche oder junge Erwachsene eingerichtet wurden. Die Ausgestaltung der Praxis in diesen spezialisierten Programmen wäre gesondert zu problematisieren.

noch diejenigen geeignet zu sein, deren Praxis sich am Rettungsparadigma ausrichtet.

Auch im Falle älterer Arbeitsloser, die mit Stolz auf ein reiches Berufsleben zurückblicken können und die beispielsweise wegen betrieblicher Restrukturierungen oder aufgrund einer Erkrankung arbeitslos wurden, können Fehlentscheidungen bei der Maßnahmenselektion fatal sein. Professionelle Kompetenzen für die Begleitung von *Cooling Out*-Prozessen liegen vorab bei Beschäftigungsprogrammen vor, deren Handeln sich am Rettungs- oder am Rehabilitationsparadigma ausrichtet. Problematisch indes erscheint, dass die Infrastruktur, die vonnöten wäre, um den Teilnehmenden unter Berücksichtigung des jeweiligen Ressourcen- und Beeinträchtigungsprofils eine berufliche Requalifizierung zu ermöglichen, diesen Beschäftigungsprogrammen nur beschränkt zur Verfügung steht. Professionelle Hilfeleistungen, die auf ein *Cooling Out* abzielen, also auf die Anpassung der subjektiven Erwartungen an das nach der biographischen Zäsur realistischerweise noch Mögliche, bedürfen nicht nur einer sensiblen und behutsamen Initiierung. Noch viel grundlegender erscheint, dass der Biographie und dem von den Betroffenen privat oder beruflich in der Vergangenheit Geleisteten ein angemessener Respekt entgegengebracht wird. Denn auf dem Fundament einer initialen Missachtung, Stigmatisierung oder Infantilisierung lassen sich weder professionelle Arbeitsbündnisse noch konstruktive betriebliche Arbeitsbeziehungen aufbauen. Außerdem fehlen einer Förderpraxis, die sich mit den Ressourcen und Potentialen, die in jeder individuellen Biographie angelegt sind, nicht auseinandersetzen will, jegliche Anknüpfungspunkte.

Zu betonen ist zugleich, dass es mehrere Personengruppen gibt, für die die Teilnahme an einem Arbeitsintegrationsprogramm – respektive die Zuweisung in ein solches – per se kein geeignetes Instrument zur Verbesserung der Arbeitsmarktchancen darstellt. Wenig geeignet sind Arbeitsintegrationsprogramme erstens für Personen, die statt einer Quasi-Hospitalisierung in einem Beschäftigungsprogramm der professionellen medizinischen oder psychologischen Unterstützung oder eines Rekonvaleszenzmoratoriums bedürften, das ihrem Gesundheitszustand angemessen ist. Wie immer man sich zu dem Offizialargument stellen mag, dass sich durch einen rasche arbeitsweltliche Reintegration sogenannte „Chronifizierungen" verhindern lassen – es ist höchst irritierend, wenn die Räumlichkeiten von Beschäftigungsprogrammen den Eindruck vermitteln, man halte sich in einer drittklassig eingerichteten Rehabilitationsklinik auf.

Eine vorschnelle Zuweisung in ein Beschäftigungsprogramm ist zweitens bei Personen problematisch, die weder bei ihren Bewerbungsaktivitäten noch bei ihren autonomen Bemühungen um die Bewahrung und Verbesserung ihrer Arbeitsmarktfähigkeit der externen professionellen Unterstützung bedürfen. Eine vorschnelle Intervention seitens der Fallverantwortlichen birgt bei dieser Personengruppe akut die Gefahr, dass sie in ihren autonomen Repositionierungsbemühungen gebremst werden. Diese Gefahr besteht vor allem dann, wenn die Intervention auf Misstrauen gründet oder wenn ihr eine fundamentale Fehleinschätzung entweder des Qualifikationsprofils oder der tatsächlichen Arbeitsmarktchancen zugrunde liegt.

Weil Beschäftigungsprogramme nur bedingt qualifizierende Anteile besitzen, sind sie drittens für Personen wenig geeignet, denen mit der Finanzierung einer Erstausbildung, einer Umschulung oder einer Weiterbildung weit besser und nachhaltiger gedient wäre als mit der Zuweisung in ein Beschäftigungsprogramm. Angesichts dessen, dass auch mit der Durchführung von Beschäftigungsprogrammen immens hohe Kosten verbunden sind, erscheint die eher restriktive und unflexible Praxis der Arbeitslosenversicherung bei der Finanzierung qualifizierender Maßnahmen wenig nachvollziehbar. Dies gilt insbesondere – aber nicht nur – bezogen auf Fälle junger Erwachsener, deren Autonomieentwicklung einen gesteigert krisenhaften Verlauf genommen hat.

Wenig geeignet sind Arbeitsintegrationsprogramme außerdem für Personen, die – vom kontrafaktischen Standpunkt eines bedingungslosen Grundeinkommens her gedacht (vgl. die Beiträge in Franzmann 2009) – problemlos in der Lage wären, sich eine zur Erwerbsarbeit alternative Quelle der individuellen Bewährung und der sozialen Wertschätzung zu erschließen. Dies würde freilich die Einsicht voraussetzen, dass es sich bei der Wirtschaft nicht um die einzige gesellschaftliche Sphäre handelt, in der das Aktivsein von Individuen und Gruppen einen substanziellen Beitrag zum Gemeinwohl respektive einen unabdingbaren Beitrag zur Reproduktion und Innovativität des gesellschaftlichen Ganzen leistet. Sozialintegration ist nicht auf Arbeitsmarktintegration reduzierbar.

5.3 Exkurs: Sozialfirmen als Alternative?

Eine solide Falldiagnostik stellt nicht nur für die zielführende Teilnahme am Beschäftigungsprogramm, sondern auch für eine gelingende Bewältigung der Arbeitslosigkeit einen zentralen Erfolgsfaktor dar. Interessanterweise wird im Modell der sogenannten „Sozialfirma", wie es in der Schweiz gegenwärtig propagiert wird, genau auf diese professionelle Auseinandersetzung mit der Biographie und der Individuiertheit der einzelnen Beschäftigten explizit verzichtet. Die beiden Top-Managerinnen der größten Sozialfirma in der deutschsprachigen Schweiz, der *Dock-Gruppe* (gegründet als *Stiftung für*

Arbeit St. Gallen), begründen dies in einem unlängst erschienenen Buch wie folgt:

„Wer von der Sozialhilfe lebt, hat in der Regel schon einige Erfahrung mit Sozialinstitutionen, ist schon lange Zeit betreut worden, hat seine Lebensgeschichte schon oft erzählt und kann manchmal verblüffend genau über seine Defizite Auskunft geben. Nur hilft dies im Unterfangen der Reintegration in den Ersten Arbeitsmarkt oft nicht weiter. Auch deshalb haben wir uns für eine klare Aufgabenteilung zwischen uns und den Sozialämtern entschieden. Wir führen die Arbeitnehmenden im Rahmen eines guten, sozialen Arbeitgebers, und die Sozialämter betreuen sie im Rahmen der sozialarbeiterischen Anforderungen. Das Bekenntnis zur Führung bedeutet, dass man als Firma die Finger von der Betreuung lassen muss. (...) In der Sozialfirma soll jeder am gleichen Punkt beginnen können, unbelastet von seiner Vorgeschichte. Damit wird in der Sozialfirma Chancengleichheit in einer besonderen Form gewährleistet: Jeder kann noch einmal von vorne anfangen und alles besser machen." (Blattmann/Merz 2010, 49f.)

Es mag zutreffen, dass in einigen Sozialinstitutionen weiterhin eine Form der Auseinandersetzung mit individuellen Problemlagen vorherrscht, die über ein verständnisvolles Abnicken subjektiver Erzählungen und Problemschilderungen nicht hinausreicht. Und es mag des Weiteren zutreffen, dass längst noch nicht alle Professionellen der Sozialen Arbeit über ausreichende methodische Kompetenzen verfügen, um auf der Grundlage des durch die Klienten Artikulierten – und dieses zugleich objektivierend und hermeneutisch durchdringend – bestimmen zu können, was diese, unabhängig von allfälligen Selbstdiagnostiken, in ihrer Handlungsfähigkeit einschränkt, und wo die Ressourcen verborgen liegen, bei denen im Einzelfall eine gezielte Förderung ansetzen könnte. Die Alternative dazu, sich diese unter Umständen noch wenig vorhandenen Kompetenzen mühselig anzueignen, kann für Personen, die finanziert über öffentliche Gelder mit einem professionellen Fördermandat ausgestattet sind, indes nicht darin bestehen, Praktiken eines diagnostischen Fallverstehens und einer gezielten Einzelförderung kurzerhand für unnütz zu erklären. Befreiungsschläge dieser Art können – indem sie sich an der Logik: „Ich bin kein Arzt und weiß darum nicht, weshalb Du hinkst. Also hör einfach auf damit!" orientieren – wenig zielführende Missachtungsreflexe gegenüber den Klienten zur Folge haben. So werfen denn die obigen Ausführungen die Frage auf, ob sich auf der Grundlage der generalisierenden und (deshalb) diffamierenden Unterstellung, Sozialhilfeabhängige tendierten zu einem defizitfixierten Kreisen um sich selbst und würden hierbei durch Sozialinstitutionen noch unterstützt, ein auf Qualifizierung für den ersten Arbeitsmarkt ausgerichtetes Beschäftigungsverhältnis überhaupt aufbauen lässt. Des Weiteren werfen sie die Frage auf, wie die Kooperation zwischen zwei Partnern – hier zwischen der Sozialfirma und den Sozialämtern – aussehen kann, wenn sich der eine der beiden Partner für das, was der andere leistet, im Grunde gar nicht interessiert.

Blattmann und Merz erblicken in der Missachtung der Biographie der Beschäftigten die wesentliche Stärke ihres Modells einer „unternehmerischen Arbeitsintegration". Nicht nur unterstellen sie ihren Beschäftigten, eine bis dahin vollkommen wertlose, nichtige und desaströse Existenz geführt zu haben, was per se schon einer geradezu monströsen Vorurteilsbildung gleichkommt. Hochgradig moralisierend unterstellen sie ihnen zugleich, in der Vergangenheit im Grunde alles falsch gemacht zu haben. Sie sind für ihre aktuell schwierige Lage weitestgehend selber verantwortlich. Dieses Amalgam aus Vorurteilsbildung, Moralismus und Eigenverantwortungsrhetorik ermöglicht es den Managerinnen der Sozialfirma, gleichzeitig als Erlöserinnen und Oberlehrerinnen in Erscheinung zu treten: „Jeder kann noch einmal von vorne anfangen und alles besser machen."

> „Für viele ist das Ankommen in einer Sozialfirma nicht einfach. Durch den Eintritt werden liebgewordene Vorstellungen über die eigene Situation neu justiert. Jetzt kann nicht mehr verleugnet werden, dass man auch zu ‚denen' gehört, die keinen Arbeitsplatz in der freien Wirtschaft mehr finden. Diese Realität ist oft hart für die Betroffenen. Es ist deshalb äußerst hilfreich, die Neuankömmlinge explizit darauf hinzuweisen, dass sie eine Stelle bekommen haben, an der sie noch einmal von vorn anfangen können. Das Leben davor interessiert die Sozialfirma nicht." (Blattmann/Merz 2010, 100f.)

Ausgehend von dieser Beschreibung des „Ankommens" in einer Sozialfirma erscheint es nicht abwegig, der Frage nachzugehen, ob es sich bei diesen – zumindest hinsichtlich einiger Merkmale – um „totale Institutionen" handelt. Die Aufnahmeprozedur in eine totale Institution zielt darauf, die Ankömmlinge einerseits von der physischen und sozialen Außenwelt und andererseits von früheren Selbstidentifikationen abzutrennen. Sie zielt gemäß Goffman (1961/1995, 26f.) auf den „bürgerlichen Tod" der Insassen: „Der Insasse stellt also fest, dass durch die Schranke, die ihn von der Außenwelt trennt, bestimmte Rollen für ihn verloren sind. Der Eintritt bringt für ihn normalerweise auch Verluste und Demütigungen anderer Art mit sich. In aller Regel bringt der Stab gewisse Aufnahmeprozeduren zur Anwendung, wie die Aufnahme des Lebenslaufes, Fotografieren, Wiegen und Messen, Abnehmen von Fingerabdrücken, Leibesvisitation, Erfassung der persönlichen Habseligkeiten zur Einlagerung, Entkleiden, Baden, Desinfizieren, Haareschneiden, Ausgabe von Anstaltskleidern, Einweisung in die Hausordnung, Zuweisung von Schlafplätzen. Diese Aufnahmeprozeduren sind eher als ein ‚Trimmen' oder eine ‚Programmierung' zu bezeichnen, denn durch diese Form der Isolierung wird es möglich, den Neuankömmling zu einem Objekt zu formen, das in die Verwaltungsmaschinerie der Anstalt eingefüttert und reibungslos durch Routinemaßnahmen gehandhabt werden kann. Die meisten dieser Prozeduren beruhen auf Attributen wie dem Gewicht oder dem Fingerabdruck, die das Individuum lediglich insofern aufweist, als es ein Mitglied der größten und abstraktesten sozialen Kategorie, nämlich der Menschheit ist. Eine Behandlung aufgrund solcher Attribute lässt weitgehend die Grundlagen einer früheren Selbstidentifikation außer acht." Die Aufnahmeprozedur in ihre Sozialfirma beschreiben Blattmann und Merz wie folgt:

> „Um im übertragenen Sinne wieder einen Platz finden zu können, braucht jeder Arbeitnehmende zuerst physisch einen Platz im Betrieb. Zu diesem Zweck bekommt bei uns jeder und jede am Anfang ein Garderobenkästchen zugewiesen und eine persönliche Getränkeflasche, die mit dem eigenen Namen versehen werden soll. Dies ist das Starter-Kit in den neuen Lebensabschnitt; je nach Abteilung wird es ergänzt durch ein persönliches Paar Arbeitshandschuhe, Arbeitsschuhe oder eine Schutzbrille. Es ist wichtig, dass in diesem Moment auch vermittelt werden kann, dass der Neuanfang nicht unter Zeitdruck geschieht. Die Dauer der Anstellung ist generell unbegrenzt; man bleibt so lange, bis man wieder eine Stelle im Ersten Arbeitsmarkt gefunden hat. Der Arbeitsplatz in der Sozialfirma ist sicher. Wer dort eine Stelle antritt, muss nicht mehr darum bangen; eine Kündigung wird nur wegen grober Verstöße gegen den Arbeitsvertrag ausgesprochen." (Blattmann/Merz 2010, 100)

Blendet man gedankenexperimentell das Kontextwissen aus, dass hier spezifisch die Prozedur der Aufnahme in eine Sozialfirma beschrieben wird, haftet diesen Ausführungen etwas Zwielichtiges an. Es wird in ihnen nämlich eine Prozedur beschrieben, mit der man spontan sowohl die Assoziation eines gewöhnlichen Stellenantritts in einem industriellen Fertigungsbetrieb verbinden kann als auch die Assoziation des Eintritts in eine geschlossene Anstalt, also beispielsweise in ein Gefängnis oder – mit etwas historischer Phantasie – in eine Arbeitserziehungsanstalt. Bei genauem Hinsehen indes verhält sich der Text zumindest gegen eine dieser Lesarten zutiefst sperrig. Legt man sich nämlich auf die Lesart *Stellenantritt in einem Industriebetrieb* fest, schießt einem unmittelbar die folgende Frage durch den Kopf: In welchem Industriebetrieb der Gegenwart werden die neu in den Betrieb eintretenden Mitarbeitenden zuerst einmal der infantilisierenden Prozedur unterworfen, ein Einheitsgetränkegeschirr mit ihrem Namen versehen zu müssen? Das Ritual der Beschriftung von Malkästen und anderer in einem Klassenzimmerschrank kollektiv aufbewahrter Utensilien mag im Kontext von Kindern, die stolz oder mit „Bange" eben erst den „neuen Lebensabschnitt" des Schulbesuchs erreicht haben, sinnhaft insofern sein, als mit ihm einerseits Ordnung geschaffen und andererseits ein kindlicher Besitzerstolz geweckt oder bedient wird. Wenig angemessen ist dieses Ritual hingegen dem Handlungskontext eines Industriebetriebs, und dies unabhängig davon, ob hier ein Malkasten, ein Hammer oder ein Getränkegeschirr „mit dem eigenen Namen versehen werden soll". In diesem Handlungskontext ist ein solches Ritual zutiefst demütigend, weil es einer Infantilisierung erwachsener und mündiger Menschen gleichkommt. Und weshalb, fragt man sich – immer noch ausgehend von der Annahme, es werde hier der Stellenantritt in einem Industriebetrieb beschrieben –, wird den Mitarbeitenden des besagten Betriebs nicht ein Garderobenschrank oder ein Garderobenkasten, sondern ein „Garderobenkästchen" zugewiesen? Man sieht sich an die Szenerie eines ersten Schultags erinnert, in welcher die Lehrerin spricht: „Liebe Kinder, für jedes von Euch gibt es dort drüben ein Kästchen." Erneut offenbart der Text eine infantilisierende und pädagogisierende Handlungsstruktur, die sich mit der Lesart, wir hätten es hier mit der Beschreibung eines Stellenantritts in einem Industriebetrieb zu tun, nur schwer in Einklang zu bringen ist.

Gegen diese Lesart sperren sich des Weiteren die Angaben zur Dauer des Anstellungsverhältnisses sowie zu den Eventualitäten der Kündigung. Die Formulierung „Die Dauer der Anstellung ist generell unbegrenzt; man bleibt so lange, bis man wieder eine Stelle im Ersten Arbeitsmarkt gefunden hat" ist bezogen auf den Handlungskontext Industriebetrieb irritierend. Denn normalerweise werden Anstellungsverhältnisse in der Industrie entweder befristet oder unbefristet eingerichtet, und in beiden Fällen sind sie sowohl durch den Betrieb als auch durch den Mitarbeitenden unter Einhaltung der vertraglich festgelegten Fristen jederzeit kündbar. Was hat es also mit der hier beschriebenen, in ihrer Dauer – wörtlich – „unbegrenzten" Anstellung auf sich? Blendet man die spontane Assoziation aus, es werde hier ein Anstellungsverhältnis beschrieben, das mit Blick auf die persönliche Integrität der Vertragspartner Entgrenzungen und Übergriffigkeiten explizit zulässt, und wendet man sich stattdessen direkt den Angaben zu den Austrittseventualitäten zu, sticht Folgendes ins Auge: Genannt werden zwei Eventualitäten, die die Auflösung des Anstellungsverhältnisses zur Folge haben können. Zum einem der Antritt einer Stelle im „Ersten Arbeitsmarkt"; zum anderen die einseitige Kündigung des Anstellungsverhältnisses durch den Betrieb im Falle „grober Verstöße gegen den Arbeitsvertrag". Offenkundig nicht die Rede ist von einer dritten Austrittseventualität, die, wenn man denn die Lesart *Stellenantritt in einem industriellen Fertigungsbetrieb* aufrechterhalten wollte, zwingend Erwähnung finden müsste. Die Eventualität nämlich, dass der Arbeitsvertrag entweder aufgrund grober Verstöße des Arbeitgebers gegen die vertraglichen Regelungen oder schlicht deshalb, weil sie seinen Vorstellungen, Erwartungen oder Qualifikationen nicht entspricht, einseitig durch den Mitarbeitenden gekündigt wird. Da diese Eventualität im Rahmen des hier beschriebenen Settings nicht vorgesehen ist, muss davon ausgegangen werden, dass sich die Ausführungen auf die Aufnahmeprozedur in eine Einrichtung beziehen, die *außerhalb* der Sphären der formell freien Arbeit sowie des formell freien Unternehmertums angesiedelt ist. Und es muss des Weiteren gefolgert werden, dass die in den Ausführungen verwendeten Begriffe der „Anstellung" und des „Arbeitsvertrags" einen euphemistischen Charakter besitzen.

Charakteristisch für das Setting, auf welches sich die Beschreibung der Aufnahmeprozedur bezieht, ist zum einen, dass den „Neuankömmlingen" mittels Verwendung von Euphemismen zynisch just jene Autonomie vorgegaukelt wird, derer sie gerade entledigt werden, und dass die „Ankömmlinge" zum anderen der Mündigkeit und des Stolzes beraubt werden, die sie als Erwachsene mit ihrer bürgerlichen Existenz und ihrer bisherigen Biographie verbinden – wie unkonventionell diese auch immer sein mag. Wer innerhalb dieses Settings keinen bürgerlichen Tod erleiden will, muss ausreichend gefestigt sein, um sich dem infantilisierenden Zugriff wenigstens innerlich entziehen zu können, oder er muss, wie sich bei der Analyse des Interviews mit einer in dem Setting Beschäftigten zeigte, die inszenatorische Kompetenz besitzen, die Produktion von Schein wenigstens vordergründig mitzutragen.

Geht man davon aus, dass es sich bei der Feststellung „Die Dauer der Anstellung ist generell unbegrenzt" um eine euphemistische und der Struktur nach zynische Umschreibung des Sachverhalts handelt, dass die Beschäftigten unfreiwillig und ohne Austrittsrechte in dem beschriebenen Setting festgehalten werden, ist die Lesart *Eintritt in eine geschlossene Anstalt* mit dem obigen Text weit besser kompatibel als die Lesart *Stellenantritt in einem Industriebetrieb*. Denn das, was im Rahmen der Industriearbeit-Lesart als ein infantilisierender Zugriff auf mündige Menschen erscheint, besitzt im Rahmen der Unterbringung von Menschen in einer Anstalt, orientiert man sich an den Befunden von Erving Goffman, einen grundlegend anderen Sinn. Die Demütigungen, die die Neuankömmlinge zu erdulden haben, sind darauf ausgerichtet, sie dauerhaft von der Außenwelt zu isolieren, frühere Selbstidentifikationen zu zerschlagen und sie innerhalb des Anstaltsgefüges handhabbar zu machen.

Wenn Sozialfirmen – vermeintlich „arbeitsmarktnah" – darum bemüht sind, Langzeitarbeitslose für den ersten Arbeitsmarkt wieder fit zu machen, stellen sich ausgehend von diesem Befund die folgenden Fragen:

Zu welchem Preis geschieht dies? Eine Praxis, die Langzeitarbeitslose via die Androhung substanzieller Leistungskürzungen zum Antritt einer Stelle in einer Sozialfirma zwingen kann, bewegt sich per se schon in den Grauzonen dessen, was mit den Grundsätzen einer die Entscheidungsautonomie des Individuums formell respektierenden Rechtsordnung vereinbar ist. Werden die in Sozialfirmen Beschäftigten nun zusätzlich Demütigungsritualen der obigen Art unterworfen, stellt sich unseres Erachtens akut die Frage, ob in ihnen Grenzen hin zu einer umfassenden Bevormundung nicht systematisch überschritten werden.

Für welchen ersten Arbeitsmarkt sollen die in Sozialfirmen Beschäftigten eigentlich fit gemacht werden? Sozialfirmen brüsten sich unter anderem damit, sie behielten Tätigkeiten in der Schweiz zurück, die, wenn sie dies nicht tun würden, entweder in Billiglohnländer abwandern oder der Dynamik der technologischen Rationalisierung zum Opfer fallen würden. Unseres Erachtens muss bei allen Klagen über das Verschwinden von Arbeitsplätzen die Frage erlaubt sein, ob sich die Wegrationalisierung dieser Arbeitsplätze gesellschaftlich nicht auch als ein Gewinn deuten ließe. Denn der Preis, den die in Sozialfirmen Beschäftigten in der Form von Autonomiebeschneidungen für die künstliche Aufrechterhaltung dieses Segments des Arbeitsmarktes zu entrichten haben, ist ausgesprochen hoch.

Sind zu dem aktuell praktizierten Modell der „Sozialfirma" nicht auch Alternativen denkbar? Ein solches Alternativmodell könnte darin bestehen, dass Sozialfirmen staatlich subventionierte Arbeitsplätze anbieten, um die sich, wer auf dem ersten Arbeitsmarkt keine Stelle findet, frei bewerben kann und die, wie alle Arbeitsverhältnisse, die diesen Namen verdienen, von beiden Seiten jederzeit gekündigt werden können. Sozialfirmen könnten dann, ohne gebetsmühlenartig wiederholen zu müssen, ihr eigentliches Ziel sei die Reintegration der Beschäftigten in den ersten Arbeitsmarkt, Personen, die dies wünschen und die für sich auf dem ersten Arbeitsmarkt vorübergehend oder dauerhaft keine Beschäftigungschance sehen, tatsächlich eine dauerhafte Beschäftigungsperspektive bieten. Darüber hinaus wären sie von dem strukturellen Zwang entlastet, gegenüber ihren Beschäftigten eine bevormundende, stigmatisierende oder pädagogisierende Haltung einnehmen zu müssen. Die Einführung eines solchen Modells würde freilich eine offen geführte Debatte darüber voraussetzen, ob Kombilöhne gesellschaftlich erwünscht sind oder nicht.

Wie „unternehmerisch" sind Sozialfirmen des aktuell institutionalisierten Typs? Dass es sich beim aktuellen Modell der Sozialfirma um ein, wie Blattmann und Merz (2010) meinen, „unternehmerisches" Modell der Arbeitsintegration handelt, ist schwer nachvollziehbar. Denn typischerweise sind Sozialfirmen in Geschäftsfeldern tätig, die, wenn sie durch staatliche Zuschüsse, die rund 50 % des Betriebsaufwands decken, nicht künstlich am Leben erhalten würden, der unternehmerischen Dynamik der „schöpferischen Zerstörung" (vgl. Schumpeter 1912) zwangsläufig zum Opfer fielen. Sozialfirmen unterscheiden sich von Programmen zur vorübergehenden Beschäftigung darin, dass sie durch den Verkauf ihrer Produkte und Dienstleistungen einen höheren Eigenfinanzierungsgrad anstreben. Diesen erreichen sie einerseits dadurch, dass sie ihre Leistungen dank staatlicher Subventionen zu künstlich tief gehaltenen Preisen anbieten können und zum anderen dadurch, dass sie den qua staatlicher Verfügung Beschäftigten nichts anderes als Arbeit – also beispielweise keine Aus- oder Weiterbildung oder auch keine professionellen Hilfeleistungen bei der Bewältigung lebenspraktischer Krisen – anbieten.

Ist Arbeit ein Allheilmittel zur Bewältigung lebenspraktischer Krisen? Lassen sich also beispielsweise Personen, die an akuten Migräne-Attacken leiden, dadurch wieder fit für die Arbeitswelt machen, dass man sie möglichst lange dem Lärm einer Fabrikationshalle aussetzt? Oder vielleicht durch das Versprechen, sie könnten bei gutem Betragen dereinst eine höhere Gehaltsstufe erreichen? Das in ihrer Sozialfirma eingerichtete Gehalts-Anreizsystem umreißen Blattmann und Merz (2010, 101) wie folgt:

> „Vom ersten Tag an müssen denn auch Perspektiven eröffnet werden. Dynamik entsteht, wenn Ziele und Wege dorthin aufgezeigt werden können. In den Dock haben wir deshalb ganz einfache und klar überprüfbare Voraussetzungen für eine allfällige Beförderung geschaffen. Wer es schafft, drei Monate hintereinander die vereinbarte Zeit von 80 Stunden pro Monat im Betrieb anwesend zu sein, und sich bei allfälligen Abwesenheiten jeweils korrekt entschuldigt und diese nötigenfalls nacharbeitet, kann in die nächsthöhere Lohnstufe befördert werden. Die Voraussetzungen für einen Stufenwechsel orientieren sich ganz bewusst an sehr leicht auch von den Arbeitnehmenden selbst überprüfbaren Fakten. Sie haben somit nicht das Gefühl, durch für sie unverständliche Testmethoden von außen qualifiziert zu werden, sondern kennen die Hürde, die sie überspringen müssen, und wissen auch, warum es allenfalls nicht klappt."

Arbeitsdisziplin und Arbeitsleistung erscheinen in diesen Ausführungen ausschließlich als Funktionen des Willens der Beschäftigten, wobei die Firma die Möglichkeit besitzt, auf diesen Willen mittels pekuniärer Anreize motivierend Einfluss zu nehmen. Wer mit Beeinträchtigungen irgendwelcher Art in die Firma eintritt und deshalb das Pflichtsoll für eine „Beförderung" nicht erreicht, besitzt nicht nur eine dauerhaft geminderte Chance, ein höheres Gehalt zu erzielen. Er oder sie muss vielmehr zusätzlich damit rechnen, als schwierig, renitent, faul oder unbelehrbar stigmatisiert zu werden. Nicht nur zeigt sich dieses System desinteressiert an dem, was die Handlungsfähigkeit von Individuen negativ beeinträchtigen kann; um ausgehend von einer entsprechenden Diagnose den jeweiligen Einzelnen in seinen Bemühungen um die Erlangung oder Wiedererlangung seiner Handlungsfähigkeit gezielt unterstützen zu können. Es verhält sich gegenüber dem Einzelnen darüber hinaus in etwa so, wie man sich einem kleinen Hund gegenüber verhält, den man dazu bringen will, eine Hürde zu überspringen. Die theoretische Grundlage dieser mit Geldanreizen auf Verhaltenskonditionierung setzenden Vulgärpädagogik bildet der Behaviorismus der neoklassischen Ökonomie. Für eine adäquate Bestimmung dessen, was Kulturwesen dazu antreibt, bestimmte Dinge zu erproben und andere nicht, erscheint dieser reichlich unterkomplex (vgl. Schallberger 2004).

Im Strategiepapier der Schweizer Regierung zur Armutsbekämpfung vom März 2010 heißt es:

> „In der Schweiz bestehen nur wenige Erfahrungen mit Sozialfirmen. Sie scheinen sich besonders gut als Integrationsmaßnahme für Langzeitarbeitslose zu eignen, dass sie sehr nahe am ersten Arbeitsmarkt operieren. So finden bei der Stiftung für Arbeit, der größten Sozialfirma in der Deutschschweiz, pro Jahr 40 Prozent der Beschäftigten eine neue Anstellung, was bei in der Regel schwer vermittelbaren Langzeitarbeitslosen als ein Erfolg zu werten ist." (Bundesrat 2010, 77)

Diese Wertung ist nicht unproblematisch. Es stellt sich nämlich die Frage, wie viele der in der Sozialfima Beschäftigten auch ohne diese vorübergehende „Anstellung" mittelfristig wieder eine reguläre Stelle gefunden hätten. Es liegen bisher keine mit Kontrollgruppen operierenden ökonometrischen Untersuchungen vor, die sich spezifisch auf den Maßnahmentyp der Sozialfirma beziehen. Des Weiteren müsste geklärt werden, ob sich der Wert von 40 % ändern, vielleicht sogar erhöhen würde, wenn die in der genannten Sozialfirma Beschäftigten keinen Infantilisierungsritualen ausgesetzt wären, oder wenn die Beschäftigung in der Sozialfirma auf einem formell freien Vertrag aufruhen würde. Und nicht zuletzt hätte eine vergleichende Erfolgseinschätzung systematisch zu berücksichtigen, dass den verschiedenen Maßnahmentypen Personen mit unterschiedlichen Ressourcen- und Beeinträchtigungsprofilen zugewiesen werden; vergleichende Aussagen zur Reintegrationsquote also systematisch nicht nur in Relation zur jeweiligen Lage auf dem Arbeitsmarkt, sondern auch in Relation zum Profil der in den einzelnen Maßnahmentypen überwiegend Beschäftigten zu setzen wären. Kurzum: Die Aussage, Sozialfirmen eigneten sich als Integrationsmaßnahme für Langzeitarbeitslose besonders gut, entbehrt jeglicher rationalen Begründung. Sie scheint stattdessen schlicht das zu verdoppeln, was Sozialfirmen, insbesondere die genannte, gegenwärtig propagandistisch von sich behaupten.

5.4 Mögliche positive Effekte der Programmteilnahme

Unter der Voraussetzung, dass Arbeitslose Programmen zugewiesen werden, die optimal auf ihr Ressourcen- und Beeinträchtigungsprofil abgestimmt sind, können von der Teilnahme an einem Beschäftigungsprogramm unterschiedliche positive Effekte ausgehen. Diese Effekte sind als der erfolgreichen Reintegration in den ersten Arbeitsmarkt vorgelagert zu konzipieren. Da die verschiedenen Typen von Beschäftigungsprogrammen auf Unterstützungsleistungen unterschiedlicher Art spezialisiert sind, stellt die von ihnen erreichte Reintegrationsquote keinen geeigneten Indikator für eine vergleichende Erfolgseinschätzung dar.

Ob ein Programm „erfolgreich" operiert, lässt sich im Grunde nur daran bemessen, ob es professionelle Unterstützungs- und Förderleistungen erbringt, die seiner spezifischen Klientel angemessen sind. Das Übersichtsschema auf Seite 173 fasst die Leistungsprofile der einzelnen Programmtypen respektive die positiven Effekte, die bei einem optimalen „Matching" mit der Programmteilnahme verbunden sein können, stichwortartig zusammen. Programme, deren Praxis sich am *Leitparadigma der Rettung* ausrichtet, besitzen das Potential, Verwahrlosungsdynamiken entgegenzuwirken. Durch Fallnähe und einen kreativen Umgang mit den gesetzgeberischen Restriktionen gelingt es diesen Programmen, die Teilnehmenden beim Wiederaufbau von Selbstbewusstsein und Selbstachtung gezielt zu unterstützen. Die spezifischen Potentiale von Programmen, deren Praxis sich am *Leitparadigma der Rehabilitation* ausrichtet, liegen einerseits im Bereich der professionellen Unterstützung von *Cooling Out*-Prozessen, andererseits im Bereich der begleiteten Eruierung erwerbsbiographischer Alternativen. Qualifizierend sind Beschäftigungsprogramme des dritten Typs vor allem für Tätigkeiten, die gemeinhin als unqualifizierte bezeichnet werden. Damit sind nicht die sogenannten Schlüsselqualifikationen gemeint. Für die Unterstützung der Teilnehmenden beim Wiederaufbau einer intrinsischen Arbeits- und Leistungsmotivation eignen sich Programme, denen der Rettungsgedanke zugrunde liegt, weit besser als Programme, die sich am *Leitparadigma der Qualifizierung* orientieren. Programme, deren Praxis am *Leitparadigma der Verwertung* ausgerichtet sind, unternehmen mitunter besondere Anstrengungen, die Teilnehmenden bei laufenden Bewerbungen oder beim Antritt einer neuen Stelle gezielt zu unterstützen. Diese Unterstützungsleistungen sind freilich nur dann effektiv, wenn sie durch die Teilnehmenden erwünscht sind, ihnen also kein bevormundendes, pädagogisierendes oder gar infantilisierendes Moment anhaftet. Hypothetisch ist denkbar, dass in Fällen von Schwarzarbeit oder betrügerischem Sozialmissbrauch Programme, die auf *Disziplinierung* setzen, einen disziplinierenden Effekt tatsächlich haben. In keinem der von uns untersuchten Fälle liegt eine solche Konstellation indes vor. Wenn nun Ökonomen behaupten, Beschäftigungsprogramme seien vor allem deshalb reintegrationswirksam, weil von ihnen ein Droheffekt ausgehe (vgl. Lalive D'Epinay/Zehnder/Zweimüller 2006b), was – konsequent weiter gedacht – nichts anderes bedeutet, als dass sie sich möglichst abschreckende Formen der Programmausgestaltung wünschen, drängt sich die Frage auf, wie viel Zynismus sich eine liberale Gesellschaft im Umgang mit einzelnen ihrer Mitglieder leisten will.

Fokussiert man nun Leistungen, die von Beschäftigungsprogrammen nicht auf der Mikroebene der Teilnehmenden, sondern auf höheren Aggregationsebenen erbracht werden, lässt sich Folgendes festhalten:

Sofern bei ihnen die hierfür erforderlichen professionellen Kompetenzen vorliegen, können Beschäftigungsprogramme Aufgaben im Bereich einer spezifizierenden Fallabklärung wahrnehmen. Das Programmsetting bietet die Chance einer in den Arbeitsalltag integrierten Langzeitbeobachtung. Professionelle in Beschäftigungsprogrammen, die über die entsprechenden diagnostischen Kompetenzen verfügen, können ergänzend zu medizinischen oder anderen Gutachtern die zuständigen Gremien bei Entscheidungen beispielsweise über Umschulungsfinanzierungen oder Berentungen unterstützen. Dies setzt allerdings voraus, dass ihre Expertise in diesen Gremien tatsächlich wahrgenommen wird respektive dass sie, um wahrgenommen zu werden, fachlich ausreichend fundiert ist.

Aufgrund des Konkurrenzierungsverbots dürfen die qualifizierenden Potentiale von Beschäftigungsprogrammen zwar nicht überschätzt, sie dürfen aber auch nicht unterschätzt werden. Obwohl keine eigentlichen Aus- oder Weiterbildungsgänge angeboten werden, kann mit der Programmteilnahme die Chance zur Aneignung und Einübung von Fertigkeiten verbunden sein, denen auf dem Markt für wenig qualifizierte Arbeitskräfte ein Wert durchaus zufallen kann.

Des Weiteren können Beschäftigungsprogramme diverse Aufgaben im Bereich der psychosozialen Beratung, der Initiierung beruflicher Neuorientierungen oder des entweder formell oder informell geregelten Job-Coachings übernehmen. Ihre spezifische Stärke liegt bei der Niederschwelligkeit des Zugangs zu den entsprechenden Dienstleistungen. Ist im Rahmen der Programmteilnahme ein vertrauensbasiertes professionelles Arbeitsbündnis bereits etabliert, kann dieses bei Vorliegen entsprechender Kompetenzen auf Problemstellungen ausgeweitet werden, die nicht mehr nur die Stellung der Programmteilnehmenden auf dem Arbeitsmarkt betreffen. Allerdings gelingt dies nur, wenn sich die jeweiligen Professionellen als autonome und einzig ihren Klienten verpflichtete Hilfeleister verstehen und sich nicht zusätzlich mit einem Kontrollmandat ausgestattet sehen.

Das bisweilen vorgebrachte Argument, von Beschäftigungsprogrammen gehe nicht zuletzt eine sozialintegrative Wirkung aus, ist hingegen höchst problematisch. Denn in dem Argument schwingt zum einen die paternalistische Unterstellung mit, dass Personen, die keine Arbeit haben, unbedingt einer beschützenden Intervention seitens des Staates bedürfen, weil sie andernfalls zwangsläufig in einen Strudel der Verwahrlosung, des Alkoholismus und der psychischen Erkrankung hineingeraten würden. Paternalistische Denkmuster bergen die Gefahr, bevormundenden Praktiken Tür und Tor zu öffnen. Zum anderen kann dem Argument die Auffassung zugrunde liegen, dass soziale Integration unter allen Umständen eine Sonderbehandlung jener erforderlich macht, die in die Normalitätsschemata der Gesellschaft nicht hineinpassen oder in ihr eine Randstellung einnehmen. Anstaltsförmig organisiert kann Hilfeleistung leicht in Repression umschlagen.

Literatur

Ader, Sabine/Christian Schrapper/Monika Thiesmeier (Hg.) (2001): *Sozialpädagogisches Fallverstehen und sozialpädagogische Diagnostik in Forschung und Praxis*, Münster: Votum.
Adorno, Theodor W. (1950/2008): *Studien zum autoritären Charakter*, Frankfurt/M.: Suhrkamp.
Aeberhardt, Werner/Thomas Ragni (2006): „Evaluation der arbeitsmarktlichen Maßnahmen: Grundlinien des zweiten Forschungsprogramms", in: *Die Volkswirtschaft. Das Magazin für Wirtschaftspolitik*, 10/2006, 4-7.
Aeppli, Daniel C./Roli Kälin/Walter Ott/Matthias Peters (2004): *Wirkungen von Beschäftigungsprogrammen für ausgesteuerte Arbeitslose*, Zürich/Chur: Rüegger.
Aeppli, Daniel C./Thomas Ragni (2009): *Ist Erwerbsarbeit für Sozialhilfebezüger ein Privileg? Analyse der Einflussfaktoren der kurz- und mittelfristigen Wiedereingliederungschancen in den ersten Arbeitsmarkt von Neuzugängern in die Sozialhilfe der Jahre 2005 und 2006*, Publikationen zur Arbeitsmarktpolitik Nr. 28, Bern: SECO.
Atzmüller, Roland (2005): „Nach der neoliberalen Revolution. Arbeitsmarkt- und Sozialpolitik nach dem Thatcherismus", in: *Widerspruch*, 49/25, 29-39.
Bauer, Tobias/Beat Baumann/Kilian Künzli (1999): „Zwischenverdienst für Arbeitslose. Ein sinnvolles Instrument kann noch verbessert werden", in: *Die Volkswirtschaft. Das Magazin für Wirtschaftspolitik*, 11/1999, 50-55.
Becker-Lenz, Roland/Silke Müller (2009): *Der professionelle Habitus in der Sozialen Arbeit. Grundlagen eines Professionsideals*, Bern: Peter Lang.
Becker-Lenz, Roland/Stefan Busse/Gudrun Ehlert/Silke Müller (Hg.) (2009): *Professionalität in der Sozialen Arbeit: Standpunkte, Kontroversen, Perspektiven*, Wiesbaden: VS Verlag.
Behncke, Stefanie/Markus Frölich/Michael Lechner (2006): *Aktive Arbeitsmarktpolitik in Deutschland und der Schweiz – eine Gegenüberstellung*, Universität St. Gallen, Department of Economics, Discussion Paper no. 2006-13.
Behncke, Stefanie/Markus Frölich/Michael Lechner (2008): „RAV-Personalberatung: Pilotstudie zur statistisch assistierten Programmselektion", in: *Die Volkswirtschaft. Das Magazin für Wirtschaftspolitik*, 4/2008, 42-45.
Behrens, Fritz/Rolf G. Heinze/Josef Hilbert (Hg.) (2005): *Ausblicke auf den aktivierenden Staat. Von der Idee zur Strategie*, Berlin: edition sigma.
BFS (2009): *Die Schweizerische Sozialhilfestatistik 2007. Nationale Resultate*, Neuchâtel: Bundesamt für Statistik.
BFS (2010): *Sozialhilfestatistik. Jahresbericht 2009 zur Schweizerischen Sozialhilfestatistik*, Neuchâtel: Bundesamt für Statistik.

Bieri, Olivier/Ruth Bachmann/Daniela Bodenmüller (2006): „Unterschiedliche Strategien der RAV zur Arbeitsintegration", in: *Die Volkswirtschaft. Das Magazin für Wirtschaftspolitik*, 10/2006, 14-17.

Birnstein, Uwe (2008): *Der Erzieher. Wie Johann Hinrich Wichern Kinder und Kirche retten wollte*, Berlin: Wichern-Verlag.

Blank, Rebecca M. (2005): „An Overview of Welfare-to-Work Efforts", in: *CESifo DICE Report* 2/2005, 3-7.

Blattmann, Lynn/Daniela Merz (2010): *Sozialfirmen. Plädoyer für eine unternehmerische Arbeitsintegration*, Zürich: rüffer & rub.

Bode, Ingo (2004): *Disorganisierter Wohlfahrtskapitalismus. Die Reorganisation des Sozialsektors in Deutschland, Frankreich und Großbritannien*, Wiesbaden: VS Verlag.

Bourdieu, Pierre (1972/2009): *Entwurf einer Theorie der Praxis*, Frankfurt/M.: Suhrkamp.

Bourdieu, Pierre (1987/1993): *Sozialer Sinn. Kritik der theoretischen Vernunft*, Frankfurt/M.: Suhrkamp.

Bredgaard, Thomas/Flemming Larsen (Hg.) (2005): *Employment Policy from Different Angles*, Copenhagen: DJOF.

Brinkmann, Christian/Marco Caliendo (2006): *Zielgruppenspezifische Evaluation von Arbeitsbeschaffungsmaßnahmen. Gewinner und Verlierer*, IAB Forschungsbericht 5/2006, Nuremberg: Institut für Arbeitsmarkt- und Berufsforschung der Bundesagentur für Arbeit.

Brunner, Otto (1968): „Das ‚Ganze Haus' und die alteuropäische ‚Ökonomik'", in: ders.: *Neue Wege der Verfassungsgeschichte*, Göttingen: Vandenhoeck und Ruprecht.

BSV (2009): *Statistiken zur Sozialen Sicherheit: IV-Statistik 2009*, Bern: Bundesamt für Sozialversicherungen.

Buestrich, Michael (2006): „Aktivierung, Arbeitsmarktchancen und (Arbeits-)Moral. Arbeitsmarktpolitik zwischen ‚Sozial ist, was Arbeit schafft' und ‚Du bist Deutschland'", in: *Neue Praxis*, 36/4, 435-449.

Bühler, Caroline (2005): *Vom Verblassen beruflicher Identität. Fallanalysen zu Selbstbildern und Arbeitsethiken junger Erwerbstätiger*, Zürich: Seismo.

Bundesrat (2010): *Gesamtschweizerische Strategie zur Armutsbekämpfung*. Bericht des Bundesrates in Erfüllung der Motion (06.3001) der Kommission für Soziale Sicherheit und Gesundheit NR (SGK-N), 31. März 2010, Bern: Parlamentsdienste.

Caduff, Raymund (2007): *Schweizer Sozialhilfe auf dem Prüfstand. Eine kritische Analyse aus sozialethischer Sicht*, Zürich/Chur: Rüegger.

Caliendo, Marco (2006): *Microeconometric Evaluation of Labour Market Policies*, Berlin: Springer.

Caliendo, Marco/Viktor Steiner (2005): „Aktive Arbeitsmarktpolitik in Deutschland: Bestandesaufnahme und Bewertung der mikroökonomischen Evaluationsergebnisse", in: *Zeitschrift für Arbeitsmarktforschung*, 3/2005, 396-418.

Castel, Robert (2000): *Die Metamorphosen der sozialen Frage. Eine Chronik der Lohnarbeit*, Konstanz: UVK.

Chmelik, Peter (1986): *Armenerziehungs- und Rettungsanstalten. Erziehungsheime für reformierte Kinder im 19. Jahrhundert in der deutschsprachigen Schweiz*, Zürich: Eigenverlag.
Coleman, James S. (1991): *Grundlagen der Sozialtheorie*, Bd.1., München: Oldenbourg.
Curti, Monica/Boris Zürcher (2000): „Die gesamtschweizerische Evaluation der aktiven Arbeitsmarktpolitik", in: *Die Volkswirtschaft. Das Magazin für Wirtschaftspolitik*, 4/2000, 2-6.
Dahl, Espen (2003): „Does ‚Workfare' Work? The Norwegian Experience", in: *International Journal of Social Welfare*, 12/4, 274-288.
Dahl, Espen/Thomas Lorentzen (2005): „What Works for Whom? An Analysis of Active Labour Market Programmes in Norway", in: *International Journal of Social Welfare*, 14/2, 86-98.
Dahme, Heinz-Jürgen/Norbert Wohlfahrt (2003): „Aktivierungspolitik und der Umbau des Sozialstaates. Gesellschaftliche Modernisierung durch angebotsorientierte Sozialpolitik", in: dies. et al. (Hg.): *Soziale Arbeit für den aktivierenden Staat*, Opladen: Leske + Budrich, 75-100.
Dingeldey, Irene (2005): *Wandel von Governance im Sozialstaat. Zur Implementation aktivierender Arbeitsmarktpolitik in Deutschland, Dänemark und Großbritannien*, TranState Working Papers 12, Bremen: SFB 597 „Staatlichkeit im Wandel".
Dingeldey, Irene (2006): „Aktivierender Wohlfahrtsstaat und sozialpolitische Steuerung", in: *Aus Politik und Zeitgeschichte*, 2006/8–9, 3-9.
Dörre, Klaus (2005): „Entsicherte Arbeitsgesellschaft. Politik der Entprekarisierung", in: *Widerspruch*, 49/25, 5-18.
Dressler, Rudolf (1999): „Überbordende ökonomische Vorstellungen. Eine Kritik: Bodo Hombachs Verständnis vom Sozialstaat", in: *Soziale Sicherheit*, 3/1999, 83-85.
Durkheim, Emile (1902/2004): *Über soziale Arbeitsteilung: Studie über die Organisation höherer Gesellschaften*, Frankfurt/M.: Suhrkamp.
Egger, Marcel/Carlos Lenz (2006): „Wirkungsevaluation der öffentlichen Arbeitsvermittlung", in: *Die Volkswirtschaft. Das Magazin für Wirtschaftspolitik*, 10/2006, 26-29.
Egle, Franz/Michael Nagy (Hg.) (2005): *Arbeitsintegration. Profiling, Arbeitsvermittlung, Fallmanagement*, Wiesbaden: Gabler.
Esping-Andersen, Gøsta (1990): *The three worlds of welfare capitalism*, Cambridge: Polity Press.
Fleck, Ludwik (1935/1993): *Entstehung und Entwicklung einer wissenschaftlichen Tatsache. Einführung in die Lehre vom Denkstil und Denkkollektiv*, Frankfurt/M.: Suhrkamp.
Foucault, Michel (1975/2006): *Überwachen und Strafen: Die Geburt des Gefängnisses*, Frankfurt/M.: Suhrkamp.
Franzmann, Manuel (2009): „Einleitung. Kulturelle Abwehrformationen gegen die ‚Krise der Arbeitsgesellschaft' und ihre Lösung. Die Demokratisierung der geistesaristokratischen Muße", in: ders. (Hg.): *Bedingungsloses Grundeinkommen. Als Antwort auf die Krise der Arbeitsgesellschaft*, Weilerswist: Velbrück, 11-103.

Franzmann, Manuel (Hg.) (2009): *Bedingungsloses Grundeinkommen. Als Antwort auf die Krise der Arbeitsgesellschaft*, Weilerswist: Velbrück.
Frenkel-Brunswik, Else/Nevitt R. Sanford (1945/2002): „Die antisemitische Persönlichkeit. Ein Forschungsbericht", in: Simmel, Ernst (Hg.): *Antisemitismus*, Frankfurt/M.: Fischer, 119-147.
Fromm, Erich (1936/1987): „Theoretische Entwürfe über Autorität und Familie: Sozialpsychologischer Teil", in: Horkheimer, Max/Erich Fromm/Herbert Marcuse u.a.: *Studien über Autorität und Familie. Forschungsberichte aus dem Institut für Sozialforschung*, Lüneburg: zu Klampen, 77-135.
Fromm, Sabine/Cornelia Spross (2008): *Die Aktivierung erwerbsfähiger Hilfeempfänger. Programme, Teilnehmer, Effekte im internationalen Vergleich*, IAB Forschungsbericht 1/2008, Nuremberg: Institut für Arbeitsmarkt- und Berufsforschung der Bundesagentur für Arbeit.
Gallie, Duncan (Hg.) (2004): *Resisting Marginalization. Unemployment Experience and Social Policy in the European Union*, New York: Oxford University Press.
Galuske, Michael (2005): „Hartz-Reformen, aktivierender Sozialstaat und die Folgen für die Soziale Arbeit. Anmerkungen zur Politik autoritärer Fürsorglichkeit", in: Burghardt, Heintz/Ruth Enggruber (Hg.): *Soziale Dienstleistungen am Arbeitsmarkt. Soziale Arbeit zwischen Arbeitsmarkt- und Sozialpolitik*, Weinheim/ München: Juventa, 193–212.
Gerfin, Michael/Michael Lechner (2000): *Evaluationsprogramm Arbeitsmarktpolitik. Ökonometrische Evaluation der arbeitsmarktlichen Maßnahmen*, Publikationen zur Arbeitsmarktpolitik Nr. 07, Bern: SECO.
Goffman, Erving (1952): „On Cooling the Mark Out. Some Aspects of Adaption to Failure", in: *Psychiatry*, 15/1952, 451-463.
Goffman, Erving (1961/1995): *Asyle. Über die soziale Situation psychiatrischer Patienten und anderer Insassen*, Frankfurt/M.: Suhrkamp.
Goffman, Erving (1963/1975): *Stigma. Über Techniken der Bewältigung beschädigter Identität*, Frankfurt/M.: Suhrkamp.
Grabow, Karsten (2005): *Die westeuropäische Sozialdemokratie in der Regierung. Sozialdemokratische Beschäftigungspolitik im Vergleich*, Wiesbaden: DUV.
Grell, Britta/Jens Sambale/Volker Eick (2002): „Workfare zwischen Arbeitsmarkt- und Lebensstilregulierung. Beschäftigungsorientierte Sozialpolitik im deutschamerikanischen Vergleich" in: *PROKLA*, 32/4.
Grogger, Jeffrey T./Lynn A. Karoly (2005): *Welfare Reform. Effects of a Decade of Change*, Cambridge MA: Harvard University Press.
Grubenmann, Bettina (2007): *Nächstenliebe und Sozialpädagogik im 19. Jahrhundert*, Bern: Haupt.
Günther, Klaus (2002): „Zwischen Ermächtigung und Disziplinierung. Verantwortung im gegenwärtigen Kapitalismus", in: Honneth, Axel (Hg.): *Befreiung aus der Mündigkeit*, Frankfurt/M.: Campus, 117-140.
Handler, Joel F. (2005): „Myth and ceremony in workfare: rights, contracts, and client satisfaction", in: *The Journal of Socio-Economics*, 34, 101–124.
Hanesch, Walter/Kirsten Krüger-Conrad (Hg.) (2004): *Lokale Beschäftigung und Ökonomie. Herausforderungen für die „Soziale Stadt"*, Wiesbaden: VS Verlag.

Hauss, Gisela (1995): *Retten, Erziehen, Ausbilden. Zu den Anfängen der Sozialpädagogik als Beruf*, Bern: Peter Lang.
Heidenreich, Martin (2004): „Beschäftigungsordnungen zwischen Exklusion und Inklusion. Arbeitsmarktregulierende Institutionen im internationalen Vergleich", in: *Zeitschrift für Soziologie*, 33/3, 206-227.
Heiner, Maja (Hg.) (2004): *Diagnostik und Diagnosen in der Sozialen Arbeit. Ein Handbuch*, Frankfurt/M.: Deutscher Verein für Öffentliche und Private Fürsorge.
Heinimann, Eva (2006): *Auf der Wartebank: Jugendliche im Motivationssemester*, Neue Berner Beiträge zur Soziologie, Bern: Institut für Soziologie
Hochuli Freund, Ursula (1999): *Heimerziehung von Mädchen im Blickfeld. Untersuchung zur geschlechtshomogenen und geschlechtergemischten Heimerziehung im 19. und 20. Jahrhundert in der deutschsprachigen Schweiz*, Frankfurt/M.: Peter Lang.
Hombach, Bodo (1999): „Die Balance von Rechten und Pflichten sichern: Der aktivierende Sozialstaat – Das neue Leitbild", in: *Soziale Sicherheit*, 2/1999, 41-44.
Honegger, Claudia (2001): „Deutungsmusteranalyse *reconsidered*", in: Burkholz, Roland/Christel Gärtner/Ferdinand Zehentreitner (Hg.): *Materialität des Geistes. Zur Sache Kultur – im Diskurs mit Ulrich Oevermann*, Weilerswist: Velbrück, 107-136.
Honegger, Claudia/Caroline Bühler/Peter Schallberger (2002): *Die Zukunft im Alltagsdenken. Szenarien aus der Schweiz*, Konstanz: UVK.
Kehrli, Christin (2007): *Sozialfirmen in der Schweiz. Merkmale, Nutzen, offene Fragen*, Luzern: Caritas-Verlag.
Kelle, Udo/Susann Kluge (1999): *Vom Einzelfall zum Typus. Fallvergleich und Fallkontrastierung in der Qualitativen Sozialforschung*, Opladen: Leske + Budrich.
Klammer, Ute/Simone Leiber (2004): „Aktivierung und Eigenverantwortung in europäisch-vergleichender Perspektive", in: *WSI Mitteilungen*, 9, 514–521.
Koch, Susanne/Gesine Stephan/Ulrich Walwei (2005): „Workfare: Möglichkeiten und Grenzen", in: *Zeitschrift für Arbeitsmarktforschung*, 38, 2/3, 419-440.
Kocyba, Hermann (2004): „Aktivierung", in: Bröckling, Ulrich/Susanne Krasmann/Thomas Lemke (Hg.): *Glossar der Gegenwart*, Frankfurt/M.: Suhrkamp, 17-22.
Konle-Seidl, Regina (2008): *Hilfereformen und Aktivierungsstrategien im internationalen Vergleich*, IAB Forschungsbericht 7/2008, Nuremberg: Institut für Arbeitsmarkt- und Berufsforschung der Bundesagentur für Arbeit.
Koße, Sabine/Achim Trube/Frank Luschei/Ulrich Schmitz-Mandrela/Carsten Weiß (2003): *Neue Arbeitsplätze durch ABM? Exemplarische und quantitative Studien über arbeitsplatzgenerierende Effekte im Rahmen von öffentlich geförderter Beschäftigung*, IAB Working Paper Nr. 11/2003, Nuremberg: Institut für Arbeitsmarkt- und Berufsforschung der Bundesagentur für Arbeit.
Kraimer, Klaus (Hg.) (2000): *Die Fallrekonstruktion. Sinnverstehen in der sozialwissenschaftlichen Forschung*. Frankfurt/M.: Suhrkamp.
Kuhn, Thomas S. (1962/1967): *Die Struktur wissenschaftlicher Revolutionen*, Frankfurt/M.: Suhrkamp.

Kutzner, Stefan (2009a): „Kann Sozialhilfe aktivieren? Über die Grenzen eines neuen sozialstaatlichen Paradigmas", in: *SozialAktuell*, 06/2009, 16-19.

Kutzner, Stefan (2009b): „Die Hilfe der Sozialhilfe: integrierend oder exkludierend? Menschenwürde und Autonomie im Schweizer Sozialhilfewesen", in: ders./Ueli Mäder/Carlo Knöpfel/Claudia Heinzmann/Daniel Pakoci: *Sozialhilfe in der Schweiz. Klassifikation, Integration und Ausschluss von Klienten*, Zürich/Chur: Rüegger, 25-61.

Kutzner, Stefan/Ueli Mäder/Carlo Knöpfel/Claudia Heinzmann/Daniel Pakoci (2009): *Sozialhilfe in der Schweiz. Klassifikation, Integration und Ausschluss von Klienten*, Zürich/Chur: Rüegger.

Lahusen, Christian/Carsten Stark (2003): „Integration: Vom fördernden und fordernden Wohlfahrtsstaat", in: Lessenich, Stephan (Hg.): *Wohlfahrtsstaatliche Grundbegriffe. Historische und aktuelle Diskurse*, Frankfurt/New York: Campus, 353-371.

Lalive D'Epinay, Rafael/Jan C. van Ours/Josef Zweimüller (2002): *The Impact of Active Labor Market Programs on the Duration of Unemployment*, Institute for Empirical Research in Economics, University of Zurich, Working Paper No. 41.

Lalive D'Epinay, Rafael/Tanja Zehnder/Josef Zweimüller (2006a): „Makroökonomische Effekte der aktiven Arbeitsmarktpolitik auf die gesamtwirtschaftliche Arbeitslosigkeit", in: *Die Volkswirtschaft. Das Magazin für Wirtschaftspolitik*, 10/2006, 22-25.

Lalive D'Epinay, Rafael/Tanja Zehnder/Josef Zweimüller (2006b): *Makroökonomische Evaluation der aktiven Arbeitsmarktpolitik der Schweiz*, Publikationen zur Arbeitsmarktpolitik Nr. 19, Bern: SECO.

Lechner, Michael/Markus Frölich/Heidi Steiger (2004): *Mikroökonometrische Evaluation aktiver Arbeitsmarktpolitik*, NPP 43, Synthesis 16, Bern: Schweizerischer Nationalfonds.

Lepsius, M. Rainer (1963/1990): „Kulturelle Dimensionen der sozialen Schichtung", in: ders.: *Interessen, Ideen und Institutionen*, Opladen: Westdeutscher Verlag.

Lessenich, Stephan (2005): „'Activation without work'. Das neue Dilemma des ‚konservativen' Wohlfahrtsstaates", in: Dahme, Heinz-Jürgen/Norbert Wohlfahrt (Hg.): *Aktivierende Soziale Arbeit. Theorie, Handlungsfelder, Praxis*. Baltmannsweiler: Schneider, 21-29.

Lessenich, Stephan (2008): *Die Neuerfindung des Sozialen. Der Sozialstaat im flexiblen Kapitalismus*, Bielefeld: Transkript.

Lessenich, Stephan (2009): „Aktivierungspolitik und Anerkennungsökonomie. Der Wandel des Sozialen im Umbau des Sozialstaats", in: *Soziale Passagen* 1/1, 163-176.

Liebermann, Sascha (2008): „Deautonomisierung durch aktivierende Sozialpolitik", in: *Schweizerische Zeitschrift für Soziale Arbeit*, 1/2008, 48-66.

Lippuner, Sabine (2005): *Bessern und Verwahren. Die Praxis der administrativen Versorgung von ‚Liederlichen' und ‚Arbeitsscheuen' in der thurgauischen Zwangsarbeitsanstalt Kalchrain (19. und frühes 20. Jahrhundert)*, Frauenfeld: Historischer Verein des Kantons Thurgau.

Lødemel, Ivar (2004): „The Development of Workfare within Social Activation Policies" in: Gallie, Duncan (Ed.): *Resisting Marginalization*, New York: Oxford U Press, 197-222.
Lødemel, Ivar (2005): „Workfare", in: *CESifo DICE Report* 2/2005, 13-17.
Lødemel, Ivar/Heather Trickey (Hg.) (2001): *An Offer You Can't Refuse. Workfare in International Perspective*, London.
Lorentzen, Thomas/Espen Dahl (2005): „Active Labour Market Programmes in Norway: Are They Helpful for Social Assistance Recipients?" in: *Journal of European Social Policy*, 15/1, 27-45.
Ludwig-Mayerhofer, Wolfgang (2005): „Activating Germany", in: Bredgaard, Thomas/Flemming Larsen (Hg.): *Employment Policy from Different Angles*, Copenhagen: DJOF, 95-114.
Ludwig-Mayerhofer, Wolfgang/Olaf Behrend/Ariadne Sondermann (2009): *Auf der Suche nach der verlorenen Arbeit. Arbeitslose und Arbeitsvermittler im neuen Arbeitsmarktregime*, Konstanz: UVK.
Maeder, Christoph/Eva Nadai (2004): *Organisierte Armut. Sozialhilfe aus wissenssoziologischer Sicht*, Konstanz: UVK.
Maeder, Christoph/Eva Nadai (2005): „Arbeit am Sozialen. Die Armen im Visier aktivierender Sozialarbeit", in: Imhof, Kurt/Thomas Eberle (Hg.): *Triumph und Elend des Neoliberalismus*, Zürich: Seismo,184-197.
Magnin, Chantal (2005): *Beratung und Kontrolle. Widersprüche in der staatlichen Bearbeitung von Arbeitslosigkeit*, Zürich: Seismo.
Mannheim, Karl (1921/1964): „Beiträge zur Theorie der Weltanschauungsinterpretation", in: ders.: *Wissenssoziologie*, Neuwied: Luchterhand.
Mannheim, Karl (1925/1984): *Konservatismus. Ein Beitrag zur Soziologie des Wissens*, Frankfurt/M.: Suhrkamp.
Marti, Michael/Stephan Osterwald (2006a): „Wirkungen der arbeitsmarktlichen Maßnahmen auf den schweizerischen Arbeitsmarkt", in: *Die Volkswirtschaft. Das Magazin für Wirtschaftspolitik*, 10/2006, 18-21.
Marti, Michael/Stephan Osterwald (2006b): *Wirkungen der arbeitsmarktlichen Maßnahmen auf den schweizerischen Arbeitsmarkt. Makroökonomische Evaluation*, Publikationen zur Arbeitsmarktpolitik Nr. 15, Bern: SECO.
Martin, John/David Grubb (2001): „What works for whom? A review of OECD countries experiences with active labour market policies", in: *Swedish Economic Policy Review*, 8, 9-56.
Martinovits-Wiesendanger, Alex/Dennis Ganzaroli (2000): „Panelbefragungen bei Maßnahmenteilnehmern. Wirkungsmessung bei Gastgewerbe-/Winwordkursen und Einsatzprogrammen", in: *Die Volkswirtschaft. Das Magazin für Wirtschaftspolitik*, 4/2000, 20-24.
Marx, Karl/Friedrich Engels (1848/1969): *Manifest der Kommunistischen Partei*, Stuttgart: Reclam.
Mertens, Dieter (1974): „Schlüsselqualifikationen", in: *Mitteilungen aus der Arbeitsmarkt- und Berufsforschung*, 1974/7, 36-43.
Nadai, Eva (2005): „Der kategorische Imperativ der Arbeit. Vom Armenhaus zur aktivierenden Sozialpolitik", in: *Widerspruch*, 49/25, 19-27.

Nadai, Eva (2006): „Auf Bewährung. Arbeit und Aktivierung in Sozialhilfe und Arbeitslosenversicherung", in: *Sozialer Sinn. Zeitschrift für hermeneutische Sozialforschung,* 1/2006, 61-77.

Nadai, Eva (2007): „Cooling out. Zur Aussortierung von 'Leistungsschwachen'", in: Arni, Caroline/Andrea Glauser/Charlotte Müller/Marianne Rychner/Peter Schallberger (Hg.): *Der Eigensinn des Materials. Erkundungen sozialer Wirklichkeit,* Frankfurt/M./Basel: Stroemfeld, 445-462.

Nadai, Eva (2009): „Aktiv ins Abseits. Aktivierende Sozialhilfe und die Produktion von Unsicherheit", in: *SozialAktuell,* 06/2009, 12-15.

Nadai, Eva/Christoph Maeder (2005): „Arbeit am Sozialen. Die Armen im Visier aktivierender Sozialarbeit", in: Imhof, Kurt/Thomas S. Eberle (Hg.): *Triumph und Elend des Neoliberalismus,* Zürich: Seismo.

Nadai, Eva/Christoph Maeder (2006): *The Promises and Ravages of Performance. Enforcing the Entrepreneurial Self in Welfare and Economy.* Summary of the Project No 4051-69081 (NRP 51 „Social Integration and Social Exclusion"), MS, Olten und Kreuzlingen: Fachhochschule Nordwestschweiz und Pädagogische Hochschule Thurgau.

Oevermann, Ulrich (1986a): „Kontroversen über sinnverstehende Soziologie. Einige wiederkehrende Probleme und Missverständnisse in der Rezeption der ‚objektiven Hermeneutik'", in: Aufenanger, Stefan/Margrit Lenssen (Hg.): *Handlung und Sinnstruktur. Bedeutung und Anwendung der objektiven Hermeneutik,* München: Kindt, 19-83.

Oevermann, Ulrich (1986b): „Zur Sache. Die Bedeutung von Adornos methodologischem Selbstverständnis für die Begründung einer materialen soziologischen Strukturanalyse", in: von Friedeburg, Ludwig/Jürgen Habermas (Hg.): *Adorno-Konferenz 1983,* Frankfurt/M.: Suhrkamp, 234-289.

Oevermann, Ulrich (1988): „Eine exemplarische Fallrekonstruktion zum Typus versozialwissenschaftlicher Identitätsformation", in: Brose, Hanns-Georg/Bruno Hildenbrand (Hg.): *Vom Ende des Individuums zur Individualität ohne Ende,* Opladen: Leske + Budrich, 243-286.

Oevermann, Ulrich (1993): „Die objektive Hermeneutik als unverzichtbare methodologische Grundlage für die Analyse von Subjektivität. Zugleich eine Kritik der Tiefenhermeneutik", in: Jung, Thomas/Stefan Müller-Doohm (Hg.): *‚Wirklichkeit' im Deutungsprozess: Verstehen und Methoden in den Kultur- und Sozialwissenschaften,* Frankfurt/M.: Suhrkamp, 106-189.

Oevermann, Ulrich (1996): „Theoretische Skizze einer revidierten Theorie professionalisierten Handelns", in: Combe, Arno/Werner Helsper (Hg.): *Pädagogische Professionalität. Untersuchungen zum Typus pädagogischen Handelns,* Frankfurt/M.: Suhrkamp, 70-182.

Oevermann, Ulrich (2000a): „Dienstleistungen der Sozialbürokratie aus professionalisierungstheoretischer Sicht", in: von Harrach, Eva-Maria/Thomas Loer/Oliver Schmidtke (Hg.): *Verwaltung des Sozialen. Formen der subjektiven Bewältigung eines Strukturkonflikts,* Konstanz: UVK, 57-77.

Oevermann, Ulrich (2000b): „Die Methode der Fallrekonstruktion in der Grundlagenforschung sowie der klinischen und pädagogischen Praxis", in: Kraimer, Klaus (Hg.): *Die Fallrekonstruktion,* Frankfurt/M.: Suhrkamp, 58-153.
Oevermann, Ulrich (2001a): „Die Krise der Arbeitsgesellschaft und das Bewährungsproblem des modernen Subjekts", in: Becker, Roland/Andreas Franzmann/Axel Jansen/Sascha Liebermann (Hg.): *Eigeninteresse und Gemeinwohlbindung. Kulturspezifische Ausformungen in den USA und Deutschland,* Konstanz: UVK, 19-38.
Oevermann, Ulrich (2001b): „Zur Struktur sozialer Deutungsmuster – Versuch einer Aktualisierung", in: *Sozialer Sinn. Zeitschrift für hermeneutische Sozialforschung,* 1/2001, 35-81.
Oevermann, Ulrich (2002): „Professionalisierungsbedürftigkeit und Professionalisiertheit pädagogischen Handelns", in: Kraul, Margret/Winfried Marotzki/Cornelia Schweppe (Hg.): *Biografie und Profession,* Bad Heilbrunn: Klinkhardt, 19-63.
Oevermann, Ulrich (2009a): „Kann Arbeitsleistung weiterhin als basales Kriterium der Verteilungsgerechtigkeit dienen?", in: Franzmann, Manuel (Hg.): *Bedingungsloses Grundeinkommen. Als Antwort auf die Krise der Arbeitsgesellschaft,* Weilerswist: Velbrück, 111-126.
Oevermann, Ulrich (2009b): „Die Problematik der Strukturlogik des Arbeitsbündnisses und der Dynamik von Übertragung und Gegenübertragung in einer professionalisierten Praxis von Sozialarbeit", in: Becker-Lenz, Roland/Stefan Busse/Gudrun Ehlert/Silke Müller (Hg.): *Professionalität in der Sozialen Arbeit. Standpunkte, Kontroversen, Perspektiven,* Wiesbaden: VS-Verlag, 113-142.
Oevermann, Ulrich/Tilman Allert/Elisabeth Konau/Jürgen Krambeck (1979): „Die Methodologie einer ‚objektiven Hermeneutik' und ihre allgemeine forschungslogische Bedeutung in den Sozialwissenschaften", in: Soeffner, Hans-Georg (Hg.): *Interpretative Verfahren in den Sozial- und Textwissenschaften,* Stuttgart: Metzler, 352-434.
Opielka, Michael (2003): „Was spricht gegen die Idee eines aktivierenden Sozialstaats? Zur Neubestimmung von Sozialpädagogik und Sozialpolitik", in: *Neue Praxis,* 33/6, 543-557.
Otto, Hans-Uwe/Andreas Polutta/Holger Ziegler (Eds.) (2009): *Evidence-based Practice - Modernising the Knowledge Base of Social Work?,* Opladen: Barbara Budrich.
Pärli, Kurt (2009): „Die juristischen Grenzen zumutbarer Anpassung. Grundrechtliche Schranken der Aktivierung", in: *SozialAktuell,* 6/2009, 29-31.
Pelizzari, Alessandro (2009): *Dynamiken der Prekarisierung. Atypische Erwerbsverhältnisse und milieuspezifische Unsicherheitsbewältigung,* Konstanz: UVK.
Peter, Michael (2009): „Optimierung der öffentlichen Stellenvermittlung – Umsetzung von Studienerkenntnissen in der Vollzugspraxis", in: *Die Volkswirtschaft. Das Magazin für Wirtschaftspolitik,* 4/2009, 50-54.
Polanyi, Michael (1958/1998*): Personal Knowledge. Towards a Post Critical Philosophy,* London: Routledge.

Popitz, Heinrich/Hans Paul Bahrdt/Ernst August Jüres/Hanno Kesting (1957): *Das Gesellschaftsbild des Arbeiters. Soziologische Untersuchungen in der Hüttenindustrie*, Tübingen: Mohr.

Prey, Hedwig (1999): „Öffentliche Weiterbildungs- und Umschulungsmaßnahmen: Beispiel des Kantons St. Gallen", in: *Die Volkswirtschaft. Das Magazin für Wirtschaftspolitik*, 12/99, 54-56.

Rychner, Marianne (2006): *Grenzen der Marktlogik. Die unsichtbare Hand in der ärztlichen Praxis*, Wiesbaden: VS-Verlag.

Schallberger, Peter (2003): *Identitätsbildung in Familie und Milieu. Zwei mikrosoziologische Untersuchungen*, Frankfurt/M.: Campus.

Schallberger, Peter (2004): „Lässt sich mit dem *Rational Choice*-Ansatz Wirtschaftssoziologie betreiben? Einige Überlegungen am Beispiel von Unternehmensgründungen", in: Nollert, Michael /Hanno Scholtz/Patrick Ziltener (Hg.): *Wirtschaft in soziologischer Perspektive. Diskurs und empirische Analysen*, Münster: LIT-Verlag, 261-280.

Schallberger, Peter (2009): „Diagnostik und handlungsleitende Individuationsmodelle in der Heimerziehung. Empirische Befunde im Lichte der Professionalisierungsdebatte", in: Becker-Lenz, Roland/Stefan Busse/Gudrun Ehlert/Silke Müller (Hg.): *Professionalität in der Sozialen Arbeit. Standpunkte, Kontroversen, Perspektiven*, Wiesbaden: VS-Verlag, 265-286.

Schallberger, Peter/Alfred Schwendener (2009): *Evaluation der Verzahnungsprogramme im Rahmen der interinstitutionellen Zusammenarbeit (IIZ) im Kanton St. Gallen* (unveröffentlichte Studie im Auftrag den Volkswirtschaftsdepartementes des Kantons St. Gallen), Rorschach: FHS St. Gallen.

Scheller, Christian (2005): „Arbeitsvermittlung, Profiling und Matching", in: Egle, Franz/Michael Nagy (Hg.): *Arbeitsintegration. Profiling, Arbeitsvermittlung, Fallmanagement*, Wiesbaden: Gabler, 245-308.

Schelsky, Helmut (1952): *Arbeitslosigkeit und Berufsnot der Jugend*, Band I und II. Herausgegeben vom Deutschen Gewerkschaftsbund, Köln: Bund-Verlag.

Schmeiser, Martin (2006): „Soziologische Ansätze der Analyse von Professionen, der Professionalisierung und des professionellen Handelns", in: *Soziale Welt*, 57/3, 295-318.

Schoch, Jürg/Heinrich Tuggener/Daniel Wehrli (Hg.) (1989): *Aufwachsen ohne Eltern. Zur ausserfamiliären Erziehung in der deutschsprachigen Schweiz*, Zürich: Chronos.

Schrapper, Christian (Hg.) (2004): *Sozialpädagogische Diagnostik und Fallverstehen in der Jugendhilfe, Anforderungen, Konzepte, Perspektiven*, Weinheim und München: Juventa.

Schumpeter, Joseph A. (1912): *Theorie der wirtschaftlichen Entwicklung*, Leipzig: Duncker und Humblot.

Schütz, Alfred (1971): *Gesammelte Aufsätze. Band 1: Das Problem der sozialen Wirklichkeit*, Den Haag: Nijhoff.

SECO (2010): *Die Lage auf dem Arbeitsmarkt. Februar 2010*, Bern: Staatssekretariat für Wirtschaft.

Sheldon, George (2000): „Die Auswirkungen der Errichtung von Regionalen Arbeitsvermittlungszentren auf die Effizienz der Arbeitsvermittlung", in: *Die Volkswirtschaft. Das Magazin für Wirtschaftspolitik,* 4/2000, 25-29.

Sondermann, Ariadne/Wolfgang Ludwig-Mayerhofer/Olaf Behrend (2009): „Die Überzähligen – Teil der Arbeitsgesellschaft", in: Castel, Robert/Klaus Dörre (Hg.): *Prekarität, Abstieg, Ausgrenzung. Die soziale Frage am Beginn des 21. Jahrhunderts,* Frankfurt/New York: Campus, 157-167.

Spindler, Helga (2003): „Aktivierende Ansätze in der Sozialhilfe", in: Dahme, Heinz-Jürgen/Achim Trube/Norbert Wohlfahrt (Hg.): *Soziale Arbeit für den aktivierenden Staat,* Opladen: Leske + Budrich, 225-245.

Stelzer-Orhofer, Christine (2008): „Aktivierung und soziale Kontrolle", in: Bakic, Josef/Marc Diebäcker/Elisabeth Hammer (Hg.): *Aktuelle Leitbegriffe der Sozialen Arbeit. Ein kritisches Handbuch,* Wien: Löcker, 11-24.

Strauss, Anselm/Juliet Corbin (1996): *Grounded Theory: Grundlagen qualitativer Sozialforschung,* Weinheim: Beltz.

Trube, Achim (2003): „Vom Wohlfahrtsstaat zum Workfarestate – Sozialpolitik zwischen Neujustierung und Umstrukturierung", in: Dahme, Heinz-Jürgen/Achim Trübe/Norbert Wohlfahrt (Hg.): *Soziale Arbeit für den aktivierenden Staat,* Opladen: Leske + Budrich, 177-203.

Ullrich, Carsten (2004): „Aktivierende Sozialpolitik und individuelle Autonomie", in: *Soziale Welt,* 55/2004, 145-158.

van Berkel, Rik/Iver Hornemann Møller (Hg.) (2002): *Active Social Policies in the EU. Inclusion through participation?,* Glasgow: Bell & Bain.

van der Loo, Hans/Willem van Reijen (1999): *Modernisierung. Projekt und Paradox,* München: dtv.

Vogel, Berthold (2004): „Der Nachmittag des Wohlfahrtsstaats", in: *Mittelweg 36,* 13, 4.

Volmerg, Ute (1978): *Identität und Arbeitserfahrung. Eine theoretische Konzeption zu einer Sozialpsychologie der Arbeit,* Frankfurt/M.: Suhrkamp.

von Harrach, Eva-Marie/Thomas Loer/Oliver Schmidtke (Hg.) (2000): *Verwaltung des Sozialen. Formen der subjektiven Bewältigung eines Konflikts,* Konstanz: UVK.

Walther, Andreas (2003): „Aktivierung: Varianten zwischen Erpressung und Empowerment. Für eine Erweiterung des Diskurses zum aktivierenden Staat im internationalen Vergleich", in: *Neue Praxis,* 33, 3/4, 289-305.

Weber, Max (1904/1988a): „Die ‚Objektivität' sozialwissenschaftlicher und sozialpolitischer Erkenntnis", in: ders.: *Gesammelte Aufsätze zur Wissenschaftslehre,* Tübingen: Mohr, 146-214.

Weber, Max (1904/1988b): „Die protestantische Ethik und der Geist des Kapitalismus", in: ders.: *Gesammelte Aufsätze zur Religionssoziologie I,* Tübingen: Mohr, 17-206.

Wernet, Andreas (2000): *Einführung in die Interpretationstechnik der Objektiven Hermeneutik,* Opladen: Leske + Budrich.

Widmer, Dieter (2001): *Die Sozialversicherung in der Schweiz,* Zürich: Schulthess.

Wolf, Michael (2005): „'Aktivierende Hilfe'. Zu Ideologie und Realität eines sozialpolitischen Stereotyps", in: *Utopie konkret* 179, 796-808.

Wyss, Kurt (2007): *Workfare. Sozialstaatliche Repression im Dienst des globalisierten Kapitalismus*, Zürich: edition 8.

Zweimüller, Josef/Rafael Lalive D'Epinay (2000): „Arbeitsmarktliche Maßnahmen, Anspruch auf Arbeitslosenentschädigung und die Dauer der Arbeitslosigkeit", in: *Die Volkswirtschaft. Das Magazin für Wirtschaftspolitik,* 4/2000, 11-15.

UVK:Weiterlesen

Arbeitswelt und Gesellschaft

Alessandro Pelizzari
Dynamiken der Prekarisierung
Atypische Erwerbsverhältnisse und milieuspezifische Unsicherheitsbewältigung
2009, 354 Seiten, broschiert
ISBN 978-3-86764-172-2

Wolfgang Ludwig-Mayerhofer, Olaf Behrend, Ariadne Sondermann
Auf der Suche nach der verlorenen Arbeit
Arbeitslose und Arbeitsvermittler im neuen Arbeitsmarktregime
2009, 302 Seiten, broschiert
ISBN 978-3-86764-155-5

Aldo Legnaro, Almut Birenheide
Regieren mittels Unsicherheit
Regime von Arbeit in der späten Moderne
2008, 246 Seiten, broschiert
ISBN 978-3-86764-105-0

Peter Streckeisen
Die zwei Gesichter der Qualifikation
Eine Fallstudie zum Wandel von Industriearbeit
2008, 364 Seiten, broschiert
ISBN 978-3-86764-049-7

Emil Walter-Busch
Faktor Mensch
Formen angewandter Sozialforschung der Wirtschaft in Europa und den USA, 1890-1950
2006, 494 Seiten, broschiert
ISBN 978-3-89669-671-7

Andrea Buss Notter
Soziale Folgen ökonomischer Umstrukturierungen
2006, 290 Seiten, broschiert
ISBN 978-3-89669-534-5

Franz Schultheis, Kristina Schulz (Hg.)
Gesellschaft mit begrenzter Haftung
Zumutungen und Leiden im deutschen Alltag
2005, 592 Seiten, broschiert
ISBN 978-3-89669-537-6

Klicken + Blättern

Leseprobe und Inhaltsverzeichnis unter

www.uvk.de

Erhältlich auch in Ihrer Buchhandlung.

UVK
UVK Verlagsgesellschaft mbH